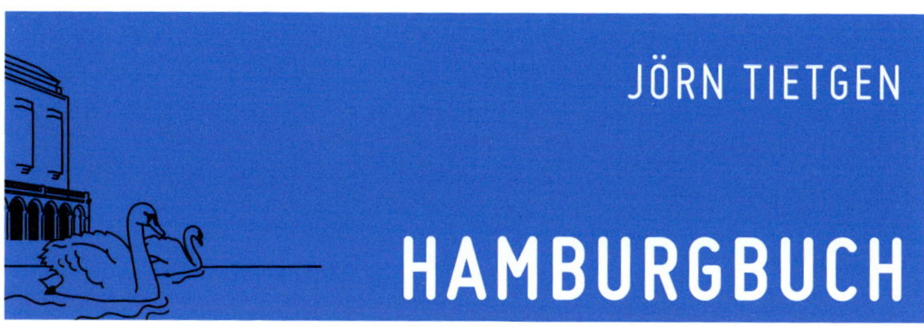

JÖRN TIETGEN

HAMBURGBUCH

ALTSTADT, NEUSTADT, HAFENCITY UND SPEICHERSTADT

JUNIUS

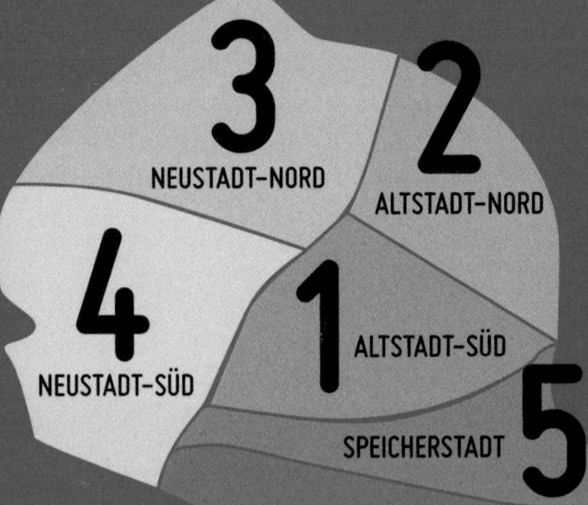
3
NEUSTADT-NORD
2
ALTSTADT-NORD
4
NEUSTADT-SÜD
1
ALTSTADT-SÜD
5
SPEICHERSTADT
6
HAFENCITY

EINLEITUNG

Etwas abseits liegt sie schon da, die große Stadt im Norden Deutschlands. Weltstadt möchte sie gern sein, Kulturmetropole und Sportstadt. Industrie- und Handelszentrum ist sie sicher, »Green Capital« war sie und Olympiastandort wollte sie sein. Pressehauptstadt wurde sie genannt, und des Welthafens rühmt man sich. All diese echten und erdachten Superlative machen den Anspruch deutlich, in der ersten Liga urbanen Lebens mitzuspielen. Unbestreitbar hat die jahrhundertelange Teilnahme an den Prozessen der Globalisierung am Zusammenlauf der drei Flüsse Alster, Elbe und Bille ein weltoffenes und – mal mehr, mal weniger – tolerantes Gemeinwesen erblühen lassen. Und doch haftet Hamburg auch ein wenig metropolenhafter Zug, ja mitunter etwas Provinzielles an. Kein Fürst oder gar König ließ die Stadt prachtvoll ausschmücken, und auch politisch blieb man eher randständig. Über Jahrhunderte rekrutierten sich Ratsherren, Bürgermeister und Senatoren aus den ökonomisch prosperierenden Familien. Man blieb unter sich und versuchte seine Eigenständigkeit als elitengeführte Stadtrepublik so umfangreich und lange wie möglich zu verteidigen. Bis heute spiegelt sich dies in der Tatsache wider, dass Hamburg als eines der sechzehn Bundesländer noch immer eine Sonderstellung innehat.

Sicher ist, dass diese eigenständige, bürgerliche Stadtgeschichte ihren Ausgang insbesondere in der ersten Hälfte des 13. Jahrhunderts nahm. Doch schon zuvor hatten Menschen im Bereich der heutigen Innenstadt gelebt. Anfang 2014 wurde bekannt, dass archäologische Untersuchungen am Domplatz neue Erkenntnisse über die frühe Geschichte Hamburgs hervorgebracht haben, die es nötig machen, diese in Teilen neu zu schreiben. Danach befand sich eine erste kleine befestigte Siedlung bereits im 8. Jahrhundert an dieser Stelle, die es rechtfertigt, den heutigen Domplatz als Keimzelle der heute bald 1,8 Millionen Einwohner beherbergenden Elbmetropole anzusehen. Es offenbart sich hier einmal mehr der einzig sichere Fakt aller Geschichtsschreibung, dass diese uns immer nur Annäherungen an die Tatsachen und Zustände vergangener Jahrhunderte anbieten kann, die gemäß neuer Quellenlage stets kritisch aktualisiert werden müssen. So hat die Historie Hamburgs nun also ein weiteres Jahrhundert hinzugewonnen, das zuvor nicht Teil der Stadtgeschichtsschreibung war.

In diesem Buch soll es um jenen zentralen Bereich der heutigen Stadt gehen, der über Jahrhunderte fast deren gesamte Ausdehnung umfasste. Genau genommen geht es um die drei Stadtteile Altstadt, Neustadt und

HAMBURG, UM 1660

Hafencity. Begrenzt wird dieser Stadtbereich im Norden, Osten und Westen durch die ehemaligen Wallanlagen sowie im Süden durch den Strom der Norderelbe. Heute leben in diesem Bereich der Stadt, der bis ins 20. Jahrhundert hinein äußerst dicht besiedelt war, insgesamt nur ungefähr 16 000 Menschen. Wie es dazu gekommen ist, dass Hunderttausende der Innenstadt den Rücken kehrten oder kehren mussten, wird an verschiedenen Stellen dieses Buches deutlich werden.

Wie in dieser von Stattreisen Hamburg e.V. und dem Junius Verlag konzipierten Stadtteilbuchreihe üblich, werden die Stadtteile im Folgenden durch sechs Rundgänge erschlossen, die räumlich aneinander anschließen oder sich miteinander kombinieren lassen. Jeweils am Ende der Touren finden sich einige ausgewählte Tipps für interessante Restaurants und Geschäfte, Hotels, kulturelle und soziale Institutionen, die das Leben in dem jeweils durchquerten Gebiet prägen. Ergänzt werden die Touren durch zahlreiche Exkurse zu Themen, die für die Geschichte und Gegenwart der Hamburger Innenstadtquartiere insgesamt aufschlussreich sind. Zudem wird das Buch durch eine Chronik und ein Verzeichnis mit weiterführender Literatur vervollständigt. Gerade in der historischen Perspektive liegt es bei dem räumlichen Zuschnitt dieses Buches auf der Hand, dass regelmäßig Themen angesprochen werden, die die Geschichte und Tradition der Stadt als Ganzer erkennbar werden lassen.

Die ersten beiden Rundgänge führen durch den Stadtteil Altstadt und dort an zahlreichen Orten vorbei, die auch Touristen gern ansteuern, deren tiefere Bedeutung sich aber sicher auch vielen Einheimischen noch nicht vollends erschlossen hat, auch wenn sie ihnen oberflächlich sehr vertraut erscheinen mögen.

So führt die erste Tour vom Rathaus und der Börse – dem politischen und wirtschaftlichen Zentrum der Stadt – zum ehemaligen Kern der Stadt an der Trostbrücke, ehe es an der kriegszerstörten Nikolai-Kirche vorbei zu Kaufmannshäusern und Speichern rund um das Nikolaifleet geht. Über den bereits erwähnten Domplatz führt unser Weg sodann an großen Kontorhäusern vorbei zum Meßberg.

Ganz dort in der Nähe endet ebenfalls der zweite Rundgang, der seinen Ausgangspunkt beim Hauptbahnhof nimmt und sich zunächst mit dem Gebiet zwischen Mönckebergstraße und Binnenalster befasst. Mit Stopps bei den beiden Hauptkirchen St. Petri und St. Jacobi geht es dann aus anderer Richtung wieder ins berühmte Kontorhausviertel.

Rundgang 3 und 4 haben den Stadtteil Neustadt im Fokus. Hierbei handelt es sich um jenes Gebiet, das durch den Bau der Wallanlagen im frühen 17. Jahrhundert als geschützter Wohnort erst für eine umfänglichere Stadterweiterung gewonnen wurde. Die erste Neustadt-Tour deckt dabei den nördlichen Bereich zwischen Dammtor, Stadthausbrücke und Jungfernstieg ab, wohingegen wir uns bei Strecke 4 im südlichen Gebiet zwischen Kaiser-Wilhelm-Straße und Elbufer bewegen.

Rundgang 5 und 6 verlaufen auf annähernd parallelen Bahnen südlich der Altstadt. Von West nach Ost durchstreifen wir zunächst die Speicherstadt, bevor die abschließende Tour von Ost nach West durch die Hafencity, Hamburgs jüngsten und baulich noch lange nicht fertiggestellten Stadtteil, führt.

CHRONIK

8. JH.	Die »Hammaburg« wird als erste kleine befestigte Siedlung an einer Schleife der Alster ungefähr beim heutigen Domplatz angelegt. Sie wird allerdings nur zeitweilig von höchstens hundert Menschen bewohnt.
FRÜHES 9. JH.	Die Hammaburg, bei der es sich um eine kleine hölzerne Händlersiedlung, geschützt durch einen Holzzaun mit davor liegendem, wasserlosem Graben handelt, wird erweitert.
831/32	Die Hammaburg wird Amtssitz des Bischofs und Missionars Ansgar.
845	Zerstörung der Hammaburg bei einem Wikingerangriff und Verlegung des Bischofssitzes nach Bremen
UM 900	Errichtung einer neuen, größeren Befestigungsanlage in kreisrunder Form, die knapp doppelt so groß wie die Hammaburg ist. In ihr befindet sich auch eine hölzerne Kirche, ein Vorläuferbau des späteren Doms.
11. JH.	Ein erster steinerner Dom wird errichtet. Zweimalige Zerstörung des Ortes mit folgendem Wiederaufbau.
1186/87	Eine zweite Siedlung, die sogenannte gräfliche Neustadt wird vom Schauenburger Grafen Adolf III. als Handelssiedlung gegründet.
7. MAI 1189	Datum des – gefälschten – Freibriefs Friedrich Barbarossas, der Hamburg vermeintlich weitgehende Rechte

verleiht und als Geburtsstunde des Hamburger Hafens angesehen wird. Ungefähr zu jener Zeit wird auch die Alster erstmals für den Betrieb einer Wassermühle aufgestaut.

1195 Die Kirche St. Petri entsteht als erste Gemeindekirche in der bischöflichen Siedlung. Im selben Jahr wird St. Nikolai in der gräflichen Neustadt gegründet.

1216 Bischöfliche Altstadt und gräfliche Neustadt vereinigen sich zur Stadt Hamburg. Zu diesem Zeitpunkt gehört die kleine Stadt nach kriegerischen Auseinandersetzungen zum dänischen Reich.

1227 Nach der Schlacht bei Bornhöved verlieren die Dänen Hamburg. Der siegreiche Schauenburger Graf Adolf IV. tritt in das von ihm gestiftete Maria-Magdalenen-Kloster ein. Hamburg wird de facto zu einer souveränen, von den Bürgern geleiteten politischen Einheit.

1230 Ein erstes gemeisames Rathaus wird ungefähr an der Ecke Kleine Johannisstraße / Dornbusch errichtet.

UM 1230 Stauung der Alster auf Höhe des heutigen Jungfernstiegs für eine neue Mühle. Der kleine Fluss dehnt sich am Rande der Stadt zu einem großen See aus.

AB 1248 Der Dom wird als dreischiffige Hallenkirche errichtet.

UM 1255 Als weitere Kirchspiele entstehen St. Jacobi und St. Katharinen.

1290 Bau eines neuen Rathauses an der Trostbrücke, das sich, mehrfach umgebaut, bis 1842 hier befinden sollte.

14. JH. Blütezeit der Hanse, in der Hamburg eine zunehmend wichtige Rolle spielt. Insbesondere das Bier ist ein Hamburger Exportschlager und wird in Hunderten von Brauereien hergestellt.

1350 Die Pest wütet zum ersten Mal in der Stadt und fordert mehrere Tausend Todesopfer.

1410	Erstmals muss der Rat der Stadt den Bürgern Mitbestimmungsrechte gewähren.
1528	Nach öffentlicher Disputation wird Hamburg im Zuge der Reformation zu einer protestantischen Stadt.
1529	Im »Langen Rezess« wird das Verhältnis von Rat und Bürgerschaft umfangreich neu geregelt.
1558	Einrichtung der ersten Börse als Handelsplatz bei der Trostbrücke.
UM 1600	Jüdische Glaubensflüchtlinge kommen vermehrt nach Hamburg, siedeln sich aber vor allem im toleranteren Nachbarort Altona an.
1616–1626	Bau einer massiven neuen Festungsanlage, die ein großes Areal westlich der bisherigen Stadt erstmals in die Befestigungen einbezieht. Aus diesem Gebiet wird der Stadtteil Neustadt. Im Dreißigjährigen Krieg wird Hamburg mit mehr als 40 000 Einwohnern zur bevölkerungsreichsten Stadt Deutschlands.
1661	Einweihung der ersten St. Michaelis-Kirche in der Neustadt
1669	Letzter Hansetag
1678	In Hamburg nimmt das erste bürgerlich betriebene Opernhaus Deutschlands den Spielbetrieb auf.
1685	Die Neustadt wird zum eigenständigen Kirchspiel St. Michaelis.
1712	Zum letzten Mal sucht die Pest Hamburg heim. Etwa 10 000 Menschen fallen ihr zum Opfer. Im selben Jahr wird in einem neuerlichen Rezess geregelt, dass die politische Macht in der Stadt gemeinsam und untrennbar voneinander in den Händen von Rat und Bürgerschaft liegt.
1750	Zerstörung der St. Michaelis-Kirche durch Blitzeinschlag mit folgendem Feuer

1762 Einweihung des neuen »Michels«

1765 Die »Hamburgische Gesellschaft zur Beförderung der Künste und nützlichen Gewerbe«, die heutige »Patriotische Gesellschaft«, wird gegründet.

1768 Im Gottorper Vergleich verzichtet das dänische Reich endgültig auf seine Herrschaftsansprüche in Hamburg.

1799 Eröffnung des ersten Alsterpavillons am Jungfernstieg

1803 Anerkennung Hamburgs als Freie Reichsstadt. Im Zuge dessen fällt die geistliche Enklave des Doms an die Stadt. Zwischen 1804 und 1807 wird die baufällige Kirche abgerissen.

1806–1814 Hamburg ist, mit kurzer Unterbrechung im Jahr 1813, von französischen Truppen besetzt. Die bereits begonnene Entfestigung der Stadt wird rückgängig gemacht.

AB 1820 Umbau der Wallanlagen zu einem Park

1842 Ein Feuer in der Deichstraße weitet sich zum mehrtägigen »Großen Brand« aus. Ungefähr ein Drittel der heutigen Innenstadt wird zerstört, darunter auch das Rathaus und drei Kirchen. 51 Menschen sterben in den Flammen oder durch Hauseinstürze, und über 20 000 Menschen werden obdachlos. Wenige Tage nach dem Brand wird die erste Eisenbahnstrecke Hamburgs (nach Bergedorf) in Betrieb genommen.

1860 Hamburg erhält eine neue Verfassung, die unter anderem auch die vollständige rechtliche Gleichstellung der Hamburger Juden mit sich bringt.

1860/61 Aufhebung der Torsperre. Hamburg ist nun jederzeit (gebühren-)frei zugänglich. In den folgenden Jahrzehnten wächst die Stadt in ihr Umland.

1864/65 Einführung der Gewerbefreiheit und folgende Auflösung der Ämter (Zünfte)

1866	Mit dem Sandtorhafen entsteht das erste moderne Hafenbecken der Stadt. Mit ihm beginnt der massive Hafenausbau der folgenden Jahrzehnte.
1881	Beschluss des Beitritts Hamburgs zum deutschen Zollgebiet. Er zieht Planung und Bau der Speicherstadt mit der Vertreibung von mehr als 20 000 Menschen aus ihren Wohngebieten sowie die Einrichtung des Freihafens im Jahr 1888 nach sich.
1886	Der Dovenhof, das erste Kontorhaus Hamburgs, wird an der Brandstwiete fertiggestellt.
1888	Freihafen und Speicherstadt werden eröffnet.
1892	Die mangelhafte Trinkwasserqualität führt zu einer verheerenden Cholera-Epidemie, der mehr als 8600 Menschen zum Opfer fallen.
1897	Nach jahrzehntelangen Diskussionen und elfjähriger Bauzeit wird das heutige Rathaus eingeweiht.
1901	Beginn der ersten Sanierungen in der südlichen Neustadt, also der umfangreichen Abrisse der sogenannten Gängeviertel mit ihren zum Teil katastrophalen Wohnverhältnissen zugunsten neuer Wohnbebauung. Später wird auch in der nördlichen Neustadt und im Stadtteil Altstadt flächensaniert. In der Altstadt werden die Wohnquartiere durch Büro- und Geschäftsbauten ersetzt. Zigtausende Menschen müssen sich danach jeweils neue Wohnungen suchen.
1906	Erneut wird der »Michel« durch ein Feuer zerstört. Es folgt der Wiederaufbau als weitgehende Rekonstruktion. Der Hauptbahnhof wird eröffnet.
1911	Eröffnung des Elbtunnels
1912	Der erste U-Bahn-Ring wird in Betrieb genommen. Hamburg wird zur Millionenstadt.
1919	Nach dem Ersten Weltkrieg wird auch Hamburg end-

lich ein demokratisches Gemeinwesen, an dem sich alle Bewohner – Frauen und Männer – gleichermaßen beteiligen können. Gründung der Universität

1923 Der Hamburger SV wird zum ersten Mal deutscher Fußballmeister.

1933 Auch in Hamburg übernehmen die Nationalsozialisten die Macht. Noch im selben Jahr wird die Bürgerschaft, das Parlament der Stadt, aufgelöst und zügig die Gleichschaltung von Behörden und anderen Organen umgesetzt.

1937 Im Groß-Hamburg-Gesetz wird das Gebiet der Hansestadt durch die Eingemeindung von Altona, Wandsbek sowie Harburg-Wilhelmsburg erheblich vergrößert.

AB 1941 Beginn der Deportationen jüdischer Mitbürger in Konzentrationslager. Insgesamt kommen zwischen 9000 und 10 000 Hamburger Juden durch die Verfolgungsmaßnahmen des NS-Staats um.

1943 Bei den verheerenden Luftangriffen der Alliierten auf Hamburg (»Operation Gomorrha«) werden weite Teile der Stadt zerstört. Ungefähr 34 000 Menschen sterben während der Angriffswellen, deren Ziel es unter anderem ist, die Moral an der »Heimatfront« zu schwächen. 125 000 Verletzte sind zu beklagen und 900 000 Menschen werden obdachlos.

1945 Hamburg wird Teil der britischen Besatzungszone.

1962 Bei einer großen Sturmflut brechen zahlreiche Deiche im Stadtgebiet. Die Flut fordert 317 Todesopfer.

1997 Die Pläne für den Bau der Hafencity werden publik gemacht. 2001 erfolgt der Baubeginn auf zuvor wenig intensiv genutzten Hafenflächen gemäß den Vorgaben eines »Masterplans«.

ALTSTADT-SÜD 1

Rathaus ★ Rathausmarkt/Alsterarkaden/Kleine Alster ★ Rathausdiele/ Rathausinnenhof ★ Börse ★ Trostbrücke ★ St. Nikolai/Hopfenmarkt ★ Holzbrücke ★ Reimerstwiete ★ St. Katharinen ★ Domplatz ★ Chilehaus

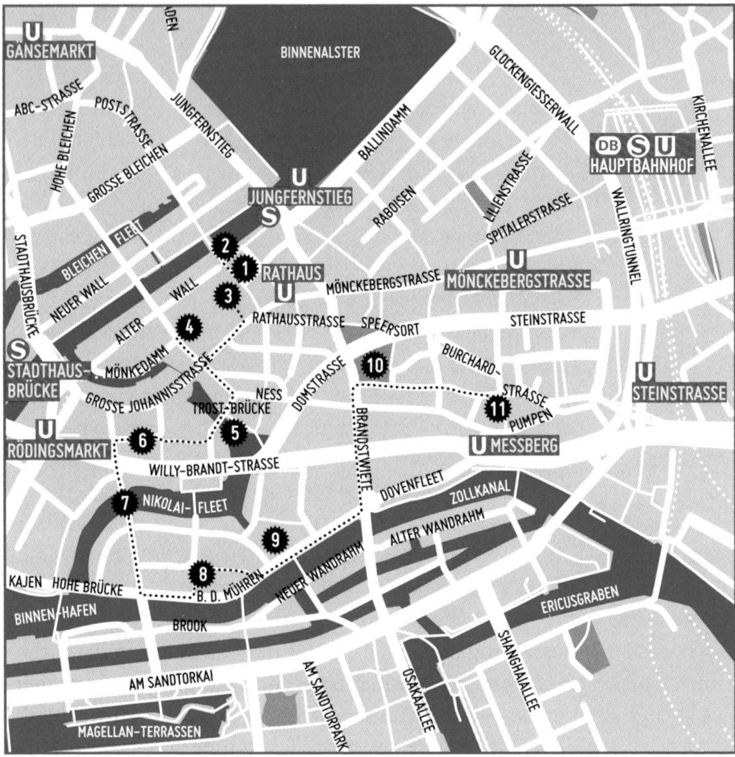

STARTPUNKT: vor dem Rathaus (U-Bahn-Station Rathaus / U-/S-Bahn-Station Jungfernstieg)
ENDPUNKT: U-Bahn-Station Meßberg
DAUER: etwa 1,5 Stunden

Wie der Stadtteilname »Altstadt« bereits vermuten lässt, befindet sich der historische Kern Hamburgs nicht weit von unserem Standort. Dennoch sollte hier niemand ein pittoreskes Altbauquartier erwarten, wie es viele andere deutsche Städte in ihrem Zentrum zu bieten haben. Nur an wenigen Stellen, die wir auf dieser ersten Tour zum Teil auch passieren werden, lässt sich noch erahnen, wie die Stadt einst ausgesehen haben und welche Atmosphäre in ihr geherrscht haben mag. Zu oft hat sie im Laufe der Jahrhunderte ihr Gesicht verändert, um heute noch einen Eindruck von dem geschlossenen Ganzen zu vermitteln, das sie einmal war. Die Gründe hierfür sind vielfältig, und meist hatte der Wandel einen äußeren Grund. An erster Stelle stehen dabei zwei historische Ereignisse, die beide den denkbar größten Effekt auf die Stadtgestalt hatten. In einem Abstand von ungefähr hundert Jahren wurde der Stadtteil Altstadt Opfer zweier katastrophaler Ereignisse. 1842 wütete in den engen Gassen Hamburgs ein Feuer, das etwa ein Drittel der heutigen Innenstadt, also jenes Gebietes, mit dem sich dieses Buch beschäftigt, komplett zerstörte. Hunderte Gebäude, vornehmlich Fachwerkbauten, die man heute in der Stadt fast nirgends mehr entdecken kann, wurden von den Flammen verzehrt. 1943 waren es dann die Angriffe britischer und amerikanischer Kampfflugzeuge, die Hamburgs Innenstadt in weiten Teilen zu einer Ruinenlandschaft machten (vgl. Station 6). Beide Male wurden die Zerstörungen zum Ausgangspunkt umfangreicher Neustrukturierungen der inneren Stadt. Doch auch der Gestaltungswille der Einwohner hat nicht unwesentlich zum vergleichsweise jungen Erscheinungsbild Hamburgs beigetragen, das immerhin auf eine weit über tausendjährige Geschichte zurückblickt. So wurden um die Wende vom 19. zum 20. Jahrhundert Pläne entworfen und umgesetzt, die die Altstadt in eine, wie es schon damals hieß, moderne »City«, also eine vornehmlich Büros und Geschäften vorbehaltene Geschäftsinnenstadt, verwandeln sollten. Dies führte dazu, dass der Stadtteil Altstadt heute keine 2000 Einwohner zählt und damit einer der am dünnsten besiedelten Stadtteile Hamburgs ist. Das bunte Leben findet hier vor allem tagsüber statt, die Kehrseite zeigt sich am Abend: Abgesehen von einigen wenigen Theatern und Gastronomien gibt es kaum ein Nachtleben, sondern die Stadt wirkt verlassen und leer.

1 RATHAUS

Kaufmannsstolz, Geschichtsbewusstsein, Tradition, Wohlstand, Unabhängigkeit: All diese edlen Attribute mögen einem beim Anblick des Hamburger Rathauses in den Sinn kommen. Doch erzählt die reiche Verzierung – innen wie außen – nur einen Teil der Wahrheit. Manch historisches Detail überhöht das hanseatische Selbstbild, anderes hat sich als unwahr herausgestellt. Hier verweist der Bauschmuck auf die glorreichen Taten der Bürger, dort werden die nicht minder wichtigen Leistungen der einfachen Leute oder der Frauen kaum angedeutet oder gänzlich unterschlagen. Gebaut in der Kaiserzeit zwischen 1886 und 1897 (Abb. 2), ist das Rathaus sowohl eine historische Selbstvergewisserung des in seiner Machtposition mehr und mehr herausgeforderten Bürgertums als auch ein selbstbewusstes Statement des Willens zur politischen Unabhängigkeit des städtischen Gemeinwesens.

Ein Rathausneubau war nötig geworden, nachdem das alte Rathaus bei der Trostbrücke während des Großen Brandes 1842 gesprengt worden war, um eine Schneise zu schlagen. Diese sollte das Feuer aufhalten, was aber misslang. Womöglich zögerten die Ratsherren zu lange, diese Entscheidung zu fällen, sodass die Maßnahme letztlich zu spät ergriffen wurde. Mehr als vierzig Jahre wurde nach der Zerstörung darüber diskutiert, wo ein neues Rathaus stehen solle und wie es auszusehen habe. Zwar bot sich die nach dem Brand brachliegende Fläche neben dem 1841 fertigestellten

1+2 ENTWURF FÜR EIN RATHAUS IN DER ALSTER UND RATHAUSBAUSTELLE, 1891

Börsengebäude (das als einziges Gebäude im Brandgebiet das Feuer überstand, vgl. Station 4) schnell als neuer Standort an, doch waren auch Bauplätze an anderen Orten im Gespräch, so beispielsweise am Jungfernstieg, bei der Stadthausbrücke, der Esplanade oder gar auf einer künstlichen Insel in der Außenalster (Abb. 1).

Als auch nach einer Ausschreibung 1876 der Baubeginn weiterhin nicht in Sicht war, schlossen sich einige bekannte Hamburger Architekten zum »Rathausbaumeisterbund« zusammen. Unter der Führung von Martin Haller (1835–1925) einigten sie sich mit der politischen Führung der Stadt über die Gestaltung, den Standort und die Kosten des neuen Regierungsgebäudes.

Ab 1886 entstand dann auf dem Bauplatz neben der Börse ein voluminöses Gebäude im Stil des »Historismus«, einer architektonischen Strömung jener Tage, in der ältere Baustile samt ihrer politischen Bedeutung aufgegriffen, miteinander vermengt und zu einem zeitgenössischen Bedeutungszusammenhang verdichtet wurden. Übergeordnete Bezugspunkte bei der Gestaltung des Rathauses waren zum einen Hamburgs Verhältnis zum Deutschen Reich sowie zum anderen sein Status als einer von Senat und Bürgerschaft gemeinsam regierten Bürgerrepublik. Dass Bürgerrepublik und Demokratie nicht dasselbe sind, wurde dabei allerdings nicht weiter thematisiert (vgl. hierzu den Exkurs Kleine politische

Geschichte Hamburgs, S. 20). An unzähligen Stellen im und am Gebäude finden sich Referenzen auf diese Themen, sodass die Aufmerksamkeit hier nur auf einige markante Beispiele gelenkt werden kann.

Beginnen wir mit einigen Details über dem Eingang und am Turm. Im Rundbogen über dem Balkon befindet sich ein Mosaik der Schutzgöttin Hamburgs – »Hammonia«. Sie ist eine bildliche Allegorie und fungierte seit dem 17. Jahrhundert mehr und mehr als weltliche Schutzpatronin, nachdem die ursprünglich mit dieser Funktion bedachte heilige Maria durch Reformation und schwindende Heiligenverehrung allmählich in den Hintergrund geriet. Ein Steuerrad in der einen und ein Lorbeerkranz in der anderen Hand verweisen auf die erfolgreiche Seehandelsstadt und ihre gute politische Führung, die das Gemeinwesen stets in den sicheren Hafen steuert. Die Mauerkrone stellt einen Bezug zum Hamburger Wappen her.

Auf dem Gesims über der Hammonia thronen allegorisch die bürgerlichen Tugenden Weisheit, Eintracht, Tapferkeit und Frömmigkeit und umgeben eine lateinische Inschrift, welche sich auf die Freiheiten der Stadt bezieht: »Libertatem quam peperere maiores digne studeat servare posteritas« (Abb. 3). Sinngemäß übersetzt gibt sie den Hamburgern den folgenden Auftrag: »Die Freiheit, die schwer errungen die Alten, möge die Nachwelt würdig erhalten«. Dass diese Freiheiten seit der Neugründung des Deutschen Reichs 1871 immer weiter beschnitten wurden, zeigt aber auch, dass politische Repräsentation und die Realität bisweilen auseinanderklaffen. Über der Inschrift sehen wir das Hamburger Wappen, das eine weiße dreitürmige Burg mit geschlossenem Tor zeigt. Die Reichsfarben Rot und Weiß betonen den Anspruch, eine freie Reichsstadt zu sein, Kreuz und

3 INSCHRIFT AM RATHAUS

Sterne auf den Türmen verweisen auf den ehemaligen Mariendom der Stadt (vgl. Station 10), wohingegen die Burg und ihr geschlossenes Tor die Wehrhaftigkeit und Unabhängigkeit der Stadt unterstreichen sollen. Eine Burg in ähnlicher Gestalt gab es in Hamburg allerdings nie. Den Giebel über dem kleinen Balkon zwischen Wappen und Uhr ziert sodann ein Phönix. Gemeinsam mit der in Gold gehaltenen Darstellung des 1842 zerstörten alten Rathauses und der Inschrift »Resurgam« (»Ich erstehe auf«) wird hier auf Hamburgs Wiedererrichtung nach dem Großen Brand angespielt.

An den Seitenflügeln fallen zunächst die Verzierungen rund um die Fenster im ersten Stock ins Auge. In den Nischen neben den Fenstern stehen die Statuen zwanzig »deutscher« Könige und Kaiser vom 8. bis ins frühe 19. Jahrhundert, die Hamburgs Verbundenheit mit dem Reich darstellen sollen. Über dem Portal sind zwei Kaiser besonders hervorgehoben: Karl der Große (747 oder 748–814) und Friedrich Barbarossa (um 1122–1190). Lange ging man davon aus, dass die Gründung der Hammaburg in Karls Regierungszeit fiel. Mittlerweile weiß man, dass dies vermutlich nicht der Fall war, sondern bereits früher eine kleine befestigte Siedlung in dieser Gegend bestand (vgl. Station 10). Friedrich Barbarossa kommt die besondere Stellung hingegen zu, weil er Hamburg während seiner Regentschaft vermeintlich einen Freibrief gewährte, der den Aufstieg zu einer mächtigen Handelsstadt erheblich befördert haben soll. Auf das Jahr 1189 ist diese Urkunde datiert, die sich im Hamburger Staatsarchiv befindet. Doch wenige Jahre nach der Fertigstellung des Rathauses wurde bekannt, dass es sich dabei vermutlich um eine vom Hamburger Rat in Auftrag gegebene Fälschung aus der Zeit um 1265 handelt! Zu jener Zeit hatte sich im norddeutschen Raum bereits die »Hanse« als Schutz- und Handelsvereinigung mehrerer Städte gebildet (vgl. Exkurs Hamburg und die Hanse, S. 185). Hamburgs wichtige Partnerstädte in der Hanse sind mittels ihrer Wappen in den Fenstergiebeln präsent. Direkt darüber sind die figürlichen Darstellungen verschiedener bürgerlicher Berufe platziert. Hier finden sich zum Beispiel Bäcker und Bankier, Pastor und Senator oder Bauer und Baumeister, doch weder ein Arbeiter noch ein Hausmädchen kommen zu

Ehren. Aus bürgerlicher Sicht war dies sicher einleuchtend, denn politische Rechte und Freiheiten besaß zur Bauzeit des Rathauses eben nur die kleine Schicht der Bürger, wohingegen weit mehr als neunzig Prozent der Bevölkerung der Status eines politischen Subjekts nicht zugestanden wurde (vgl. Exkurs Kleine politische Geschichte Hamburgs).

Bevor wir das Rathaus durchqueren, um in dessen Innenhof zu gelangen, wollen wir uns aber noch mit der unmittelbaren Umgebung des Rathauses beschäftigen, als da vor allem sind: der Rathausmarkt, die »Kleine Alster« und die Alsterarkaden.

KLEINE POLITISCHE GESCHICHTE HAMBURGS

Mit der Gründung der gräflichen Neustadt Ende des 12. Jahrhunderts (nicht zu verwechseln mit der heutigen Neustadt, vgl. Rundgänge 3 und 4) begann für Hamburg allmählich die Geschichte als bürgerlich selbstverwaltete Stadt. Der Ort gehörte damals zum Herrschaftsbereich der Grafen von Holstein, Graf Adolf III. war es, der den dort ansässigen Kaufleuten wichtige Teile der Stadtregierung überließ, die von einem Rat wahrgenommen wurden. In den darauffolgenden Jahrzehnten, insbesondere nach dem Zusammenschluss der bischöflichen Altstadt und der gräflichen Neustadt 1216, gelang es dem Rat, immer mehr Rechte an sich zu ziehen. Befördert wurde diese Selbständigkeit durch den Rückzug Adolfs IV. aus der Politik und seinen Gang ins Kloster, den er nach einem in der Schlacht bei Bornhöved 1227 siegreich beendeten kriegerischen Konflikt mit dem benachbarten dänischen Königreich angetreten hatte. Als Gegengewicht zum Rat entwickelte sich im Mittelalter die Bürgerschaft, die bei wichtigen Fragen (Steuerfestsetzungen, Kriege, Verträge mit anderen Mächten) zustimmen musste. Eine besonders verdichtete Machtstruktur wies der Rat durch das seit dem späten Mittelalter geltende Prinzip der Kooptation auf: Starb ein Ratsherr, so bestimmten die übrigen Ratsherren einen Nachfolger auf Lebenszeit. Doch auch die Bürgerschaft umfasste einen streng exklusiven Kreis, der ausschließlich aus männlichen Mitgliedern bestand – wer Mitsprache als Bürger erreichen wollte, musste unter anderem ein Bürgergeld zahlen und einen Bürgereid leisten. Ab dem 15. Jahrhundert gehörte auch der Besitz eines Grundstücks dazu.

Über die Jahrhunderte gab es viel Streit und jahrzehntelange Prozesse um die Frage, ob Hamburg direkt dem Kaiser unterstehe oder zuerst dem Landesherrn. Insbesondere die dänischen Könige, die 1460 die Rechtsnachfolge der Schauenburger antraten, sahen Hamburg eigentlich als Teil ihres Herrschaftsgebiets an. Trotz eines Gerichtsurteils der Reichskammer von 1618, das Hamburg zur »Kayserlich Freyen Reichsstadt« ernannte, sollte es bis zum Gottorper Vergleich 1768 dauern, bis dieses schwierige Verhältnis endgültig geklärt war. Erst danach erkannten die Dänen Hamburgs Reichsunmittelbarkeit an.

Zu jener Zeit verteilten sich die politischen Befugnisse in der Stadt auf den Rat, die Erbgesessene Bürgerschaft (also Bürger mit Grundbesitz) und seit der Reformation auch auf die »Bürgerlichen Kollegien«, das heißt Bürgervertretungen aus den Kirchspielen, denen die Aufrechterhaltung der bestehenden Ordnung oblag und die auf Vorschlag des Rates Gesetzesvorlagen erstellten, welchen die Erbgesessene Bürgerschaft dann zustimmen musste. 1712 wurde dieses verfassungsrechtliche Arrangement mit dem sogenannten Hauptrezess leicht verändert, indem nun die Bürgerlichen Kollegien wie auch die Vorsteher der Zünfte zu Mitgliedern der Erbgesessenen Bürgerschaft wurden. Der Rat fungierte außerdem als oberstes Gericht. Bis Mitte des 19. Jahrhunderts – für kurze Zeit unterbrochen durch die französische Besetzung der Stadt von 1806 bis 1814 – blieb dies weitgehend das Konstrukt der politischen Willensbildung. In der Praxis folgte hieraus, dass kurz vor 1850 lediglich etwa drei bis vier Prozent der Einwohner innerhalb der Wallanlagen »Erbgesessene Bürger« waren, von denen wiederum nur ungefähr ein Zehntel aktiv an den Versammlungen der Bürgerschaft teilnahm.

Um 1850 brachen sich auch in Hamburg die allgemeinen Demokratisierungstendenzen Bahn, aus denen schließlich 1860 eine neue Verfassung hervorging. Die Erbgesessene Bürgerschaft und die Bürgerlichen Kollegien wurden abgeschafft und durch eine gewählte Bürgerschaft ersetzt, für deren Wahl rund zehn Prozent der männlichen Bevölkerung zugelassen waren. Die höchste Staatsgewalt lag weiterhin gemeinsam beim Rat, nun Senat genannt, und der zumindest bedingt demokratisch legitimierten Bürgerschaft. Nach wie vor wurden die Senatoren allerdings auf Lebenszeit gewählt, wenngleich nunmehr unter Beteiligung der Bürgerschaft.

Mit dem starken Anwachsen der Hamburger Bevölkerung in der zweiten Hälfte des 19. Jahrhunderts war kein entsprechend großer Anstieg der Zahl wahlberechtigter Bürger verbunden, war die Erlangung des Bürgerrechts doch nur für gut verdienende Zuzügler Pflicht. Im Gegenteil sank die Zahl der wahlberechtigten Männer relativ zur Gesamtzahl männlicher Einwohner noch einmal erheblich. So waren 1893/94 nur 3,5 Prozent der Bevölkerung wahlberechtigt. Dennoch gelang es Anfang des 20. Jahrhunderts erstmals auch Vertretern der Arbeiterbewegung, sich in die Bürgerschaft wählen zu lassen. Dies führte 1906 zu einer von bürgerlichen Kreisen betriebenen Wahlrechtsverschärfung, die den Besserverdienenden höheren Einfluss sichern sollte. Das Hamburger Wahlrecht stand damit in starkem Kontrast zum Wahlrecht für den Deutschen Reichstag. Hier konnten seit 1871 alle männlichen Staatsangehörigen im Alter von mindestens 25 Jahren – und nicht nur Bürger – an den Wahlen teilnehmen.

Mit dem Ende des Kaiserreichs endeten auch die politischen Vorrechte der Besserverdienenden in Hamburg, und so wurden 1919 die ersten allgemeinen, gleichen, unmittelbaren und geheimen Bürgerschaftswahlen für Männer – und endlich auch – Frauen durchgeführt. Höchste Gewalt war nun allein die Bürgerschaft, die den Senat per Wahl bestimmte.

Mit der Machtübernahme der Nationalsozialisten endete auch in Hamburg diese erste Phase echter Demokratie, denn bereits 1933 wurde die Bürgerschaft aufgelöst.

Nach dem Zweiten Weltkrieg wurde die Demokratie von den britischen Besatzern wieder eingeführt. Die ersten Wahlen fanden dabei nach britischem Vorbild noch in Form des relativen Mehrheitswahlrechts statt. Erst bei den Wahlen 1957 kam das Verhältniswahlrecht mit fünfprozentiger Sperrklausel zum Einsatz, wie wir es bis heute kennen. Seit 1996 ist dieses politische Arrangement noch einmal um Elemente direkter Demokratie ergänzt worden. Mittels Volksentscheiden können die wahlberechtigten Bürger nun unter bestimmten Voraussetzungen auch direkt rechtsbindend in das politische Geschehen eingreifen.

2 RATHAUSMARKT / ALSTERARKADEN / KLEINE ALSTER

Erst der Große Brand von 1842 ermöglichte es, einen großen zentralen Platz zu schaffen, der sich noch dazu direkt neben der Börse befand. Bereits 1866, also lange bevor das Rathaus gebaut wurde, bekam dieser Platz den Namen »Rathausmarkt«, wurde teilweise gepflastert und zu einem kleinen Park gestaltet. Dass hier keine Märkte stattfanden und auch kein Rathaus stand, lässt diese Namenswahl kurios erscheinen (Abb. 4).

4 RATHAUSMARKT VOR DEM BAU DES RATHAUSES, 1872

Nachdem das Rathaus fertiggestellt war, erhielt auch der Rathausmarkt 1903 eine neue Gestaltung. Ein großes Reiterstandbild Kaiser Wilhelms I. wurde in der Mitte des Platzes aufgestellt (Abb. 5), das, auch wenn dies gern anders gedeutet wird, durchaus Hamburgs Zu-

5 KONZERT AUF DEM RATHAUSMARKT, FRÜHES 20. JH.

gehörigkeit zum Reich unterstreichen und keineswegs andeuten sollte, Hamburg sei eigentlich nach wie vor souverän und die Kaiser nur gern gesehene Gäste, die man freundlicherweise im Rathaus empfange. Andernorts sind die Kaiser-Standbilder dennoch meist dergestalt aufgestellt, dass der Kaiser das Rathaus im Rücken hat und so auch symbolischen Rückhalt erhält. Keine dreißig Jahre nach der Aufstellung wurde das Kaiserdenkmal allerdings verlegt, und die Hamburger Jugend, die sich zuvor gern »unterm Schwanz« des kaiserlichen Gauls traf, musste sich einen neuen markanten Treffpunkt überlegen. Der Stadtführung in der Weimarer Zeit war daran gelegen, dieses Relikt der deutschen Monarchie zu beseitigen und dabei gleichzeitig Raum für eine neue, verkehrstechnisch vorteilhaftere Nutzung zu schaffen. Seither steht der Kaiser am Rande der Wallanlagen unweit der obersten Hamburger Gerichte beim Johannes-Brahms-Platz (vgl. Rundgang 4). Nur die großen Fahnenmasten sind von der Denkmalanlage an dieser Stelle erhalten geblieben. Ein weiteres Mal wurde der Rathausmarkt umgestaltet, nachdem in Hamburg die Straßenbahn abgeschafft worden war. 1982 wurde aus der großen Freifläche, die über Jahrzehnte auch als zentraler Parkplatz gedient hatte, ein weitgehend verkehrsberuhigter Platz, der seither für zahlreiche, auch mehrtägige Veranstaltungen genutzt werden kann – Ort politischer Demonstrationen, propagandistischer Machtkundgebungen und großer Feiern ist er bereits seit seiner Entstehung im 19. Jahrhundert immer wieder gewesen.

Mit ein paar Schritten gelangen wir nun zu einer Viertelkreistreppe an der Kleinen Alster mit wunderbarem Ausblick auf die Alsterarkaden.

An dieser Stelle wird deutlich, dass die Alster tatsächlich ein kleiner Fluss ist. Rechter Hand verlässt er das Becken des künstlichen Alstersees (vgl. Rundgang 3) und fließt nun noch einige Hundert Meter weiter, ehe er in die Elbe mündet. Die Schleuse linker Hand reguliert seit dem Großen Brand den Wasserstand. Auch die gegenüberliegende Gebäudezeile der Alsterarkaden ist ein Ergebnis der Neuplanungen nach dem Feuer. An ihrer Stelle befand sich vormals eine direkt am Wasser stehende Fachwerkbebauung, die ein Opfer der Flammen wurde. Seither kann man dort unabhängig vom angeblich so schlimmen Hamburger Wetter trockenen Fußes an noblen Geschäften vorbeiflanieren. Und auch Hamburgs erste Einkaufspassage, die »Mellinpassage«, führt von den Alstararkaden an edlen Geschäften vorbei zur dahinter liegenden Straße »Neuer Wall« (vgl. Rundgang 3).

Neben den Alsterarkaden fällt noch das Denkmal für die Gefallenen des Ersten Weltkriegs ins Auge. Eine schlichte Stele des Architekten Klaus Hoffmann ist auf der Wasserseite mit einem Relief des Bildhauers Ernst Barlach versehen. Nachdem der Kaiser vom Rathausmarkt entfernt worden war, wurde das Denkmal 1931 hier aufgestellt. Den Nazis war insbesondere das Relief, das eine schwangere, wehmütig schauende Frau mit Kind auf dem Arm darstellt, ein Dorn im Auge. Sie hielten es für eine Verunglimpfung der »deutschen Mutter«, ließen es abtragen und durch eine Phönixdarstellung ersetzen. Erst nach dem Zweiten Weltkrieg wurde das Barlach'sche Motiv erneut angebracht.

Wenden wir uns nun wieder dem Rathaus zu und gehen, wenn es die Tageszeit erlaubt, in das Gebäude hinein. Alternativ können wir auch links oder rechts am Rathaus vorbeigehen und gelangen nach wenigen Metern zu einer Durchfahrt, über die der Innenhof zu erreichen ist.

3 RATHAUSDIELE / RATHAUSINNENHOF

Zumindest tagsüber steht die Diele, also die Eingangshalle, allen Hamburgern und Hamburgerinnen – und natürlich den Touristen – offen. Die stete Zugänglichkeit des zentralen politischen Gebäudes symbolisiert die Offenheit der gemeinschaftlichen Prozesse für alle Bürger. Beim Betreten der Diele fällt zunächst die kirchenähnliche Struktur auf. Profane Wasserspender neben den Eingängen erinnern an Schalen mit geweihtem Wasser, die Säulen teilen den Raum in ein zentrales und zwei Seitenschiffe, und der hölzerne Ausgang zum Innenhof erinnert an eine kleine Kapelle oder auch einen Beichtstuhl.

Von der Diele führen große Treppen links und rechts in die oberen Etagen des Rathauses. Auch die Treppen sind nicht ohne Symbolik: Rechter Hand schwingt sich eine einzelne große Treppe in den Senatsflügel auf, jenen Bereich also, der der Hamburger Regierung vorbehalten ist. Stadtregierung und Regierung des Bundeslandes sind in Hamburg eins, wobei sich die traditionellen Bezeichnungen erhalten haben. Der Bürgermeister hat den Rang eines Ministerpräsidenten andernorts, und die Senatoren entsprechen den Ministern. Da die Regierung mit einer Stimme sprechen sollte, führt eine einzelne große Treppe nach oben. Der Aufgang zum Hamburger Parlament, der Bürgerschaft, wird linker Hand hingegen zunächst von zwei Treppen gebildet, die dann im weiteren Verlauf zu einer Treppe werden. Symbolisch kommt hierin zum Ausdruck, dass im Parlament die Meinungen aufeinandertreffen, ehe sich aus ihnen der Standpunkt der Bürgerschaft bildet. Interessant sind an der Diele außerdem die sieben farbigen Fensterbilder, die römische Gottheiten als Personifizierungen der Wochentage darstellen. Ähnlich wie mit dem häufig im und am Rathaus zu findenden Kürzel »S.P.Q.H.« (Senatus Populusque Hamburgensis, Abb. 6) stellt sich Hamburg hier ganz unbescheiden in die Tradition der großen römischen Stadtrepublik. Die Medaillons an den Säulen entlarven Hamburg allerdings zugleich als bürgerlich-männliche Elitenrepublik, indem sie an verdiente Persön-

6 INSCHRIFT »S.P.Q.H.« AN DER RATHAUSFASSADE

lichkeiten der Stadt erinnern und nur an einer Stelle berühmte Frauen würdigen.

Ein Großteil der repräsentativen Räume ist nur im Rahmen einer Rathausführung zugänglich, sodass an dieser Stelle auf ihre Beschreibung verzichtet wird. Im Innern des Rathauses beeindrucken jedenfalls der Prunk und der gestalterische Aufwand sowie viele Details, die die Souveränität Hamburgs als eigenständige Stadtrepublik beschwören und allenthalben das bürgerliche Selbstbewusstsein unterstreichen.

Wenn wir nun die Rathausdiele zur Rückseite des Hauses verlassen, stehen wir im Innenhof des Rathauses, der auf der gegenüberliegenden Seite von der Rückfront der Börse gebildet wird.

Auch die rückwärtige Fassade des Rathauses wartet mit zahlreichen Details auf, die auf die Stadtgeschichte verweisen. Zwischen den Fenstern stehen hier die Statuen lokaler Bischöfe und Grafen aus jener Zeit des Mittelalters, als Hamburg noch keine bürgerlich selbstverwaltete Stadt war. In der nordwestlichen Ecke findet sich hingegen die »Brautpforte« mit der kleinen Amor-Statue darüber. Während standesamtliche Trauungen in Rathäusern nichts Besonderes sind, war es in Hamburg bis vor wenigen Jahren überhaupt nicht möglich, sich hier das Jawort zu geben. Und auch heute sind die Termine rar. Lediglich einmal im Monat können vier Paare hier die Ehe schließen.

Dominiert wird der Innenhof vom schmucken »Hygieia«-Brunnen, der an die Überwindung der letzten großen Cholera-Epidemie 1892 erinnert, die mehr als 8600 Hamburger das Leben kostete. Das katastrophale Ausmaß dieser Epidemie war durch die mangelhafte Trinkwasserversorgung entstanden. Zur damaligen Zeit kam das Hamburger Trinkwasser noch wenig gereinigt aus der Elbe. Oberhalb Hamburgs wurde es in Rothenburgsort dem Fluss entnommen. Gleichzeitig wurden alle Abwässer ungeklärt einige Kilometer flußabwärts in den Strom geleitet. Ungünstige Wind- und Tidenverhältnisse konnten dazu führen, dass die trübe Brühe sich wieder zur Wasserentnahmestelle bewegte und in einem tödlichen Kreislauf in die Haushalte zurückgelangte. Während der Epidemie war ein neues Sandfiltrationssystem für das Flußwasser bereits im Bau, doch leider noch nicht einsatzbereit. Zu lange hatten die Stadtherren anderen Investitionen den Vorzug gegeben, auch wenn über die Unreinheit des Hamburger Trinkwassers kein Zweifel bestand. Allerlei kleinere Flußtiere fanden sich in den Leitungen und Wasserkästen, und es kam auch schon mal vor, dass ein Aal ein Rohr verstopfte! – Die Figuren rund um den Sockel des Brunnens weisen auf die guten Eigenschaften des Wassers hin.

Dass der Innenhof von der Börse und dem Rathaus gebildet wird, verdeutlicht einmal mehr die traditonelle Nähe der politischen und wirtschaftlichen Eliten der Stadt. Wer morgens in den Handelsstunden der Börse auf der einen Seite des Hofes seinen Geschäften nachging, hatte nachmittags oft auch als Bürgerschaftsmitglied in der Politik ein Wörtchen mitzureden. Bis heute hat sich in Hamburg die Tradition erhalten, dass die Sitzungen der Bürgerschaft nur am Nachmittag stattfinden, weshalb auch von einem »Feierabendparlament« gesprochen wird. Am Börsengebäude finden sich die Wappen anderer bedeutender Hafenstädte, die zusammen mit den eingemeißelten Namen anderer Kontinente den Anspruch der Hamburger Kaufmannschaft unterstreichen, die ganze Welt als ihr Feld anzusehen.

Wir verlassen nun den Innenhof des Rathauses und begeben uns auf die Vorderseite des Börsengebäudes.

4 BÖRSE

Hamburg erhielt seine erste Börse bereits 1558. Der Name »Börse« leitet sich wahrscheinlich von der Familie »van der Burse« ab, vor deren Haus in Brügge sich die dortigen Kaufleute regelmäßig trafen. Die Hamburger Börse war die erste Börse Deutschlands, an der zunächst vor allem Warengeschäfte getätigt wurden. Ein erster Handelsplatz unter freiem Himmel befand sich allerdings nicht an dieser Stelle, sondern am Nikolaifleet bei der Trostbrücke (vgl. nächste Station), wo dann auch 1583 ein erstes Börsengebäude errichtet wurde. Die Hamburger Börse war von Anbeginn

7 FRONTSEITE DER BÖRSE, UM 1925

eine »allgemeine Börse«, an der also nicht nur Waren gehandelt wurden, sondern auch Fracht-, Geld- und Wechselgeschäfte, Versicherungs- und Wertpapiertransaktionen getätigt wurden.

Zwischen 1839 und 1841 wurde nach den Plänen der Architekten Carl Ludwig Wimmel und Franz Gustav Forsmann das heutige Börsengebäude errichtet (Abb. 7). An dieser Stelle hatte sich zuvor das Maria-Magdalenen-Kloster befunden, ursprünglich ein Franziskanerkloster, das im Zuge der Reformation zu Armenwohnungen für bedürftige Frauen umgewidmet worden war und später wegen Baufälligkeit abgerissen wurde. Als 1842 der Große Brand in Hamburg wütete, war die steinerne Börse das einzige Gebäude im Brandgebiet, das nicht zerstört wurde, auch weil es von einigen in ihm eingeschlossenen Kaufleuten gegen die Flammen verteidigt wurde. Mehrfach wurde das Haus erweitert und umgestaltet. Auf den Reliefs über den Eingangsbögen finden sich Darstellungen verschiedener

Wirtschaftszweige. Auch wenn die Wertpapierbörse seit 2005 ihren Sitz in einem anderen Gebäude hat, da der Handel nur noch per Computer stattfindet und damit Treffen in einem Börsensaal überflüssig geworden sind, haben hier immer noch drei aktive Börsen ihren Ort, an denen Getreide-, Versicherungs- und Immobiliengeschäfte vollzogen werden. Außerdem beherbergt das Börsengebäude die einflussreiche Handelskammer und mit der »Commerzbibliothek« eine umfangreiche Sammlung von Fachliteratur und historischen Quellen.

Unser Weg führt uns nun ins ehemalige Zentrum Hamburgs bei der Trostbrücke. Um dorthin zu gelangen, gehen wir zur Kreuzung Große Johannisstraße/Großer Burstah, überqueren diese und spazieren in die Straße »Börsenbrücke«. Kurz hinter der Einmündung der Großen Bäckerstraße lässt sich links eine geschwungene Häuserschlucht erkennen. Hier floss bis zu seiner Zuschüttung nach dem Zweiten Weltkrieg eines der vielen Hamburger Fleete, jener befestigten Wasserläufe und künstlichen Kanäle, die in früheren Zeiten die Lebensadern der Stadt waren (vgl. Station 7). Nur wenige von ihnen sind noch erhalten, nachdem sie seit dem späten 19. Jahrhundert allmählich ihre Funktion verloren.

An der nächsten Einmündung biegen wir nach rechts ab und gelangen so zur Trostbrücke und dem Nikolaifleet, wo wir uns am besten links neben der Brücke am Geländer postieren.

5 TROSTBRÜCKE

Auf beiden Seiten des Nikolaifleets befand sich über Jahrhunderte das Zentrum der Stadt, ehe der Große Brand es 1842 in Schutt und Asche legte. Die Trostbrücke verband dabei die beiden ältesten Siedlungskerne miteinander – bereits 1266 wird die Brücke erstmals urkundlich erwähnt. Zu jener Zeit existierte auf dieser Seite die sogenannte bischöfliche Altstadt, am gegenüberliegenden Ufer die (nicht mit dem heutigen Stadtteil gleichen Namens zu verwechselnde) gräfliche Neustadt. Diese war 1186/87 von dem Schauenburger Grafen Adolf III., zu dessen Herrschaftsbereich

8+9 ALTES RATHAUS IM 18. JAHRHUNDERT UND ALTE BÖRSE, 1841

die Gegend gehörte, als Handelssiedlung gegründet worden. 1216 vereinigten sich diese beiden Siedlungen zur Stadt Hamburg mit dem Ziel, »dat Hamborch eyn is unde eyn bliven scal immermeer«. Nach kriegerischen Auseinandersetzungen gehörte Hamburg zu diesem Zeitpunkt zum dänischen Reich. Mit der Niederlage der Dänen in der Schlacht bei Bornhöved 1227 und dem Eintritt des siegreichen Adolf IV. in das von ihm gestiftete Maria-Magdalenen-Kloster wurde Hamburg de facto zu einer souveränen, von den Bürgern geleiteten politischen Einheit, und nachdem ein erstes gemeinsames Rathaus unweit von hier vermutlich durch Feuer teilweise zerstört worden war, wurde 1290 ein neues Rathaus an der Trostbrücke gebaut, das, mehrfach umgebaut und erweitert, bis 1842 in Benutzung blieb (Abb. 8). Nah beim Rathaus diente das Nikolaifleet als Hafenbereich, auch die erste Börse (seit 1558, Abb. 9), die erste Bank (1619), Kran und Waage fanden sich hier.

Nach dem Großen Brand verlagerte sich das Zentrum zum heutigen Standort des Rathauses. An der Stelle des früheren Rathauses befindet sich heute das Gebäude der »Patriotischen Gesellschaft von 1765«. Geboren aus dem Geist der Aufklärung, gehen zahlreiche Institutionen und Maßnahmen auf das gemeinnützige Wirken dieser Vereinigung zurück,

EMOLUMENTO PUBLICO 1765

10 WAPPEN DER PATRIOTISCHEN GESELLSCHAFT

wie zum Beispiel die erste Sparkasse, Armeneinrichtungen, ein Badeschiff in der Alster, sozialer Wohnungsbau, Museen- und Hochschulgründungen sowie die öffentlichen Bücherhallen, aber auch die Einführung des Blitzableiters und der Kartoffelanbau in Hamburg (Abb. 10).

Auf der anderen Seite des Nikolaifleets fallen zwei Kontorhäuser ins Auge – als Kontorhäuser werden in Hamburg Bürohäuser bezeichnet, insbesondere jene, die zwischen Mitte der 1880er Jahre und dem Zweiten Weltkrieg entstanden. Mit frei einteilbaren Geschossflächen waren sie von vornherein für verschiedene Nutzer konzipiert und wurden oft also nicht bloß für eine Firma errichtet. Viele Häuser verfügten über moderne technische Ausstattung, wie zum Beispiel Heizungen, Paternoster, Aufzüge oder Rohrpostsysteme. Oft lässt der Fassadenschmuck bereits erkennen, womit sich die in den Gebäuden ansässigen Firmen beschäftigten. Neptun und Schiffsmodelle auf dem »Globus-Hof« verweisen auf Handels- und Schifffahrtsfirmen. Der kleine Pudel auf dem Dach des »Laeiszhofs« gibt auf den ersten Blick jedoch keinen direkten Aufschluss. Wohl kaum befand sich hier der Sitz einer Hundezüchter-Dynastie. Vielmehr dachte der einstige Inhaber der dort noch heute ansässigen Reederei Laeisz das Tier seiner Ehefrau zu, die auf den Spitznamen »Pudelchen« hörte, und so wurde der Buchstabe »P« schließlich auch zum Anfangsbuchstaben aller Schiffsnamen der Reederei, darunter so berühmte Schiffe wie die »Passat«, die »Pamir« oder die »Peking«.

11 FOYER DES LAEISZ-HOFS

Über die Trostbrücke gehen wir nun auf die St. Nikolai-Kirche zu und passieren dabei rechts Bischof Ansgar als Symbol der bischöflichen Siedlung sowie links Graf Adolf III. von Schauenburg, den Gründer der Kaufmannssiedlung jenseits des Fleets.

Wenn das Haus geöffnet sein sollte, lohnt es sich, auf dem Weg einen Blick in den Laeiszhof zu werfen. Zum einen kann man hier noch eine Runde mit dem Paternoster drehen, zum anderen zeigt die Ausstattung des Treppenhauses ein weiteres Mal, dass die Hamburger Kaufleute die ganze Welt als ihren Handelsraum ansahen, lange bevor der Begriff »Globalisierung« geprägt wurde (Abb. 11).

6 ST. NIKOLAI / HOPFENMARKT

Wir stehen nun an der Ruine der St. Nikolai-Kirche. Bereits seit 1195 befand sich in dieser Gegend eine Kirche für den Schutzpatron der Seefahrer und Händler, die im 13. und 14. Jahrhundert umfangreich erweitert wurde. Zwei Türme wurden durch Unwetter zerstört, ehe die Kirche 1657 einen Turm erhielt, der bis zu ihrer vollständigen Zerstörung beim Großen Brand 1842 stehen blieb. Nach dem Feuer wurde dann jenes Sakralbauwerk errichtet, dessen Ruinen wir heute noch sehen. Zwar hatte Gottfried Semper den vorausgegangenen Architekturwettbewerb mit dem Entwurf eines kuppelbekrönten Zentralbaus im Rundbogenstil gewonnen (Abb. 12), doch wurde letztlich der Entwurf des damals noch wenig bekannten britischen Architekten George Gilbert Scott (1811–1878) verwirklicht. Die Gemeinde befürwortete seinen neogotischen Entwurf, da sie in ihm eine Nähe zu einem romantisch verklärten Mittelalter und zur geistlichen Erweckungsbewegung sah. Für Teile der politischen Öffentlichkeit in Hamburg galt die Gotik zudem als die »deutschere«, im Lichte des aufkommenden Nationalismus angemessener erscheinende Architektursprache denn Sempers Rundbogenstil, und so erhielt die Stadt zwischen 1846 und 1874 ihren eigenen »Kölner Dom« als dreischiffige Basilika mit Querhaus (Abb. 13).

12 ENTWURF GOTTFRIED SEMPERS, 1844

Bei den massiven Luftangriffen auf Hamburg im Sommer 1943 diente der 145 Meter hohe Turm als Orientierungspunkt. Auch wenn der Turm die Angriffe überstand, war das Kirchenschiff danach sehr stark beschädigt,

13 NIKOLAIKIRCHE, 1928

wie auch ein Großteil der benachbarten Gebäude vollständig zerstört wurde (Abb. 14). Gegen einen Wiederaufbau nach dem Krieg sprachen die hohen Kosten, aber auch die Tatsache, dass in der Gegend kaum noch Menschen lebten. St. Nikolai wurde in ein Mahnmal gegen den Krieg verwandelt und im Stadtteil Harvestehude eine neue St. Nikolai-Kirche gebaut. Teil des Mahnmals sind zahlreiche Kunstwerke, die an die Schrecken des Krieges erinnern und zum Frieden aufrufen, darunter beispielsweise ein berühmtes Mosaik Oskar Kokoschkas. Zur Gedenkstätte gehört außerdem ein Museum, das sich vornehmlich mit Hamburgs Zerstörung durch die »Operation Gomorrha« beschäftigt. Bei mehrtägigen Angriffen auf die Stadt war Hamburg im Sommer 1943 in wenigen Tagen in erheblichem Maße zerstört worden. Neben Teilen der Innenstadt waren davon vor allem auch einige Wohngebiete betroffen. Östlich der Alster wurden dabei Stadtteile wie Hammerbrook, Rothenburgsort oder Hamm-Süd fast vollständig in Schutt und Asche gelegt. Ungefähr 34 000 Menschen starben in Hamburg allein während der »Operation Gomorrha«, deren Ziel es unter anderem war, die Moral an der »Heimatfront« in Deutschland zu schwächen. 125 000 Verletzte waren zu beklagen und 900 000 Menschen obdachlos geworden. Am Ende des Kriegs war etwa die Hälfte aller Hamburger Wohnhäuser unbewohnbar. Viele weitere wurden im Wiederaufbau abgerissen. Auch die Gegend rund um die Nikolai-Kirche veränderte sich nach dem Krieg dramatisch. War die Kirche zuvor von einer U-förmigen Bebauung umgeben, die den vor dem Turmportal liegenden Hopfenmarkt, zu dem wir uns jetzt begeben, umschloss, so wurde mit der »Ost-West-Straße« (heute Willy-Brandt- bzw. Ludwig-Erhard-Straße) eine neue, sehr breite, dem zügigen Durchgangsverkehr durch die Innenstadt dienende Querver-

14+15 RUINE ST. NIKOLAI MIT LAEISZHOF UND STATUE VON ADOLF III., 1951, UND HOPFENMARKT, 1910

bindung geschaffen. Sie zerschnitt alte Quartiere und machte aus einem ruhigen Ort eine verkehrsumbrauste Randlage.

Der Hopfenmarkt diente für viele Jahrhunderte als Großmarkt (Abb. 15), ehe dieser 1911 zum Deichtor mit seinen damals neuen Markthallen verlegt wurde (vgl. Rundgang 6). Der Name des kleinen Marktplatzes verweist noch auf Hamburgs Bedeutung als bedeutender Brauereistandort im späten Mittelalter (vgl. Exkurs Bier aus Hamburg, S. 38). Der Brunnen mit der Figur einer Marktfrau aus den Vierlanden, einer ländlichen Region innerhalb der Stadtgrenzen, aus der die Hamburger traditionell einen Großteil ihres Gemüses bezogen, soll an das ehemalige Marktgeschehen erinnern.

Am Ende des Platzes überqueren wir nun die Brücke über die Willy-Brandt-Straße und begeben uns in die Mattentwiete. Auf der nächsten Brücke, die über das Nikolaifleet führt, bleiben wir kurz stehen.

7 HOLZBRÜCKE

Das Nikolaifleet entspricht dem alten Flusslauf der Alster. Nach rechts fließt es an den Häusern der Deichstraße und des Cremon entlang, bevor es in den Zollkanal und damit indirekt in die Elbe mündet. Die Fleete

waren bis zum Ende des 19. Jahrhunderts von sehr großer wirtschaftlicher Bedeutung. Mit Kähnen konnte man über die Wasserläufe in die innere Stadt gelangen und dort Waren bei den Kaufmannshäusern und Speichern anliefern oder abholen. Aus diesem Grund standen die Häuser traditionell direkt am Wasser und besaßen quasi zwei Fronten.

Hamburg liegt am Zusammenfluss von Elbe, Alster und Bille und wurde zu einem großen Teil auf Marschinseln angelegt, die sich nur flach erheben. Flussläufe waren hier also natürlich vorhanden und wurden um künstliche Kanäle ergänzt. Um in dieser Gegend sicher und trocken zu leben, wurde schon früh der Bau von Deichen gegen die Fluten nötig. Heute beträgt der Tidenhub (also der Unterschied zwischen dem durchschnittlich höchsten und niedrigsten Pegelstand) in der Stadt stattliche 3,5 Meter, in früheren Zeiten war er deutlich geringer. Die Häuser entlang des Nikolaifleets wurden also quasi ins Deichvorland, das heißt den Bereich zwischen Deichkrone und Wasserrand, gebaut und bilden somit eine den Gezeiten ausgesetzte Kante. Erst seit der verheerenden Sturmflut 1962, bei der in Hamburg 317 Menschen zu Tode kamen, ist der Flutschutz so stark verbessert worden, dass die Bewohner nun vollständig geschützt sein sollten, auch wenn einige ufernahe Bereiche immer mal wieder unter Wasser stehen, wie zum Beispiel Teile des Fischmarkts in Altona, der Speicherstadt und Hafencity oder des Hafens. Über die Treppe rechts neben der Brücke konnte man bei jedem Wasserstand die Ewer erreichen – das sind flachbodige Segelschiffe bzw. Schuten, die hier das Gemüse für den Hopfenmarkt anlandeten (Abb. 17).

Eine weitere Funktion der Fleete war in früheren Jahrhunderten die Frischwasserversorgung und Abwasserentsorgung. Über schmale Gänge zwischen den Häusern, wie es sie in der Deichstraße noch gibt, konnten die Menschen mit ihren Wassereimern an die Fleete gelangen und sich so mit Wasser versorgen. Da es aber auch gang und gäbe war, die Nachtpötte in die Fleete zu entleeren, und die Fäkalien aus den über das Wasser ragenden Plumpsklos auf direktem Wege in die Gewässer gelangten, entstand ein widerwärtiger Kreislauf. Dass der Unrat der Stadt mit den Gezeiten

16+17 DEICHSTRASSE UND NIKOLAIFLEET MIT FRUCHTEWERN FÜR DEN HOPFENMARKT, 1906

schon auf natürlichem Wege aus der Stadt gespült würde, war dabei ein folgenreicher Trugschluss, denn oft sank dieser mit der Ebbe auf den Grund der dann trockenfallenden Wasserläufe und wurde mit der nächsten Flut lediglich wieder aufgeschwemmt. Krankheiten konnten sich so in der Stadt immer wieder leicht verbreiten. Erst im 20. Jahrhundert wurde mittels verbesserter Technik schrittweise auf die Wasserversorgung durch Grundwasser umgestellt.

Wer mag, kann nun rechts durch die Straße Cremon zur Hohen Brücke gehen und von dort einen etwas genaueren Blick auf die letzten Fachwerk-Kaufmannshäuser des 17. und 18. Jahrhunderts in der Deichstraße werfen, in denen Leben und Arbeiten unter einem Dach vereint waren (Abb. 16).

Unser Weg führt ansonsten die Mattentwiete weiter bis zum Ende hinab, wo wir nach links in die Straße »Bei den Mühren« abbiegen. Geradeaus gelangt man über den Zollkanal in die Speicherstadt (vgl. Rundgang 5), rechts lässt sich der alte Kran von 1858 ausmachen, der zunächst noch per Handkurbel betrieben wurde, bevor er 1896 elektrifiziert wurde. Auch das Kranwärterhaus mit seinem zinnenbewehrten Türmchen, im Volksmund »Mäuseburg« genannt, ist zu erkennen. Nachdem wir unseren Weg entlang der Straße Bei den Mühren einige Meter fortgesetzt haben, biegen wir an der Einmündung Reimerstwiete links in diese Straße ein.

BIER AUS HAMBURG

Bier wurde wohl bereits vor dem 12. Jahrhundert in Hamburg gebraut und erlangte im späten Mittelalter für die Hamburger Wirtschaft eine besondere Bedeutung. Bierbrauen war nicht unbedingt eine hauptberufliche Tätigkeit, sondern viele Braukessel wurden quasi nebenbei in den Kaufmannshäusern an den Fleeten betrieben, denn für die Brauereien spielte der Zugang zu Wasser natürlich eine erhebliche Rolle.

Das Bier aus Hamburg genoss einen guten Ruf und wurde zum Exportschlager, wie ein Spruch aus der Hansezeit illustriert: »Lübeck liefert Heringe, / und Lüneburg das Salz, / den Durst, der so verursacht wird, / löscht Hamburgs Trank aus Malz«.

Hamburg galt gar als »Brauhaus der Hanse« und hatte 1376 immerhin 457 Brauhäuser, womit das Braueramt (die Zunft der Brauer) über mehr als zwölfmal so viele Meister verfügte wie das Bäckeramt! Die Brauerknechte galten, nebenbei bemerkt, als sehr starke, handfeste und feierfreudige Gesellen. Wichtig waren natürlich auch die brauereinahen Handwerke, wie zum Beispiel die Böttcher, die Holzgefäße herstellten.

Zu jener Zeit machte Bier ungefähr ein Drittel der Hamburger Exporte aus. Über achtzig Prozent der Bierproduktion gingen ins Ausland, vor allem in die Niederlande, aber auch nach Skandinavien. Hamburger Bier war dabei ein relativ teures Luxusprodukt und wurde vornehmlich von den Oberschichten konsumiert oder bei großen Festen aufgetischt. Hoch geschätzt wurde es unter anderem deshalb, weil es so würzig schmeckte. Ein Grund für diese besondere Geschmacksnote könnte gewesen sein, dass zum Brauen oft auf das Fleetwasser zurückgegriffen wurde, in dem sich neben Wasser ja auch manch anderer leckerer Bestandteil aus den Nachttöpfen und Aborten der Stadt befand. Selbst im 18. Jahrhundert wurde dieser Umstand noch als für ein gutes Bier durchaus positiv beurteilt. So heißt es in Krünitz' »Oeconomischer

Encyclopädie« von 1775 zur Bedeutung der Wasserqualität beim Bierbrauen: »Die Erfahrung zeigt öfters, daß zum guten Bierwerden oder zum besten Brauen eben nicht allezeit das reinste und sauberste Wasser erfordert werde. Das häßlichste, dickste und unflätigste Wasser gibt öfters das beste, wohlschmeckendste und nahrhafteste Bier.«

Die spezielle Würze verdankte das Hamburger Bier aber nicht nur dem Brauwasser, sondern auch der Tatsache, dass Hopfen verwendet wurde. Dieser macht das Bier bekanntlich würzig und auch haltbarer. Gerade in den Exportgebieten war Hopfenbier eine Zeit lang eine geschmackliche Neuheit, was zum großen Exporterfolg beitrug, denn vielfach wurde ansonsten sogenanntes Dünnbier, ohne Verwendung von Hopfen, produziert.

Ungesund war das Bier jedenfalls kaum, etwaige Keime und Krankheitserreger waren duch den Brauprozess bereits unschädlich gemacht worden. Dem Fleetwasser gegenüber war Bier damit jedenfalls sicher das gesündere Nahrungsmittel. Zudem war der Alkoholgehalt des Bieres früher deutlich geringer, weshalb es im Mittelalter zum täglichen Speiseplan von Arm und Reich, Männern, Frauen und Kindern gehörte und als gesundes Lebensmittel galt. In einer Quelle von 1098 heißt es: »Ein Brei von Brot und Bier gekocht und feist mit Butter und Öl gemacht und gewermet und des Morgens nüchtern gegessen erweichet den Leib und machet gelinde sanffte Stuhlgänge.«

Eine weitere mittelalterliche Quelle singt ein wahres Loblied speziell auf das Hamburger Bier: »Das edle Hamburger Bier ist eine Königin unter allen andern weißen Bieren. Das hochgelobte Bier, das in Hamburg gebraut wird, hat einen lieblichen, guten und angenehmen Geschmack; im Anfange süsse, aber hernach gewinnt es einen weinlichen Nachgeschmack. Ferner hat es viele Substanz, reiche Nahrung und der Mensch nimmt an seinem Leibe wohl zu. Es gibt gute und gesunde Feuchtigkeit, macht gutes Blut, man kriegt davon auch eine schöne Farbe, denn man findet zu Hamburg täglich nicht allein gar schöne feine Frauen von Farben, sondern auch gar herzliche und wohlgestalte feine junge Gesellen und Männer. Der Stein wächst einem nicht leicht von diesem Bier und es ist eine besondere Gabe Gottes, dass einem von diesem Bier das Haupt nicht weh tut.« Außerdem, so die Quelle weiter, sei das Hamburger Bier gut für die Körperpflege, da es weiche, reine Haut mache und es auch verschiedene medizinische Nutzen habe.

Ab dem 15. Jahrhundert geht die Zahl der Bierbrauer in Hamburg dann zurück: 1411 verbietet der Rat die Bierproduktion mit Wasser, das in Zubern erst von den Brunnen und Fleeten herbeigeschafft werden muss. Es kommt zu einem Brauereiensterben, insbesondere im Kirchspiel St. Jacobi, das ja keine Fleete besitzt. Ziel der Maßnahme war die Erhöhung der Qualität des Bieres.

In der Frühen Neuzeit waren Produktion und Ausfuhr weiter stark rückläufig. Die Gründe hierfür waren unterschiedlicher Art. So begann man in den Exportländern nun selbst Hopfenbier zu brauen. Zudem ging durch den Niedergang der Hanse der vormals privilegierte Marktzugang allmählich verloren (vgl. Exkurs Hamburg und die Hanse, S. 185). Stattdessen wurde Hamburger Bier nun oft mit Einfuhrzöllen belegt. Hinzu kam, dass seit dem 15. Jahrhundert Branntwein zu einem beliebten Getränk, auch der ärmeren Schichten, aufstieg.

Nach dem Niedergang des Brauereiwesens entstanden in Hamburg und Umgebung erst mit dem starken Bevölkerungswachstum in der zweiten Hälfte des 19. Jahrhunderts wieder neue, ungleich größere Brauereien. Um 1890 waren dies 32 Betriebe. Diese Entwicklung verdankte sich vor allem der Tatsache, dass sich die Trinkgewohnheiten der Arbeiter änderten. Bier kam wieder in Mode, und insbesondere untergäriges Lagerbier wurde der Renner. Außerdem vollzog sich allmählich eine Abkehr vom hochprozentigen Branntwein zum leichteren Bier, dessen Genuss mit einem höheren Sozialprestige verbunden war. 1864 braute die Aktien-Bier-Brauerei auf St. Pauli als erste Brauerei Hamburgs das neue untergärige Bier.

Doch auch von diesem zweiten Boom des Brauereiwesens ist in Hamburg nicht viel geblieben. In der zweiten Hälfte des 20. Jahrhunderts verschwand die regionale Vielfalt allmählich wieder. Werbung und schnellere Transportwege sorgten für mehr Konkurrenz durch auswärtige Marken und führten zusammen mit Unternehmenszusammenschlüssen und Rationalisierungen zur Schließung zahlreicher Brauereien. So verschwanden unter anderem »Bill-Bräu«, »Elbschloss« oder »Winterhuder Märzen« aus den Hamburger Kneipen. Geblieben ist mit der seit 1879 in Altona ansässigen Holsten-Brauerei, die mittlerweile zum dänischen Carlsberg-Konzern gehört und wo auch das vor allem aus St. Pauli bekannte »Astra« gebraut wird, lediglich eine große Brauerei. Erst allmählich bricht sich der Trend zu kleinen, feinen Bieren aus sogenannten »Microbreweries« auch in Hamburg Bahn, und so gibt es frisches »Gröninger« im gleichnamigen Braukeller an der Willy-Brandt-Straße, die Sorten »Kupfer« und »Messing« im »Brauhaus Joh. Albrecht« nahe der Börse, »Blockbräu« an den Landungsbrücken und auch wieder ein »Ratsherrn«-Bier aus einer kleinen Brauerei im Schanzenviertel.

8 REIMERSTWIETE

In der Reimerstwiete finden sich einige gut restaurierte Fachwerkhäuser des 18. und 19. Jahrhunderts. Es handelt sich dabei, ähnlich wie in der Deichstraße, um eines der letzten kleinen Fachwerkhausensembles, die alle Formen der Zerstörung überdauert haben (Abb. 18). Das Pflaster zeigt noch an, wie schmal der Weg ursprünglich war. »Twieten« bezeichnen enge, zumeist nicht befahrbare Wege, die zwischen der dichten Altstadtbebauung hindurchführten. In Hamburg galt dabei die Regel, dass sie breit genug sein mussten, um einen Sarg heraustragen zu können.

Nach einigen Metern gelangen wir an eine Treppe. Hier biegen wir rechts in die Gasse namens »Katharinenfleet« ein. Bis kurz nach dem

18 BLICK IN DIE REIMERSTWIETE, UM 1930

Zweiten Weltkrieg verlief auch hier ein schmales Fleet, wie an einigen Gebäuden entlang des Wegs noch immer zu erkennen ist (Abb. 19). An den Dächern weisen sie Luken oder kleine Ausleger für Seilwinden auf, mit deren Hilfe Waren von den Kähnen in die Lagerböden befördert werden konnten.

Wir folgen nun weiter dem Weg, der uns an einer der wenigen Stellen vorbeiführt, an denen in der Innenstadt nach dem Krieg ein größerer Komplex mit Mietwohnungen entstand – in diesem Fall in den 1980er Jahren –, und gelangen zurück zur Straße Bei den Mühren. Dort wenden wir uns nach links und kommen zur St. Katharinen-Kirche.

9 ST. KATHARINEN

Auch St. Katharinen wurde im Zweiten Weltkrieg stark zerstört und danach, anders als die Nikolai-Kirche, wieder aufgebaut. Nur die Grundmauern und der Turmstumpf waren noch erhalten (Abb. 20). Dessen aus dem 13. Jahrhundert stammender Schaft stellt das älteste Hamburger Gemäuer dar. Zu jener Zeit lagen die Kirche und ihre Gemeinde am Rand der Stadt, denn die Stadtbefestigung nach Süden verlief genau hier, wie der Straßenname Bei den Mühren (Bei den Mauern) noch belegt. Im 14. und 15. Jahrhundert wurde die Kirche als Pseudo-Basilika (eine Kirche, deren Mittelschiff sich deutlich über die Seitenschiffe erhebt, dabei jedoch keine Fenster in den Mauern oberhalb der Seitenschiffe besitzt) erbaut. Der Wohlstand ihrer Gemeindemitglieder machte sie zum reichsten Kirchspiel Hamburgs. Geweiht wurde die Kirche der heiligen Katharina von Alexandrien, die für ihr gelehrtes Wissen verehrt wurde. Dazu passt auch, dass sie heute unter anderem als Universitätskirche fungiert. Unklar ist allerdings, warum die ursprüngliche Namenswahl in einem Stadtteil der Kaufleute und Seefahrer ausgerechnet auf Katharina fiel. An der Süd-

19+20 CATHARINENFLEET, UM 1900, UND ST. KATHARINEN, UM 1945

seite nahe dem Turm befindet sich eine Katharina-Statue von ungefähr 1630; eine weitere moderne Statue steht hingegen auf dem östlichen Giebel des Kirchenschiffs (Hans Kock, 1999). Der Turm wurde nach dem Krieg in der Form rekonstruiert, in der ihn der Zimmermeister Peter Marquard 1656/57 gestaltet hatte. Seine goldene Märtyrerkrone wurde der Legende nach mit Gold aus dem Schatz des berüchtigten Piraten Klaus Störtebeker gestaltet – was allerdings wirklich nicht mehr als eine schöne Erfindung ist. Die Anbauten an die Kirche im Süden muten heute vielleicht ungewöhnlich an, stehen aber in der Tradition früher üblicher Umbauungen von Kirchen.

Im Inneren wurde die Kirche nach dem Krieg weitgehend neu gestaltet und mit modernen Kunstwerken ausgestattet, so zum Beispiel mit dem abstrakten Bildzyklus »Weg ins Licht« (Ingeborg zu Schleswig-Holstein, 1984–86), Glasfenstern von Hans Gottfried von Stockhausen aus den 1950er Jahren oder dem »Leib-Christi-Altar« von Helmut Lander (1983). Auch Kanzel, Altar und Chorgestühl stammen aus der Nachkriegszeit. Seit 2007 wurde St. Katharinen umfassend saniert, 2013 konnte auch der Wiederaufbau der von Johann Sebastian Bach besonders geschätzten und im Krieg verloren gegangenen Orgel abgeschlossen werden.

Ehe wir weiter in Richtung Osten gehen, lohnt es sich noch, einen Blick in das 2014 hinter der Kirche fertiggestellte »Katharinenquartier« zu wer-

21+22 KATHARINENQUARTIER UND ZIPPELHAUS, 1880

fen. Auf dem früheren Gelände einer Grundschule wurden hier 131 Mietwohnungen geschaffen (Kaltmiete im Schnitt ungefähr 15 bis 16 Euro pro Quadratmeter) sowie ein Büro- und Gewerbegebäude zur Willy-Brandt-Straße (Abb. 21, Kleffel Papay Warncke Architekten).

Wir spazieren nun weiter vor bis zum »Zippelhaus«. Bevor hier 1890/91 von einem Verleger ein Wohn- und Geschäftshaus gebaut wurde, befand sich an dieser Stelle das Zippelhaus der Bardowicker Gemüsehändlerinnen, die in dem Bau nicht nur »Zippeln« (Plattdütsch für »Zwiebeln«) lagerten und verkauften, sondern auch andere Gemüsesorten (Abb. 22). 1535 bis 1674 stand hier ein erstes Gebäude, das wegen Baufälligkeit abgerissen und durch einen Neubau ersetzt wurde, der seinerseits Straßenbaumaßnahmen im Zuge der Anlage der Speicherstadt 1888 weichen musste. Die Bardowicker Frauen betrieben ihren Handel danach noch einige Jahre von einem Gebäude in der Deichstraße aus weiter.

Unter der Adresse Zippelhaus 4 findet sich auch der hintere Eingang zur »Gröninger«-Brauerei, einer kleinen Privatbrauerei mit Speisewirtschaft. Die Hofdurchfahrt zwischen Hausnummer 3 und 4 bietet sich für einen kleinen Abstecher an, denn sie führt zur Rückseite des »Asia-Hauses« (Georg Radel, 1906–09). Auch hier besteht wochentags die Möglichkeit, über einen Hintereingang einmal in ein Kontorhaus hineinzugelangen. Vor allem das Treppenhaus zur Willy-Brandt-Straße ist mit seinen Jugendstilelementen sehr repräsentativ gestaltet. Zudem verweist die dortige Fassade auf den Asienhandel und mit den Reichsadlern zugleich auf den westlich-kolonialen Machtanspruch (Abb. 23). Zurück am Zippelhaus, biegen wir an der nächsten Ecke links in die Brandstwiete ab, deren Name ausnahmsweise nichts mit dem Großen Brand zu tun hat, sondern schlicht auf einen ehemaligen Grundeigentümer namens Brand zurückgeht.

23 FASSADE DES ASIA-HAUSES

Auf der gegenüberliegenden Straßenseite befand sich von 1885 bis 1967 mit dem »Dovenhof« das erste Hamburger Kontorhaus (Abb. 24, Martin Haller), das zum Vorbild für viele weitere Kontorhausbauten wurde. Allein bis 1900 wurden in Hamburg etwa einhundert Kontorhäuser gebaut, denn die Wirtschaft, und hier insbesondere der Handel, boomte nach dem Zollanschluss Hamburgs an das Deutsche Reich 1888 (vgl. Rundgang 5). Im Dovenhof machte der Dichter Hans Gustav Bötticher, besser bekannt als Joachim Ringelnatz, eine Lehre bei einer Dachdeckerfirma. 1967 musste der Dovenhof einem Hochhaus weichen, das der Architekt Werner Kallmorgen für das Nachrichtenmagazin »Der Spiegel« entworfen hatte. 2011 zog »Der Spiegel« jedoch weiter in ein neues Domizil in der Hafencity (vgl. Rundgang 6), das alte »Spiegel-Hochhaus« steht seitdem leer.

Wir überqueren nun die Willy-Brandt-Straße und passieren den »Neuen Dovenhof«, ein von 1991 bis 1994 erbautes neues Kontorhaus mit einem großen übedachten Innenhof, das typisch ist für das Backstein-Revival dieser Zeit (Abb. 25, Kleffel, Köhnholdt, Gundermann).

Bevor wir nun weiter geradeaus bis zum Domplatz gehen, lohnt sich an der nächsten Ecke noch ein kleiner Abstecher nach links, um einen kurzen Blick auf das »Afrika-Haus«, Sitz des Handels- und Reedereihauses Woermann, zu werfen, das mit afrikanischen Motiven geschmückt ist

24+25 KORNHAUSBRÜCKE MIT ZIPPELHAUS UND DOVENHOF, 1903, UND NEUER DOVENHOF

(Portalelefanten, Kriegerstatue, Wandmosaik). Die Woermann'schen Unternehmen spielten in der deutschen Kolonialpolitik im späten 19. und frühen 20. Jahrhundert eine unrühmliche Rolle (vgl. Exkurs Hamburg und die Kolonien).

HAMBURG UND DIE KOLONIEN

In der Speicherstadt wurden früher zu einem großen Teil Waren gelagert, die aus Übersee stammten und häufig unter dem Sammelbegriff »Kolonialwaren« zusammengefasst wurden. In der kurzen Episode des deutschen Kolonialismus zwischen den 1880er Jahren und dem Ersten Weltkrieg waren auch Hamburger Kaufleute unrühmliche Hauptdarsteller bei der Besetzung und Ausbeutung überseeischer Gebiete. Doch begann dieses Kapitel lange vor der offiziellen Annektierung ganzer Landstriche durch das Deutsche Reich.

Schon seit dem 16. Jahrhundert trieb man in Hamburg über Zwischenhändler Handel mit den portugiesischen Kolonien, vor allem mit Brasilien, wodurch sich beispielsweise das Zuckergewerbe der Stadt seit Ende des 16. Jahrhunderts stark entwickelte. Es war Teil des sogenannten »Dreieckshandels«, der ungefähr folgendermaßen vonstattenging: Zur Produktion von Zuckerrohr auf den Plantagen in Brasilien und der Karibik benötigte man viele Arbeitskräfte. Hierfür wurden Sklaven aus Westafrika in die Kolonien verschleppt, die die Europäer mit Branntwein, billigen Textilien und später auch Gewehren aus Europa bezahlten. Die von den Sklaven produzierten Güter wurden dann als Luxusprodukte nach Europa verschifft und dort konsumiert oder verarbeitet, womit sich das Dreieck schloss und der Handel wieder von vorne losgehen konnte.

An diesem frühen Kolonialhandel vedienten Hamburger als Importeure von Luxusgütern, als Exporteure der Waren nach Westafrika und auch als Transporteure von Sklaven in die Karibik. Der bekannteste Hamburger Profiteur dieses Systems war im 18. Jahrhundert der Hamburg-Wandsbeker Kaufmann und Manufakturbesitzer Heinrich Carl Schimmelmann, der Handel mit den karibischen Kolonien des Dänischen Reichs trieb und es bis zum dänischen Direktor für Sklavenhandel brachte.

Für Hamburg bedeutsamer wurde aber der direkte Handel mit den jungen Staaten Süd- und Mittelamerikas, nachdem diese seit Beginn des 19. Jahrhunderts die Unabhängigkeit erlangt hatten. So ließ sich der Vorsitzende der Commerzdeputation (der Vorläuferin der heutigen Handelskammer) 1822 von der Souveränität Mexikos und Brasiliens zu folgendem Ausruf hinreißen: »Alle seit Jahrhunderten uns verschlossen, fast verborgen gewesenen Länder sind uns offen geworden, und wir können auch sagen: Hamburg hat Kolonien erhalten!«

Seit der Mitte des 19. Jahrhunderts geriet auch Afrika zunehmend in den Blick der Kaufleute und hier vor allem die Palmkerne, die zur Herstellung von Palmöl dienten, das als Grundstoff für Margarine, Kosmetika, Kerzen oder Schmiermittel Verwendung fand. Schon in den 1850er Jahren besaßen Hamburger Händler zum Teil eine monopolartige Stellung in den produzierenden Regionen (z.B. die Firma O'Swald im nigerianischen Lagos). Dabei waren die Hamburger Kaufleute als Anhänger des Freihandels zunächst gegen die Etablierung deutscher

Kolonien, weil sie durch diesen Status auch ein Übermaß an Bürokratie und Kontrolle ihrer Geschäfte befürchteten.

In den 1880er Jahren wurde jedoch auch in Hamburg der Ruf nach Territorialherrschaft und deutscher Militärpräsenz größer, schließlich hoffte man, dass sich auf diese Weise die ausländische Konkurrenz und afrikanische Zwischenhändler ausschalten ließen. Insbesondere der Hamburger Kaufmann Adolph Woermann tat sich hier als treibende Kraft hervor. Seine Unternehmen waren zwischen 1880 und 1910 die wichtigsten Kolonialunternehmen des Deutschen Reichs. Woermann war ein sehr wichtiger Kolonialagitator mit zahlreichen Ämtern. So betrieb er mehrere Firmen im Afrikageschäft, saß in vielen Aufsichtsräten, war zeitweilig Präses der Handelskammer, Bürgerschafts- und Reichstagsabgeordneter und Berater des Auswärtigen Amtes. Besonders engagiert im Kolonialhandel waren ferner zahlreiche, teils extra zu diesem Zweck gegründete Hamburger Banken.

ELEFANTENSKULPTUREN AM AFRIKA-HAUS

1884 übernahm das Deutsche Reich die formelle Herrschaft über Südwestafrika (Deutsch-Südwest, das heutige Namibia), Kamerun und Togo und stellte sie »unter Schutz«. Weitere deutsche Kolonien waren Teile Neuguineas und mehrere umliegende Inseln (1884/85), Ostafrika (1885, heute Tansania), Kiautschou in China (1897/98), Teile Samoas und einige südpazifische Inseln (1899).

Zu den wenigen Profiteuren der deutschen Kolonialgeschichte gehörten auch einige Hamburger Handelshäuser. Sie strichen die Gewinne ein, wohingegen die materiellen Kosten vom Reich getragen wurden und die Hauptleidenden und Ausgebeuteten die Einheimischen waren. Der Handel mit den größten deutschen Kolonien, den sogenannten »Schutzgebieten« in Afrika, blieb im Verhältnis zum gesamten Außenhandel dennoch recht klein. Weniger als ein Prozent der gesamten deutschen Einfuhren kamen aus den deutschen Kolonien.

Neben Palmöl waren Elfenbein und Kautschuk (alle drei wurden insbesondere in Harburg verarbeitet) sowie Kakao und Bananen wichtige Handelsgüter. Dabei führte vor allem die intensive Plantagenwirtschaft in den Kolonien zur Zerstörung traditioneller Landwirtschaft, indem sie zahlreiche Arbeitskräfte aus dieser abzog.

Für Hamburg waren jedoch auch die Produktion und der Export minderwertiger Spirituosen nach Afrika von Bedeutung. Auch hier mischte Woermann maßgeblich mit. Ein Teil der Löhne wurde in den Kolonien meist mit Branntwein bezahlt, so zum Beispiel auch von der Kolonialverwaltung an die einheimischen Arbeitskräfte. Alkohol aus Deutschland zeitigte in den afrikanischen Gesellschaften insgesamt extrem negative Konsequenzen, und sein Export wurde von Missionaren, aber auch im Reichstag bekämpft. Woermann hingegen verkaufte den Alkohol als eine segensreiche zivilisatorische Gabe an die Afrikaner: »Ich bin an sich der Meinung, daß der Verkauf von Spirituosen nicht günstig auf die Neger wirkt [...]. Wollen wir aber heute aus Philantropie für den Neger den Schnaps nach Afrika verbieten, so würden wir damit einen wichtigen Zweig des deutschen Exporthandels bedeutend schädigen. [...] Im übrigen glaube ich nicht, daß den Negern durch den Schnaps ein sehr großer Schaden zugefügt wird. Ich meine, daß es da, wo man Zivilisation schaffen will, hier und da eines scharfen Reizmittels bedarf, und daß scharfe Reizmittel der Zivilisation wenig schaden.« (Adolph Woermann im Reichstag am 4. Februar 1885)

Um die deutschen Interessen in den Kolonien durchzusetzen, kam es immer wieder zu blutigen Strafaktionen und Kriegen, Enteignungen und Zwangsverpflichtungen von Arbeitskräften. So wurden ab 1904 zwischen 75 000 und 95 000 Herero und Nama Opfer der Niederschlagung eines Aufstands durch deutsche Soldaten im heutigen Namibia.

Ein Resultat der Hamburger Handelsinteressen am Kolonialismus ist letztlich auch die Gründung der Universität, die unter anderem aus dem 1908 gegründeten Kolonialinstitut hervorging, an dem Kolonialbeamte ausgebildet und verwertbares Wissen zur Ausbeutung und Beherrschung der Kolonien gesammelt und vermittelt wurden. Ab 1919 sollte die Universität die Tradition des Kolonialinstituts fortführen. Zu diesem Zeitpunkt hatte Deutschland seine Kolonien jedoch bereits verloren.

10 DOMPLATZ

Am Domplatz angekommen, ruhen wir uns am besten ein wenig auf der Wiese mit den Kunsttoffquadern aus. Man kann diesen Platz und seine Umgebung mit gutem Recht als Keimzelle Hamburgs bezeichnen.

Auf dem Weg haben wir vielleicht bemerkt, dass wir auf unserer letzten Etappe einen »steilen« Anstieg aus dem flachen Marschland hingelegt haben, sodass wir uns nun auf leicht erhöhtem Geestgebiet befinden, das vor Sturmfluten sicher ist. Doch wo war die Burg, die der Stadt den Namen gab, und wie sah sie aus? Diese Frage konnte nie so recht geklärt werden, ehe neue, 2014 veröffentlichte Forschungsergebnisse nahelegten, dass die Hammaburg im 8. Jahrhundert tatsächlich hier am Domplatz angelegt wurde. Zur damaligen Zeit war die Landschaft in dieser Gegend durch eine an drei Seiten von der Alster umflossene Landzunge geprägt. Auf ihr wurde eine kleine Befestigungsanlage mit rund fünfzig Metern Durchmesser angelegt, die allerdings nicht das ganze Jahr und auch nur von höchstens hundert Menschen, vornehmlich Händlern, bewohnt wurde. Der Name »Hammaburg« leitet sich von dem altsächsischen Wort »Hamme« her, das ein sumpfiges, mit niedrigem Gehölz bewachsenes Gelände an einem Fluss bezeichnet. Im frühen 9. Jahrhundert wurde die Anlage auf 75 Meter vergrößert. Dabei darf man sich die Hammaburg keinesfalls als einen steinernen Gebäudekomplex vorstellen. Vielmehr handelte es sich um eine hölzerne Händlersiedlung, die durch einen Holzzaun mit davor liegendem, wasserlosem Graben geschützt wurde.

Außerhalb der »Burg« befand sich, ungefähr dort, wo die von unserem Standort aus gut sichtbare St. Petri-Kirche steht, vermutlich eine kleine Kirche, der Vorgängerbau des Doms, der später dem Platz den Namen gab.

26 DOM, IM HINTERGRUND ST. PETRI, UM 1800

Im Jahre 845 wurde die Hammaburg bei einem Wikingerangriff zerstört, woraufhin der seit 831/32 in der Hammaburg ansässige Bischof Ansgar seinen Amtssitz nach Bremen verlegte. Allzu häufig anwesend war Ansgar in der Hammaburg zuvor allerdings nicht gewesen. Man schätzt, dass er, der umfangreiche Missionsreisen nach Skandinavien unternahm, in all den Jahren nur einige wenige Tage hier verbracht hat. Um 900 wurde eine neue, größere Befestigung in kreisrunder Form errichtet, die knapp doppelt so groß wie die Hammaburg war, ein Zeichen, dass der kleine Handelsort wieder florierte und wuchs. In dieser befestigten Siedlung müssen bereits erste hölzerne Vorläuferbauten des Hamburger Doms gestanden haben. Im 11. Jahrhundert wurde dann erstmals ein steinerner Dom errichtet. Nach zweimaliger Zerstörung Hamburgs in diesem Jahrhundert entstand jedoch erst ab 1248 ein neuer Dom als dreischiffige Hallenkirche, der bis zu seinem Abriss zwischen 1804 und 1807 hier stand (Abb. 26). Seit dem 13. Jahrhundert ergab sich dabei eine besondere rechtliche Konstruktion: Der Dom und die einzelnen Pfarrkirchen unterstanden dem Erzbischof, wohingegen die restliche Stadt unter der Hoheit der Schauenburger Grafen lag. Auf diese Weise etablierte sich ein eigenständiger Rechtsbezirk, der der politischen Führung der Stadt keine Rechenschaft schuldete und Immunität genoss. Nach der Reformation wurden die Gemeinden der Stadt zwar unabhängig vom Domkapitel, wohl aber blieb der Dom selbst eine rechtliche Enklave. Erst 1803 wurde dieser von den Hamburgern ungeliebte Status mit dem Reichsdeputationshauptschluss aufgehoben, und

27+28 JOHANNEUM VON DER RÜCKSEITE, 1914, UND IM GRUNDRISS

im Folgejahr begann man den als baufällig angesehenen Dom abzureißen. Einige Jahre blieb die freigewordene Fläche danach leer. Zwischen 1837 und 1840 wurde dann eine Art »Bildungszentrum«, bestehend aus der Gelehrtenschule »Johanneum«, dem »Akademischen Gymnasium« und der öffentlichen Stadtbibliothek, geschaffen (Abb. 27+28). Der Dom blieb dagegen nur noch als Name in der Stadt präsent – das seit dem 13. Jahrhundert im und um den Dom herum angesiedelte Marktgeschehen gab dem heute noch dreimal im Jahr auf dem Heiligengeistfeld im Stadtteil St. Pauli stattfindenden Hamburger Volksfest seinen Namen, denn seit 1668 wurde der Weihnachtsmarkt beim Dom »Domzeit« genannt. 1914 zog das Johanneum in neue Räumlichkeiten im Stadtteil Winterhude, während das Akademische Gymnasium bereits 1883 geschlossen worden war. Bis zu ihrer Zerstörung 1943 blieb nur die Stadtbibliothek hier. Danach war der Platz zumeist eine unschöne Brachfläche, die die meiste Zeit als schnöder Parkplatz genutzt wurde (Abb. 29). Erst 2009 wurde der Domplatz in seine jetzige Form gebracht. Die nachts leuchtenden Sitzblöcke markieren die Positionen der einstigen Säulen des Doms, die wallartigen Stahlskulpturen zeichnen den Verlauf der frühen Stadtbefestigung des 10. Jahrhunderts nach.

Vom Domplatz aus führt uns der letzte Teil unserer Wegstrecke nun durch einen Teil jenes Gebiets, der aufgrund der Fülle an Bürohäusern des frühen 20. Jahrhunderts als »Kontorhausviertel« bezeichnet wird. Ein spätes Exemplar dieser Architekturgattung ist das direkt an den Domplatz grenzende »Pressehaus«, heute Sitz der Wochenzeitung »Die Zeit«, das 1938 für die lokale NSDAP-Zeitung »Hamburger Tageblatt« errichtet wurde (Rudolf Klophaus). Das Firmensymbol des braunen Blatts, eine Kogge, findet man noch als Bauschmuck am Eingang in der Curienstraße – allerdings ohne das ursprünglich im Segel prangende Hakenkreuz.

29 DOMPLATZ ALS PARKPLATZ, 1950ER JAHRE

Unser Weg führt uns nun die Straße »Schopenstehl« entlang.

11 CHILEHAUS

Hausnummer 32/33 des Schopenstehl präsentiert sich mit einer für Hamburg seltenen spätbarocken Fassade (um 1750) und vermittelt einen Eindruck der bürgerlichen Baukultur jener Zeit. An der nächsten Straßenecke befindet sich der »Montanhof« (Abb. 30, Distel und Grubitz, 1924–26) mit seiner expressionistischen, geometrisch strukturierten Fassade, auf den der schlichtere »Mohlenhof« folgt (Schoch, zu Putlitz, Klophaus, 1928). Beim Blick in die Straße »Depenau« zeigt sich eine zwischen 1906 und 1908 erbaute Polizeiwache (Albert Erbe) mit barockisierender Fassade. Am Ende der Niedernstraße erreichen wir den Burchardplatz und das berühmteste Hamburger Kontorhaus, das von 1922 bis 1924 nach den Plänen von Fritz Höger errichtete »Chilehaus«, das als bedeutendstes Bauwerk des Expressionismus in Deutschland gelten kann (Abb. 31).

Höger konnte das Haus trotz der während der Bauzeit herrschenden Wirtschaftskrise und Inflation realisieren, da der Bauherr, Henry Brarens Sloman, ein im Salpeter-Handel reich gewordener Kaufmann, über Devisen verfügte. Der Bau erregte erhebliches Aufsehen, einerseits wegen seiner Größe und architektonischen Gestaltung, andererseits aber auch als Symbol dafür, dass in Deutschland trotz Krise und verlorenem Krieg Großes geschaffen werden könne. In Högers Worten: »Kühnheit ist [...] das stärkste Gepräge des Bauwerks. [...] Gotisch-dynamisch ist sein geistiger Wert [...], sein Wesen weist aufrecht sieghaft über die entsetzliche Zeit. Durch den Bau wurde das apathisch am Boden liegende Volk emporgerissen und schaute hoffnungsvoll zu ihm hinauf.«

Entgegen ursprünglichen Plänen ist das Chilehaus, auf dessen Baugrund sich zuvor 69, im Zuge der Sanierungen in der Hamburger Innenstadt abgerissene Gebäude befanden (vgl. Rundgang 2), fast ein reines Bürogebäude. Besondere Wirkung entfaltet der Gebäudekomplex durch die Verwendung von Klinkern »dritter Wahl«. Deren unregelmäßige Form und Farbe lassen einen lebendigen Fassadeneindruck entstehen. Auch wenn Höger später vorgab, diese Steine bewusst gewählt zu haben, soll seine erste Aussage bei der Ansicht des Baumaterials gelautet haben: »Was soll ich denn mit dem Dreck anfangen?« Die Verwendung des Klinkers war für Höger, der sich später der NSDAP zuwendete, durchaus nationalistisch konnotiert: »Wenn auch der Backstein nicht nur in Deutschland heimisch ist, so ist er aber dennoch deutsch zu nennen, genau wie die deutsche Eiche, weil in ihm das deutsche Gemüt schwingt. Was andernorts an Backsteinrohbau nur Zweck ist, ist bei uns außerdem seelisches Erleben.«

Obwohl bald fünf Millionen Steine verwendet wurden, ist das Gebäude ein Eisenbetonbau, dessen Fassade nicht tragend ist. Ähnlich wie der »Montanhof« verfügt auch das Chilehaus über Staffelgeschosse. Dies

30 MONTANHOF, UM 1925

31 CHILEHAUS, UM 1925

war eine planerische Vorgabe, um die Höhe der neuartigen »Hochhäuser« ein wenig zu kaschieren und auch mehr Licht in die teilweise recht engen Straßen zu bringen. Es lohnt sich, einmal um das Haus herumzugehen und wenn möglich auch einen Blick in seine Treppenhäuser zu werfen. Besonders beeindruckend ist die scharf zusammenlaufende Ostspitze, die das Haus wie ein gigantisches, gestrandetes Schiff erscheinen lässt, sowie die dynamische Fassadenansicht an der Südseite zwischen Pumpen und Fischertwiete. Gegenüber dem Chilehaus steht mit dem »Meßberghof« ein weiteres besonderes Kontorhaus (Gebr. Gerson, 1923/24) mit einem eindrucksvollen Treppenhaus. Hier, bei der U-Bahn-Station »Meßberg«, endet unsere erste Tour durch die Altstadt.

Wer mag, kann nun gleich – von hinten nach vorne – die Tour durch die Speicherstadt anschließen (Rundgang 5). Alternativ lässt sich aber auch von der nahegelegenen U-Bahn-Station »Steinstraße« aus Rundgang 6 durch die Hafencity beginnen oder von dort bzw. vom »Sprinkenhof« aus die zweite Altstadt-Tour (Rundgang 2) rückwärts absolvieren.

BARS/KNEIPEN/ NACHTLEBEN

Barley & Malt
Deichstraße 36
www.barleyandmalt.com
→ *Whisk(e)y, Guinness, Rugby, Football*

Brauhaus Albrecht
Adolphsbrücke 7
www.hamburg.brauhaus-joh-albrecht.de
→ *Schank- und Speisegaststätte am Fleet mit eigenem Bier*

Finnegan's Wake
Börsenbrücke 4
→ *Irish-Pub mit britischem Fußball und Rugby im TV*

Gröninger Privatbrauerei
Willy-Brandt-Straße 47
www.groeninger-hamburg.de
→ *deftige Kost und selbstgebrautes Bier*

Le Lion – Bar de Paris
Rathausstraße 3
www.lelion.net
→ *exklusive Cocktailbar*

CAFÉS/RESTAURANTS

Alt Hamburger Aalspeicher
Deichstraße 43
www.aalspeicher.de
→ *Aal und andere Fische, traditionell norddeutsch zubereitet*

Bodega Olé
Börsenbrücke 5
→ *spanische Speisegaststätte*

Café Paris
Rathausstraße 4
www.cafeparis.net
→ *elegantes französisches Café/Resto in einer ehemaligen Schlachterei*

Deichgraf
Deichstraße 23
www.deichgraf-hamburg.de
→ *norddeutsche Küstenküche*

Das Kontor
Deichstraße 32
www.das-kontor-hamburg.de
→ *noch mehr norddeutsche Küche*

Körri
Springeltwiete 2
www.koerri-deutschland.de
→ *Currywurst in Steakform, Flammkuchen, Burger & Salate*

Laufauf
Kattrepel 2
www.laufauf.de
→ *Aufläufe in einem alten Hamburger Gastraum*

Manee Thai
Brandstwiete 46
www.manee-thai.com
→ *thailändische Küche, fleisch- und fischlastig*

Nido
Cremon 35-36
www.nido-hamburg.de
➜ *österreichisch-japanische Fusionsküche mit Schnitzel-Sushi*

O-Ren Ishii
Kleine Reichenstraße 18
➜ *kleines vietnamesisches Restaurant für die Mittagspause*

Das Parlament
Rathausmarkt 1
www.parlament-hamburg.de
➜ *Restaurant und Cocktailbar im Ratsweinkeller*

Schoppenhauer
Reimerstwiete 20-22
www.weinrestaurant-schoppenhauer.de
➜ *deutsche Küche im 400 Jahre alten Speicher*

Im Sprinkenhof
Burchardstraße 8
www.restaurant-sprinkenhof.de
➜ *Labskaus, Schnitzel, Strammer Max*

Ti Breizh
Deichstraße 39
www.tibreizh.de
➜ *bretonische Creperie mit Fleetblick und Laden für Bretonisches*

Trattoria Bella Italia
Brandstwiete 58
www.trattoria-bellaitalia.de
➜ *traditionell und gut italienisch essen – mit singendem Wirt*

Viale Antico
Deichstraße 48-50
www.viale-antico.de
➜ *italienische Speisen und Weine*

Daniel Wischer
Steinstraße 15 A
www.danielwischer.de
➜ *zünftige Fischgaststätte*

Zum Brandanfang
Deichstraße 25
➜ *hanseatisch-uriges Speiselokal*

LÄDEN

Boysen + Mauke
Große Johannisstraße 19
➜ *juristisch-ökonomische Fachbuchhandlung mit allgemeinem Sortiment*

Brendler
Große Johannisstraße 15
www.ernst-brendler.de
➜ *tropentaugliche Kleidung für koloniale Hanseaten*

Buchhandlung Marissal
Rathausmarkt 7
www.marissal.de
➜ *schöne Traditionsbuchhandlung, seit mehreren Generationen in Familienbesitz*

Dössel & Rademacher
Brandstwiete 42
www.doessel-rademacher.com
➜ *alles, was man im Kontor so braucht*

Falkenhagen
Große Johannisstraße 7
www.hut-falkenhagen.de
➜ *Chapeau Claque, Schiebermütze, Fascinator – alles was den Kopf bedeckt*

Carl Feddersen Sea Shop
Deichstraße 35
www.firmafeddersen.de
➜ *maritime Bekleidung*

HSV City Store
Schmiedestraße 2
www.hsv.de/shop/meldungen/city-store
➜ *Laden für Fans der Rothosen*

Hilde Leiss – Galerie für Schmuck
Großer Burstah 38
www.hilde-leiss.de
➜ *Schmuckdesign verschiedener Künstler*

Lenffer
Großer Burstah 31
www.lenffer.de
➜ *feines Porzellan für die gehobene Tafel*

Manufactum
Fischertwiete 2
www.manufactum.de/manufactum-chilehaus-hamburg-c-40/
➜ *Es gibt sie auch in Hamburg noch – die guten Dinge …*

Teehandlung Zwanck
Kattrepelsbrücke 1
www.tee-zwanck.de
➜ *Teehandel seit über zweihundert Jahren*

Teekiste
Mohlenhofstraße 8
www.teekiste.com
➜ *Tee, Kannen und alles Weitere rund um die schmackhaften Blätter*

Tee-Maass
Börsenbrücke 2 A
www.tee-maass.de
➜ *Tee und manches drumherum*

HOTELS

Pension am Rathaus
Rathausstraße 14
www.pension-am-rathaus.de
➜ *günstige Pension mittendrin*

Sofitel Hamburg Alter Wall
Alter Wall 40
www.sofitel.com/de/hotel-5395-sofitel-hamburg-alter-wall/index.shtml
➜ *Hotel der gehobenen Klasse am Alsterfleet*

KULTUR

Bucerius Kunst Forum
Rathausmarkt 2
www.buceriuskunstforum.de
➜ *wechselnde, qualitätvolle Kunstausstellungen – und ein Museumsshop mit wunderbarem Sortiment*

Chocoversum
Meßberg 1
www.chocoversum.de
➜ *Wissenswertes rund um die Kakaobohne – präsentiert von einem Bremer (!) Produzenten*

Deichtorhallen
Deichtorstraße 1-2
www.deichtorhallen.de
➜ *internationale Kunst und Fotografie – mit schöner Fotobuchhandlung*

Mahnmal St. Nikolai
Willy-Brandt-Straße 60
www.mahnmal-st-nikolai.de
➜ *Ausstellung zum Bombenkrieg in Hamburg und Turmblick über die Stadt*

Rathaus
Rathausmarkt 1
➜ *Hamburgs politische Schaltzentrale und größtes Geschichtsmonument, bei regelmäßigen Führungen auch von innen zu besichtigen*

Rathausmarkt
➜ *wechselnde Open-Air-Veranstaltungen, meist »für umsonst« wie Freiluftkino oder Rockspektakel*

Das Schiff
Deichstraße 21
www.theaterschiff.de
➜ *kleine Theaterbühne auf einem umgebauten Lastensegler und einziges hochseetüchtiges Schiffstheater Europas*

SOZIALES/NON-PROFIT

Hamburgische Bürgerschaft
Rathausmarkt 1
www.hamburgische-buergerschaft.de
➜ *Feierabendparlament, dessen Sitzungen von den Bürgern besucht werden können*

Patriotische Gesellschaft
Trostbrücke 4-6
www.patriotische-gesellschaft.de
➜ *soziales und politisches Engagement seit 1765*

Stiftung phönikks
Kleine Reichenstraße 20
www.phoenikks.de
➜ *Beratungsstelle für krebskranke Kinder, Jugendliche, junge Erwachsene und deren Familien*

ALTSTADT-NORD 2

Hauptbahnhof * Spitalerstraße * Mönckebergstraße * Ballindamm * Alstertor/Gerhart-Hauptmann-Platz * St. Petri * Steinstraße/St. Jacobi * Altstädter Hof/Sprinkenhof

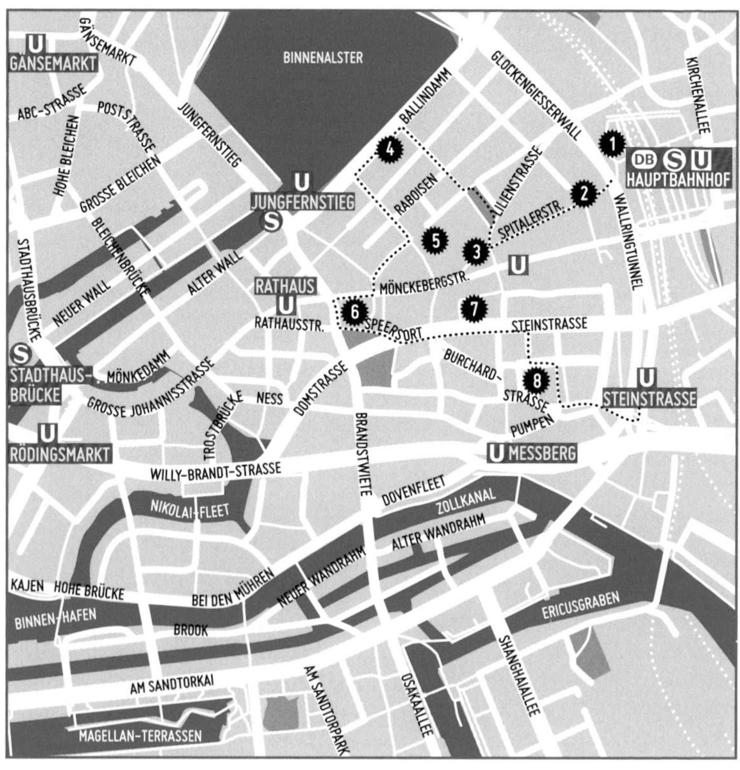

STARTPUNKT: Hauptbahnhof, Ausgang Glockengießerwall / Spitaler Straße
ENDPUNKT: U-Bahn-Station Steinstraße
DAUER: etwa 1,5 Stunden

Die zweite Tour durch den Stadtteil Altstadt führt uns durch deren nördliches Gebiet, das wie ein Dreieck zwischen Hauptbahnhof, Binnenalster, Rathausmarkt und Steinstraße liegt. Zum Großteil sind dies Innenstadtgebiete, die vom Großen Brand 1842 zerstört wurden oder bei den Sanierungen zu Beginn des 20. Jahrhunderts ihr Gesicht maßgeblich veränderten. Zusammen mit den Zerstörungen des Krieges hat dies dafür gesorgt, dass abgesehen von den wiederaufgebauten Hauptkirchen St. Petri und St. Jacobi auch hier kaum mehr von einer Altstadt im landläufigen Sinne gesprochen werden kann. Auf dem Rundgang wird deshalb nicht zuletzt deutlich werden, wie die Hamburger die großen Katastrophen der Stadtgeschichte zu einer planvollen Neustrukturierung der Stadt genutzt und gelegentlich auch mutwillig in die Stadtgestaltung eingegriffen haben.

1 HAUPTBAHNHOF

Der Hamburger Hauptbahnhof wurde 1906 eingeweiht. Damit gab es für die Reisenden nun endlich einen zentralen Bahnhof, an dem die verschiedenen Fernreiselinien zusammenliefen. Zuvor hatten vier auf die Stadt verteilte Kopfbahnöfe das Umsteigen für die Reisenden kompliziert gemacht. Auch die im 20. Jahrhundert entstandenen innerstädtischen S-Bahn- und U-Bahn-Linien passieren alle den Hauptbahnhof.

Gebaut wurde der Bahnhof in vierjähriger Bauzeit im ehemaligen Wallgraben und auf dem Gelände der Friedhöfe von St. Jacobi und St. Georg sowie des Steintors. Vorbild für die Konstruktion war die »Galerie des Machines«, die zur Pariser Weltausstellung 1889 errichtet worden war. Der von den Berliner Architekten Reinhardt & Süßenguth ursprünglich

1 HAUPTBAHNHOF, 1906

als reich verziertes Jugendstilbauwerk geplante Entwurf wurde allerdings durch persönliche Eingriffe Kaiser Wilhelms II. (der ihn zu modern und »einfach scheußlich« fand) maßgeblich verändert. Da Preußen und Hamburg im Eisenbahnsektor vertraglich miteinander verbunden waren, konnte der Regent Einfluss nehmen, und so wurde der Bahnhof auf seinen Wunsch hin mit Türmen und im Neorenaissance-Stil gestaltet (Abb. 1).

Im Zweiten Weltkrieg wurde der Bahnhof stark beschädigt. Auch eine Tarnung in Form einer mit Straßenzügen bemalten, über das Dach gebauten Holzkonstruktion konnte dies nicht verhindern. Nach dem Krieg wurde der Bahnhof wieder aufgebaut und ist heute der meistfrequentierte Personenbahnhof Deutschlands. Unterhalb des Bahnhofs befinden sich große Bunkeranlagen, die in der Zeit des »Kalten Krieges« zum »Atombunker« aufgerüstet worden waren. Von Zeit zu Zeit sind sie für Besichtigungen geöffnet.

Die Gleise der Eisenbahn verlaufen quasi im ehemaligen Wallgraben der Stadt. Zwischen 1616 und 1626 hatte Hamburg sich von dem niederländischen Festungsbaumeister Johan van Valckenburgh eine damals hochmoderne Stadtbefestigung gestalten lassen. Diese bestand aus massiven Erdwällen, einem vorgelagerten, im Zickzack verlaufenden Wassergraben sowie 22 überwiegend fünfeckigen Bastionen und elf dreieckigen Vorwerken, sogenannten Ravelins, zur Verteidigung der Stadt. Die Ravelins waren niedriger als die nach den Vornamen der amtierenden Ratsherren benannten Bastionen und schützten die zwischen diesen liegenden Grabenabschnitte. Diese Stadtbefestigung und eine geschickte Neutralitätspolitik der Hamburger Führung schützten die Stadt im Dreißigjährigen Krieg vor Zerstörung, sodass Hamburg um 1650 mit etwa 60 000 Einwohnern zur größten deutschen Stadt aufsteigen konnte.

Bereits Anfang des 19. Jahrhunderts hatten die Wallanlagen ihre militärische Bedeutung allerdings verloren und wurden allmählich in Parkanlagen umgestaltet bzw. mit repräsentativen öffentlichen Gebäuden bebaut. Die Stadttore verschwanden ebenfalls aus dem Stadtbild – so auch das ungefähr am Südende des heutigen Bahnhofs gelegene Steintor, das 1806 abgerissen wurde. Durch das Steintor führte der Weg in die ehemalige Vorstadt St. Georg, wo um 1200 das St. Georgs-Spital für Leprakranke angelegt wurde, das bis ins 16. Jahrhundert der einzige Gebäudekomplex vor den Toren der Stadt in östlicher Richtung blieb. Wie bei Vorstädten früher üblich, siedelte man dort all jene Dinge an, die man in der eigentlichen Stadt nicht tolerieren wollte oder die viel Platz brauchten. In St. Georg befanden sich neben dem Hospital im 16. Jahrhundert zum Beispiel der Galgen, ein »Gassenkummerplatz« (also eine Müllhalde), ein Pestfriedhof, eine Pulvermühle und Schweineställe. Als die Bewohnerzahl in der Vorstadt jedoch anstieg, wurde diese durch den Bau des »Neuen Werks« (1679–82) in die Stadtbefestigung einbezogen.

1830 wurde St. Georg schließlich zur offiziellen Vorstadt und im Verlauf des 19. Jahrhunderts zu einem urbanen, dicht besiedelten Stadtviertel. Insbesondere die Aufhebung der Torsperre zum Jahreswechsel 1860/61 sorgte für starken Zuzug. Vorher waren die Stadttore bei Nacht geschlossen worden bzw. nach Einbruch der Dunkelheit nur gegen Gebührenzahlung noch zu passieren gewesen. Am Steintor war dieser kostenpflichtige Eintritt in die Stadt ab 1798 möglich gewesen. Erst der Bau des Hauptbahnhofs führte dann zu einer Zunahme an Hotels, Gastronomien und Unterhaltungsetablissements im Stadtteil.

Beginnen wir nun unseren Fußweg und gehen über die Fußgängerampel in die Spitaler Straße hinein. An der nächsten Einmündung rechts, bei der Straße »Kurze Mühren«, machen wir unseren nächsten Stopp.

STADT, LAND, FLUSS – HAMBURGS TERRITORIALE ENTWICKLUNG

Hamburgs Stadtgebiet ist heute um ein Vielfaches größer als in früheren Jahrhunderten. Stadt und Staat dehnen sich noch immer ungefähr in dem Maße aus, wie es ein Gesetzesakt in der Nazi-Zeit 1937/38 festgelegt hat. Mit dem »Groß-Hamburg-Gesetz« fand eine Gebietsneuordnung statt, deren wichtigstes Ergebnis die Eingemeindung der umliegenden Städte Altona, Wandsbek und Harburg-Wilhelmsburg war. Doch schon in den vorangegangenen Jahrhunderten umfasste Hamburg mehr Fläche als das unmittelbare Stadtgebiet. Nur war eben nicht alles Stadt, was zu Hamburg gehörte, und nicht jeder (und jede schon mal gar nicht), der auf Hamburger Staatsgebiet lebte, hatte auch die Rechte eines innerhalb der Stadtmauern lebenden Hamburgers. Neben dem eigentlichen Stadtgebiet, das seit dem 17. Jahrhundert ungefähr dem in diesem Buch behandelten Bereich entspricht, gehörten Vorstädte und Landgebiete, die sogenannten »Landherrenschaften«, zu Hamburgs Herrschaftsbereich. Ganz grob und vereinfacht, verlief die Entwicklung des Hamburger Territoriums, wie im Folgenden dargestellt.

Seit der Mitte des 13. Jahrhunderts begannen die Hamburger, ihren Herrschaftsbereich durch Eroberungen, Käufe oder Pfandherrschaft zu erweitern. Ziel all dieser Aktivitäten war es, die Handelswege zu sichern. Es überrascht deshalb nicht, dass die Stadt sich beispielsweise Dörfer entlang des Alsterlaufs sicherte, der im Mittelalter eine wichtige Funktion als Handelsweg hatte, oder auch die Insel Neuwerk und den Ort Ritzebüttel (aus dem später Cuxhaven hervorgehen sollte) an der Elbmündung.

Seit dem 15. Jahrhundert wurden die Landgebiete zu sogenannten »Landherrenschaften« zusammengefasst, die von jeweils zwei Ratsherren verwaltet wurden. Ausnahmen waren Bergedorf, Geesthacht und die Vierlande, die von 1420 bis 1867 durch Hamburg und Lübeck gemeinsam verwaltet wurden, im Anschluss allein durch Hamburg. Nach der Reformation, die sich in Hamburg 1528/29 durchsetzte, wurde zudem vormals in Kirchenbesitz befindliches Land de facto von der Stadt übernommen. Die Bewohner der Hamburger Landgebiete waren den Bürgern der eigentlichen Stadt nicht gleichgestellt. So durften sie kein Gewerbe in der Stadt ausüben und konnten auch nicht die Rechte eines Bürgers erlangen, was sie auch von der politischen Teilhabe ausschloss (vgl. Exkurs Kleine politische Geschichte Hamburgs, S. 20).

In den 1830er Jahren wurden die außerstädtischen Gebiete neu geordnet. St. Georg (1830) und St. Pauli (1833) wurden zu Vorstädten erklärt, was sie unter die direkte Verwaltung der Hamburger Regierung brachte und die rechtliche Position ihrer Bewohner verbesserte. In den nächsten hundert Jahren wuchs die Stadt dann, insbesondere nach Aufhebung der Torsperre 1860/61, immer weiter ins Umland, und die umliegenden Dörfer wurden dem urbanen Leben erschlossen. 1871 wurden deshalb erstmals 15 Dörfer der Landgebiete aus der Landherrenschaft herausgelöst und zu Vororten erklärt, den verbliebenen Landgemeinden wurde gleichzeitig eine gewisse Selbstverwaltung zugestanden. 1894 folgte die rechtliche Gleichstellung St. Paulis und der Vororte durch ihre Eingemeindung nach Hamburg. St. Georg wurde bereits 1860 eingemeindet. Auch im 20. Jahrhundert wurden weitere Vororte aus der Landherrenschaft entlassen, deren Ende schließlich mit dem Groß-Hamburg-Gesetz von 1937/38 kam. Geesthacht und Ritzebüttel / Cuxhaven wurden im Zuge der verwaltungstechnischen Neugliederung an Preußen abgetreten. Erst 1969 erhielt Hamburg die Inseln Neuwerk und Scharhörn zurück. Sie werden heute vom Stadtbezirk Mitte, dem auch die Stadtteile Altstadt und Neustadt zugehören, verwaltet.

2 SPITALERSTRASSE

Die Spitalerstraße erhielt ihren Namen von dem eben erwähnten Siechen-Hospital in St. Georg, da sie aus der Stadt hinaus zum Spital führte (Abb. 2). Bereits im Mittelalter wurde der Weg als Spitalerstraße bezeichnet. 1505 siedelte sich in der Straße mit dem »Pockenhaus« genannten St. Hiobs-Hospital dann ebenfalls ein Krankenhaus an. Ihre heutige Form als Fußgängerzone erhielt die Straße 1968 und entwickelte sich im Laufe der Jahre zu einer der meistfrequentierten Einkaufsstraßen Deutschlands. Dabei ist sie vor allem von großen Kontorhausbauten aus dem frühen 20. Jahrhundert geprägt. Im Rahmen umfangreicher Sanierungen, das heißt gezielter Abrisse der alten Wohnbebauung in der Innenstadt (vgl. Station 3), wurde auch die Spitalerstraße, an der zuvor noch Häuser standen, die den Großen Brand 1842 unbeschadet überstanden hatten, zu einer reinen Geschäftsstraße. Auf diese Tatsache weist noch der Straßenname »Brandsende« als Bezeichnung für jene Gegend hin, in der das verheerende Feuer nach vier Tagen gestoppt werden konnte.

Am 5. Mai 1842 war in der Deichstraße vermutlich bei Bauarbeiten in einem Speicher ein Feuer ausgebrochen. Mehrere Faktoren führten dazu, dass sich die Flammen mit katastrophalen Folgen für die Stadt ausbreiten konnten. Zum einen trieb starker Wind das Feuer durch die schmalen Gassen in Richtung Innenstadt. Fast ausschließlich mit Holz gebaute Fachwerkbauten und brennbare Waren in einigen Speichern gaben dem Feuer zusätzlich Nahrung. Und nicht zuletzt waren die Feuerwehren

2 SPITALERSTRASSE, 1878

überfordert bzw. kamen die Löschtrupps wegen der brennenden Häuser nicht mehr an die Fleete heran. Noch dazu wurde das Feuer zunächst unterschätzt. Rechtzeitige Sprengungen einzelner Gebäude hätten unter Umständen Breschen schaffen können, über die das Feuer nicht hätte springen können. Aus Angst vor Regressansprüchen der Eigentümer verzichtete die Stadtführung aber auf ein schnelles Handeln. Als das Feuer schließlich nach drei Tagen kurz vor den Wallanlagen gestoppt wurde und die Flammen allmählich erloschen, zeigte sich die erschreckende Bilanz: Ungefähr ein Drittel der heutigen Innenstadt war zerstört (rund 1750 Häuser, darunter drei Kirchen, das Rathaus und zahlreiche Speicher), 51 Menschen waren in den Flammen oder durch einstürzende Häuser umgekommen, weitere 130 Personen verletzt und über 20 000 Menschen obdachlos geworden (Abb. 3). Die Hamburger nahmen das Desaster jedoch zum Anlass, die Stadt umfangreich zu modernisieren. Erstmals wurde

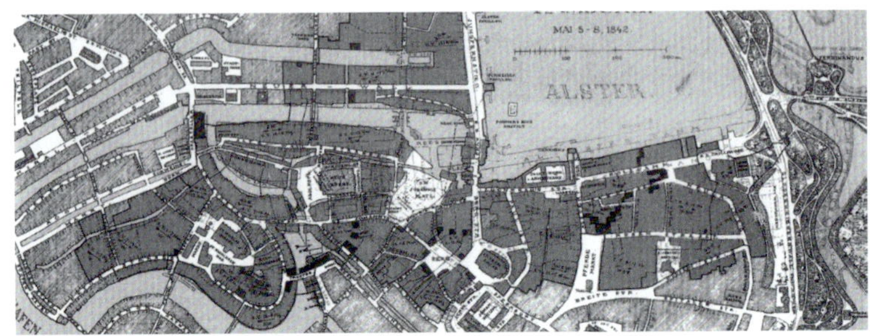

3 AUSBREITUNG DES GROSSEN BRANDS VON 1842, KARTE 1892

nun für die ganze Stadt ein Trinkwasserleitungssystem und ein Kanalisationsnetz angelegt. Und auch wenn man dabei nicht unbedingt die beste Lösung wählte – das sollte sich bei der Cholera-Epidemie 1892 rächen (vgl. Rundgang 1) –, so war man doch die erste kontinentaleuropäische Stadt, die über derlei verfügte. Auch Bürgersteige und Gasbeleuchtung an den Straßen wurden im Zuge der Neuplanungen eingeführt. Darüber hinaus wurden die Straßenführungen und Blockzuschnitte im Brandgebiet neu geordnet. Statt der mittelalterlichen schmalen und oftmals gewundenen Gassen und Straßen, die die Stadt unregelmäßig durchzogen, legte man nun ein fast schachbrettartiges Netz mit breiteren Straßen über die Stadt (vgl. auch Station 4 und 5).

Wir gehen nun die Spitalerstraße weiter hinunter, bis sie in einem kleinen Platz endet.

3 MÖNCKEBERGSTRASSE

Die Spitalerstraße trifft hier auf die Mönckebergstraße, die zwischen 1908 und 1913 als repräsentative Verbindung zwischen dem Rathaus und dem Hauptbahnhof durch die Altstadtgebiete getrieben wurde. Sie liegt als leicht geschwungener Boulevard zwischen diesen beiden damals noch recht neuen baulichen Aushängeschildern der Stadt und wurde ausschließlich mit Büro- und Kaufhäusern bebaut, auf deren harmonierende Gestaltung von staatlicher Seite Einfluss genommen wurde. Auch für den Bau der ersten U-Bahn-Ringlinie bis 1912 war die Anlage der Straße von großer Bedeutung, denn deren Gleise konnten in offener Baugrube unterhalb des Straßenverlaufs in einen Tunnel verlegt werden.

Schon nach der Cholera-Epidemie von 1892 nahmen Überlegungen Form an, etwas gegen die durch den massiven Zuzug in die Stadt immer dichtere Besiedlung der Arbeiterquartiere und ihre verheerenden Wohnverhältnisse zu unternehmen. Allein zwischen der Mitte des 19. Jahrhunderts und der Zeit kurz vor dem Ersten Weltkrieg verfünffachte sich die Bevölkerungszahl der Stadt von ungefähr 200 000 Bewohnern auf eine gute Million. Und so entstanden Sanierungspläne, die allerdings nicht das bedeuteten, was wir uns heute darunter vorstellen. »Sanieren« hieß damals schlicht: »Abreißen« und mit Neuem ersetzen. Das erste Sanierungsgebiet betraf die »Gängeviertel« in der Neustadt (vgl. Rundgang 4), wo allerdings neue Wohnviertel entstanden. Anders lag der Fall mit der Mönckebergstraße und ihrer Umgebung. Ziel war es hier, nach den Abrissen eine moderne »City«, wie es schon damals hieß, zu erschaffen, also ein reines Geschäftsviertel frei von Gewerbeansiedlungen und mit nur wenigen Wohnmöglichkeiten. Nachdem der Bau der Mönckebergstraße beschlossen war, wurden die Grundstücke in der Gegend von der Stadt gekauft und, wo nötig, die Eigentümer enteignet. Für die Mieter der innerstädtischen Wohnquartiere sah man keine Hilfen vor. Sie wurden schlicht aus ihren Wohnungen vertrieben und blieben den Kräften des Marktes überlassen, was meist zur Folge hatte, dass sie nur teurere Wohnungen fanden, die zumeist auch weniger zentral lagen als ihre vormaligen Behausungen. Weitere Wege zur Arbeit und eine Reduzierung des verfügbaren Einkommens waren die Konsequenz.

An unserem Standort sind einige schöne Beispiele der Kontor- und Geschäftshäuser zu sehen – der Name »Kontorhaus« leitet sich übrigens von dem französischen Wort »comptoir« ab, das ursprünglich »Zahltisch« bedeutet und den Schreib- und Geschäftsraum eines Kaufmanns bezeich-

4+5 BARKHOF, 1910, UND EHEMALIGE BÜCHERHALLE

nete. Das Wort »Büro« kommt hingegen vom französischen Wort für den Schreibtisch.

Am Ausgang der Spitalerstraße steht rechter Hand die »Seeburg« (Franz Bach, 1908/09), die elegant den Zusammenschluss von Spitalerstraße und Lilienstraße betont und mit allegorischen Figuren zu den Themen Arbeit und Wissenschaft sowie maritimen Motiven verziert ist. Direkt an der Mönckebergstraße befindet sich der »Barkhof« (Franz Bach, 1909/10), nach dem zeitweilig auch die U-Bahn-Station benannt war und der mit aufwendigen Motiven zum Thema »Handel & Wandel« geschmückt ist (Abb. 4).

Ins Auge fällt zudem das kleine säulenverzierte Gebäude mit dem Brunnen davor. Der Brunnen erinnert an den 1908 verstorbenen Bürgermeister Johann Georg Mönckeberg, der als Vorsitzender der Sanierungskommission gewirkt hatte. In dem Gebäude war ursprünglich die Zentralbibliothek der öffentlichen Bücherhallen untergebracht. Nachdem hier einige Jahre Hamburger gebraten wurden, beherbergt das Haus nun eine Informationsstelle der Kulturbehörde und die Filiale einer bekannten Café-Kette (Abb. 5). Das rechts zu einer Einkaufspassage führende Gebäude aus den späten 1960er Jahren (Garten & Kahl, 1967-69) mag man entweder als Fremdkörper oder als elegante, schwungvolle Schließung einer Kriegslücke empfinden. Es passt auf jeden Fall gut zu dem stählernen »Lichtturm«

6+7 PASSAGE MIT STÄHLERNEM LICHTTURM, UM 1975, UND GERTRUDENKIRCHHOF

von Hermann Goepfert (1969), der sich allerdings derzeit nicht an seinem Standort befindet (Abb. 6).

Unser Weg führt uns nun weiter nach rechts zum Gertrudenkirchhof. Fast nichts erinnert hier mehr an eine Kirche oder einen Friedhof. 1350 wurde an dieser Stelle ein Pestfriedhof angelegt und ab 1391 eine kleine Kirche, die St. Gertrud-Kapelle, als achteckiger Zentralbau errichtet (Abb. 8). Im Großen Brand 1842 wurde die Kapelle zerstört und danach nicht wieder aufgebaut. Einzig eine von dem ehemaligen Friedhof aus dem frühen 17. Jahrhundert stammende St. Gertrud-Statue erinnert an der Fassade des Wohnhauses Nr. 4 noch an diese vergangene Zeit. Unterhalb des Platzes, der 2006 in schlichter Form und mit einem eleganten, aufgefalteten Sitzband gestaltet wurde, befinden sich die unzugänglichen Reste eines zweigeschossigen Tiefbunkers, der bis 1974 als Lagerraum genutzt wurde (Abb. 7).

Wir überqueren den Platz und gehen durch die weithin sichtbare Öffnung des massigen Gebäudes einer Immobilien-Bank zur Gertrudenstraße, der wir bis zum Ballindamm folgen. Dort wenden wir uns nach links und gehen bis zur Zentrale der »Hapag-Lloyd«.

8 ST. GERTRUD, 1830

4 BALLINDAMM

Der Ballindamm mit seiner Promenade an der Binnenalster ist ebenfalls ein Ergebnis des Wiederaufbaus nach dem Großen Brand. Zuvor hatten hier die Gebäude bis direkt ans Wasser gestanden. Mit Aufschüttungen aus Brandtrümmern wurde die Wasserkante ein wenig in die Alster verlegt und begradigt. Auch wenn das Rathaus erst Ende des 19. Jahrhunderts fertig sein sollte, so wurde doch bereits die stadtgestalterische Idee umgesetzt, eine Blickachse entlang der Alster auf die Mitte des Rathausmarkts zu ziehen. War die damals noch »Alsterdamm« genannte Straße ebenso wie die umliegenden Straßen ursprünglich einer bürgerlichen Wohnbebauung vorbehalten (vgl. Station 5), so änderte sich dies ab ungefähr 1900. Die Wohnbebauung musste auch hier einer Kontorhausbebauung weichen. Das Gebäude der Reederei »Hapag-Lloyd« ist hierfür nur das mächtigste Beispiel.

Die »Hamburg-Amerikanische Packetfahrt-Actien-Gesellschaft« wurde bereits 1847 gegründet und stieg in der Zeit vor dem Ersten Weltkrieg unter der Leitung von Albert Ballin (1857–1918) zur größten Schifffahrtsgesellschaft der Welt auf. Unter seiner Ägide wurde auch der Firmensitz an der Binnenalster geschaffen. Das von Martin Haller entworfene Gebäude (1901–03) wurde nur gut zehn Jahre später nach Plänen von Fritz Höger um- und ausgebaut. Bis 1923 entstand so der monumentale, auf repräsentative Außenwirkung zielende Gebäudekomplex mit seiner klassizistisch-schlossartig anmutenden Fassade, den wir heute noch vor uns sehen – ein für den Architekten des Chilehauses eher ungewöhnliches Werk (vgl. Rundgang 1). Die Hapag war vor allem mit der Beförderung von Auswanderern aus Europa in die USA reich geworden. Zwischen 1838 und 1914 wanderten allein über Hamburg 3,6 Millionen Menschen nach Übersee aus.

Das Ende des Ersten Weltkriegs bedeutete eine markante Zäsur für das Unternehmen. Firmendirektor Ballin brachte sich am Tag der Ausrufung der Republik und des Thronverzichts Kaiser Wilhelms II., dem der Jude

Ballin trotz dessen Antisemitismus freundschaftlich verbunden war, mit einer Überdosis Schlaftabletten um. Nach seinem Tod wurde die Straße vor der Firmenzentrale nach ihm benannt. 1970 fusionierte die Hapag mit dem »Norddeutschen Lloyd« aus Bremen, einer weiteren traditionsreichen Reederei, die in der frühen Firmengeschichte ein großer Konkurrent der Hapag gewesen war. Heute gehört die Reederei vor allem in der Containerschifffahrt zu den Weltmarktführern und ist im Kreuzfahrtbereich aktiv.

Wir schlendern nun weiter zur nächsten Kreuzung am Alstertor. Ungefähr auf der gegenüberliegenden Straßenseite befand sich von 1618 bis zum Brand 1842 das »Zucht- und Werkhaus« Hamburgs. Hier wurden zunächst vor allem Arme interniert und diszipliniert. Anstelle der früher üblich gewesenen Armenhilfe durch Almosen mussten die Insassen nun Zwangsarbeit leisten, um sich ihren Lebensunterhalt zu verdienen. In der Zuchthausordnung von 1622 wurde dies wie folgt formuliert: »Zweierlei Personen gehören in das Haus, nämlich die Armen und Notdürftigen, die ihre Kost nicht verdienen können, weil sie keine Mittel noch Wege haben. Item auch etliche, die ihre Kost wohl verdienen können, aber wegen ihres faulen Fleisches und der guten Tagen willen solches nicht thun, sondern gehen lieber betteln, nehmen etwas aus dem Gotteskasten oder sein noch Willens, etwas daraus zu nehmen. Auch befinden sich noch viele starke, faule, freche, geile, gottlose, mutwillige und ungehorsame, versoffene Trunkenbolde und Bierbalge sowohl Frauen als Mannspersonen, die in Untugend, Hurerei, Büberei und in allerlei Sünde und Schande erwachsen und sich täglich des Bettelns vor den Thüren und auf den Straßen befleißigen, dieselben gehören alle in dieses Haus.«

Erst im späten 18. Jahrhundert wandelte sich die Institution auch zu einer Anstalt des Strafvollzugs, sodass im 19. Jahrhundert ein Gebäudeteil als Zuchthaus diente, ein anderer weiterhin als Werk- und Armenhaus. Neben dieser Art der Armenbetreuung etablierte sich ab dem späten 18. Jahrhundert auf Betreiben der Patriotischen Gesellschaft (vgl. Rundgang 1) auch die offene Armenfürsorge.

Wir biegen nun nach links ab und gehen in Richtung Gerhart-Hauptmann-Platz. Auf dem Weg passieren wir einige weitere beachtenswerte Einrichtungen.

5 ALSTERTOR / GERHART-HAUPTMANN-PLATZ

Gleich an der nächsten Ecke treffen wir auf den Sitz einer der größten inhabergeführten Privatbanken in Deutschland, der M. M. Warburg & Co. Die Bank wurde 1798 gegründet und wuchs vor allem im späten 19. und frühen 20. Jahrhundert unter Max M. Warburg (1867–1946) zu einem bedeutenden Finanzhaus heran. Warburg unterstützte in dieser Zeit auch die Hapag und war mit Ballin gut befreundet. Ähnlich wie Ballin zählte auch der jüdische Bankier Warburg zu den Kaisertreuen und war ein Berater Kaiser Wilhelms II. Viele Jahre saß er in der Hamburger Bürgerschaft und war auch Teilnehmer der deutschen Delegation bei den Versailler Friedensverhandlungen. Aus dieser Rolle zog er sich jedoch zurück, weil er die Friedensbedingungen als für Deutschland unnannehmbar erachtete. In der Nazizeit musste Warburg seine zahlreichen Aufsichtsratsämter aufgeben und sah sich gezwungen, auch die eigene Bank zu verlassen. Bis zu seiner Emigration in die USA 1938 half Warburg als Vorsitzender des »Hilfsvereins der Juden in Deutschland« Zigtausenden Juden bei der Auswanderung aus Deutschland. Max M. Warburgs Bruder war der berühmte Kulturwissenschaftler Aby Warburg (1866–1929), der auf die Beteiligung am familiären Bankgeschäft verzichtete – unter der Bedingung, dass sein Bruder ihm jedes gewünschte Buch finanzieren müsse. Be-

9 FASSADENDETAIL FERDINANDSTRASSE 65

reits als Jugendlicher soll er seinem Bruder dieses kostspielige Versprechen abgenommen haben. Resultat von Abys Bücherliebe wurde die Kulturwissenschaftliche Bibliothek Warburg im Stadtteil Harvestehude.

Nach dem Krieg wurde die Familie wieder in ihre Eigentumsrechte bei der Bank eingesetzt, und Max M.s Sohn Eric M. Warburg übernahm die Geschäftsleitung. Dessen Sohn ist bis heute einer der Inhaber der Bank. Baulich besteht die Bank aus mehreren Gebäuden, wobei das Stammhaus, an dem wir stehen, 1912/13 von dem Rathausbaumeister Martin Haller gemeinsam mit Hermann Geißler entworfen wurde.

Wer mag, kann nun ein kleines Stück in die Ferdinandstraße hineingehen, bevor es geradeaus weiter zum Thalia Theater geht – die beiden Häuser Nr. 63 und 65 vermitteln noch einen Eindruck von den unmittelbar nach dem Großen Brand gebauten bürgerlichen Wohnhäusern. Das Haus Ferdinandstraße 63 wurde zwischen 1844 und 1846 als verputzte Mischung von Klassizismus und Rundbogenstil für einen Kaufmann nach Plänen von Alexis de Chateauneuf errichtet, der auch die Alsterarkaden und die Alte Post entwarf. Baustilistisch bemerkenswerter ist das danebenliegende Haus, das der Architekt Theodor Bülau 1843/44 für einen Anwalt realisieren konnte. Bülau war der Meinung, dass nur die Rückkehr zur Formensprache der norddeutschen Backsteingotik eine Erneuerung der Baukunst hervorbringen könne. Auch hier zeigt sich die Backsteingotik, wie später im Falle des Chilehauses, als national aufgeladen (vgl. Rundgang 1). Statuen des Heiligen Ansgar, der im 9. Jahrhundert Erzbischof in Hamburg war, und Karls des Großen, in dessen Regierungszeit man früher fälschlicherweise die Anlage der Hammaburg verortete, schmücken die Fassade (Abb. 9).

Wir gehen nun weiter zum Eingang des Thalia Theaters, das seine Ursprünge eigentlich auf der gegenüberliegenden Straßenseite hatte, wo es von »Chéri Maurice« (Charles Schwarzenberger) 1843 gegründet worden war. Am Ort des heutigen Theatergebäudes befanden sich damals Markthallen (Abb. 10). Maurice leitete das Theater über vierzig Jahre und verschaffte ihm einen guten Ruf, selbst wenn die programmatische Bandbreite in den ersten Jahrzehnten von staatlicher Seite auf Komö-

10 PFERDEMARKT UND THALIA THEATER, UM 1897

dien begrenzt wurde, damit es dem »Stadttheater« beim Dammtor (vgl. Rundgang 3) keine Konkurrenz machen könne. 1912 folgte der Umzug in ein neues Gebäude auf der anderen Straßenseite, dessen Zuschauerraum im Zweiten Weltkrieg stark beschädigt wurde und hinter der alten Fassade durch einen modernen Saal ersetzt werden musste (Abb. 11, Werner Kallmorgen). Seit vielen Jahrzehnten hat sich das Theater einen hervorragenden Ruf als innovative zeitgenössische Spielstätte erarbeitet, zum Beispiel mit spektakulären Inszenierungen wie in den 1990er Jahren dem Musiktheaterstück »The Black Rider« des Trios Tom Waits, William S. Burroughs und Robert Wilson.

Wenden wir nun noch einmal den Blick auf die andere Straßenseite. Der »Thalia-Hof«, ein expressionistisch gestaltetes Kontorhaus der Gebrüder Gerson von 1921/22, bietet mit der Pferdeskulptur des Künstlers Ludwig Kunstmann (1877–1961) einen Hinweis auf die Geschichte des Platzes neben dem Thalia Theater, denn dieser hieß bis 1946 »Pferdemarkt« (Abb. 12). Die Gestaltung des Platzes wurde zum größten Teil in den 1970er Jahren vorgenommen. Rechter Hand befindet sich, in einem Gebäude, das bereits Teil der Planungen an der Mönckebergstraße war und nach Kriegszerstörungen vereinfacht wieder aufgebaut wurde, eine große Filiale des Warenhauskonzerns »Karstadt«.

Unsere Strecke führt nun durch die Kleine Rosenstraße, an deren Ende wir zum Eingang der »Europa Passage« gelangen und sich der Blick auf die St. Petri-Kirche öffnet.

6 ST. PETRI

Die »Europa Passage« öffnete ihre Pforten im Jahr 2006. Ihr Bau war nicht so sehr deshalb umstritten, weil damit eine weitere Einkaufspassage in der an Läden nicht gerade armen Innenstadt geschaffen wurde, sondern weil für sie historische Kontorhäuser weichen mussten und noch dazu massiv in das nach dem Brand von 1842 etablierte Straßengefüge eingegriffen wurde. Baulich ist die von dem Hamburger Büro Bothe Richter Teherani entworfene Passage mit ihren elliptischen Trägern durchaus interessant gelöst, und so kann man in Hamburg mittlerweile fast die ganze Innenstadt unter Dächern und entlang von Geschäften mit allerdings ewig glei-

11+12 GERHART-HAUPTMANN-PLATZ, 1952, UND PFERDESKULPTUR AM THALIA-HOF

13 HULBE-HAUS

chem Angebot durchqueren, ohne sich auch nur einmal Sonne oder Regen aussetzen zu müssen.

Wir gehen nun auf die andere Seite der Mönckebergstraße zur St. Petri-Kirche. Links von ihr steht das »Hulbe-Haus«, das so gänzlich anders aussieht als die anderen Kontor- und Geschäftshäuser an der Mönckebergstraße, aber ebenfalls erst 1910/11 (Henry Grell) für ein Kunsthandwerksgeschäft gebaut wurde (Abb. 13). Mit seiner geringen Größe sollte es dafür sorgen, dass die Petri-Kirche baulich nicht von massigen Kontorhausbauten erdrückt würde. Gestalterisch zitiert das Gebäude hansestädtische Bauformen der Renaissance.

Doch wenden wir uns nun der St. Petri-Kirche zu, der ältesten Gemeindekirche Hamburgs, die unter Umständen schon auf eine erste Kirche zuzeiten der Hammaburg zurückgeht, 1195 erstmals erwähnt und im frühen 14. Jahrhundert als dreischiffige Hallenkirche neu erbaut wurde. 1418 erhielt sie ein zweites Seitenschiff auf der Südseite sowie 1516 einen Turm. Bis kurz nach 1800 stand im Süden in direkter Näher der Mariendom (vgl. Rundgang 1). Zahlreiche Anbauten, nicht nur kirchlicher Art, schmiegten sich früher an die Außenwände der Kirche, wie zum Beispiel die Sakristei, aber auch Wohnungen für Kirchenbedienstete, ein Schulgebäude und ein Spritzenhaus. Im Großen Brand 1842 wurde die Kirche weitgehend zerstört und danach bis 1849 wieder neu errichtet. Die beiden Architekten Hermann Peter Fersenfeldt und Alexis de Chateauneuf wählten dabei neogotische Formen, die für den Umgang des 19. Jahrhunderts mit der mittelalterlichen Tradition stehen, ohne dabei den alten Kirchbau im Einzelnen zu kopieren. Die Westfassade wurde beispielsweise neu entworfen. Am dortigen Portal findet sich mit dem Türklopfer der linken Tür von 1342 eines der ältesten Kunstwerke der Stadt (Abb. 14). Der rechte Türflügel verbrannte im Großen Brand und ist eine freie Neuschöpfung von 1849.

Insbesondere im Inneren der Kirche offenbaren sich jedoch die Abweichungen von den gotischen Bauprinzipien. Im Gegensatz zum ursprünglichen katholisch-gotischen Raumgefüge wurde von Chateauneuf hier ein explizit evangelischer Kirchenraum geschaffen. Es entstand ein Zentralraum, in dem der Blick auf die Kanzel als Ort der Predigt gelenkt wird. Zudem wurde durch bauliche Maßnahmen eine neue Querachse gebildet und die vorige Längsstruktur aufgegeben, was allerdings seit dem Einbau eines Kirchenbüros nur noch schwer zu erkennen ist. Die weitere Innenausstattung wirkt wie aus einem Guss, eine Eigenschaft, die für die ständig umgestalteten mittelalterlichen Kirchen gerade nicht galt. Originale Kunstwerke aus dem 15. Jahrhundert wurden hier mit neuer Ausstattung verbunden. Das bedeutendste Kunstwerk St. Petris kann jedoch nur in der Hamburger Kunsthalle betrachtet werden: der große, prächtige Altar von Meister Bertram (1340–1414 oder 1415) aus dem Jahr 1383.

14 HISTORISCHER TÜRKLOPFER ST. PETRI

Wir gehen nun nach Süden um die Kirche herum und dann Richtung Osten in die Straße »Speersort«. Den Domplatz, der bereits in Rundgang 1 behandelt wurde, lassen wir dabei rechts liegen.

7 STEINSTRASSE / ST. JACOBI

Gleich an der ersten Ecke (Speersort / Kreuslerstraße) wartet im Keller eines Bäckereilokals die nächste Attraktion, der sogenannte Bischofsturm, der 1962 bei Ausgrabungsarbeiten entdeckt wurde. Ging man lange Zeit davon aus, dass es sich dabei um den Wohnturm des Bischofs Bezelin Alebrand aus dem Jahr 1035 handele, so weiß man nach neuerlichen Grabungsarbeiten im Jahr 2008, dass der Turm erst im 12. Jahrhundert errichtet wurde und vermutlich zu einem Stadttor gehörte. Der etablierte Name »Bischofsturm« ist also ein wenig irreführend (Abb. 15).

Weiter geht es jetzt in die Steinstraße. Wie der Name nahelegt, war dies die erste – bereits im 13. Jahrhundert – gepflasterte Straße Hamburgs. Sie führte nach Osten an die Stadtgrenze, wo sich die Landstraße nach Lübeck anschloss, und ist Teil eines alten Handels- und Jakobswegs. An der Steinstraße, der damaligen Hauptstraße der kleinen Stadt, etablierten sich Gasthäuser und Geschäfte für die Reisenden und Pilger, aber auch für die einheimische Bevölkerung. Unsere nächste Station ist die Kirche St. Jacobi, die passenderweise dem Patron der Pilger geweiht wurde.

Bei St. Jacobi handelt es sich um das jüngste der vier mittelalterlichen Kirchspiele, gegründet um 1255. Die Kirche war zuständig für ein frühes Stadterweiterungsgebiet nach Osten, das sich im frühen 13. Jahrhundert entwickelt hatte und außerhalb der damaligen Stadtbefestigung lag, zur Zeit der Kirchengründung allerdings bereits von einer neuen Stadtmauer umschlossen wurde. Da der Stadtteil auf dem Geesthügel lag und nicht über die für die Kaufleute attraktiven Fleete verfügte, entwickelte sich das Kirchspiel zum Arme-Leute- und Handwerkerviertel.

15 CAFÉ BISCHOFSTURM

Das heutige Kirchengebäude hat seine Ursprünge um 1340 und wurde in den folgenden Jahrhunderten zu einer dreischiffigen Backsteinhallenkirche mit Extra-Südschiff um- und ausgebaut. Obwohl St. Jacobi im Zweiten Weltkrieg stark zerstört wurde, handelt es sich bei der Kirche um jenen Sakralbau Hamburgs, der noch am ehesten einen Hauch von Mittelalter spüren lässt

16 ST. JACOBI, 1947

(Abb. 16). St. Jacobi ist mit einigen bedeutsamen Kunstwerken ausgestattet. An erster Stelle ist hier der Altar der Lukasbruderschaft zu nennen, die das Maleramt umfasste, denn der Evangelist Lukas wurde auch als Maler verehrt. »Amt« bedeutet dabei in Hamburg dasselbe wie »Zunft« an anderen Orten. Der Altar wurde um 1500 geschaffen (Werkstatt Hinrik Bornemann) und vor dem Abriss des Hamburger Doms von dort nach St. Jacobi transferiert. Er ist auch deshalb eine Besonderheit, weil in seinen Darstellungen christliche Motive mit deutlichen Bezügen zu Hamburg und dem Maleramt vermischt werden.

An der nördlichen Kirchenwand hängt ein großes Stadtpanorama des Malers Joachim Luhn (1681), das bis ins späte 18. Jahrhundert die Ratsstube schmückte. Besonders hervorzuheben ist außerdem die Orgel, ein Werk Arp Schnitgers (1648–1719). Zwischen 1689 und 1693 wurde sie geschaffen und ist heute eine der berühmtesten Barockorgeln der Welt.

17+18 STEINSTRASSE MIT BADEANSTALT, 1854,
UND DAS IHRER BAUFORM NACHEMPFUNDENE PARKHAUS

Wir überqueren nun die Steinstraße und folgen ihr ein Stück weiter nach Osten bis zu einer Tordurchfahrt auf Höhe der Hausnummer 17.

Auf der gegenüberliegenden Straßenseite sehen wir nun das ehemalige Verwaltungsgebäude des »Karstadt«-Konzerns (Philipp Schäfer, 1921–24), das mit seinem monumentalen Neoklassizismus der Hapag-Zentrale am Ballindamm ähnelt, aber auch gut in die architektonischen Vorstellungen der NS-Zeit gepasst hätte. Am Ende der Steinstraße lässt sich die runde Struktur eines Parkhauses ausmachen, das die Form der ersten öffentlichen Badeanstalt – also eines Gebäudes, in dem man sich waschen, aber nicht schwimmen konnte – zitiert, die hier zwischen 1854 und 1963 stand (Abb. 17+18).

Wir biegen jetzt nach rechts in den Innenhof eines Gebäudekomplexes ab, der tatsächlich in der NS-Zeit gebaut wurde.

8 ALTSTÄDTER HOF / SPRINKENHOF

Die ursprünglichen Pläne für das spätere Kontorhausviertel aus der Zeit vor dem Ersten Weltkrieg sahen im Zuge der Sanierungen der ehemaligen Gängeviertel in der Altstadt – also der mit schmalen Gassen und Twieten überbauten, dicht besiedelten Wohnhöfe zwischen den Blockrändern mit

19–22 BAUSCHMUCK AM ALTSTÄDTER HOF

ihren äußerst unhygienischen Wohnverhältnissen – eine Bebauung mit neuen Wohnhäusern in der Architektur des Heimatstils vor. Nach dem Krieg wurden diese Pläne jedoch nicht weiter verfolgt. Erst unter den Nationalsozialisten entstanden hier auf den noch verfügbaren Baufeldern einige Wohnbauten, zu denen der »Altstädter Hof« gehört. 220 Wohnungen wurden 1936/37 zwischen Steinstraße und Altstädter Straße nach den Plänen von Rudolf Klophaus realisiert. Die Figuren über den Hauseingängen stellen typische Hamburger Berufe dar. Bezeichnenderweise sind nur zwei Frauenfiguren zu finden: ein Vierländer Blumenmädchen und eine Mutter mit zwei Kindern. Insgesamt fügt sich der Gebäudekomplex in die NS-Ideologie, indem hier auf heimattümelnde Weise die Zeiten vor der großstädtischen Moderne verklärt werden. Ein Fackelläufer samt olympischen Ringen weist im Hof auf die Olympischen Spiele in Berlin 1936 hin. Den Figurenschmuck gestaltete Richard Kuöhl (Abb. 19–22).

Wir verlassen den Hof geradeaus zur Altstädter Straße, überqueren diese und gehen einige Schritte nach links zum Durchgang am »Sprinkenhof«.

Der Sprinkenhof war zeitweilig das größte Kontorhaus Europas. Er besteht aus drei Bauteilen, die einen gesamten Straßenblock einnehmen. Gebaut wurde das nach einem Herrn Sprink benannte Gebäude – der Namensgeber hatte hier im 14. Jahrhundert Grund besessen – von den Gebrü-

23+24 SPRINKENHOF, UM 1925, UND FASSADENDETAILS IM INNENHOF

dern Gerson und Fritz Höger. 1927/28 entstand zunächst der quadratische mittlere Teil, an dessen nördlicher Einfahrt zum Hof wir hier stehen (Abb. 23). 1930 bis 1932 folgte der West-, 1939 bis 1943 dann der Ostflügel, an dem die Gersons allerdings nicht mehr beteiligt waren. Oscar Gerson war zu dieser Zeit bereits emigriert, da er als zum Christentum konvertierter Jude nach der nationalsozialistischen Rassenideologie als »jüdisch« galt und ihm keine Aufträge mehr erteilt werden durften, Hans Gerson war bereits 1931 verstorben. Der Sprinkenhof trug einerseits zum Eindruck einer modernen Geschäftsinnenstadt bei, die sich weit über den Maßstab der vormals kleinteiligen, oft noch in Fachwerk ausgeführten Wohnbebauung erhob. Andererseits ist er auch ein Symbol für die wirtschaftlichen Schwierigkeiten der späten 1920er und 1930er Jahre, denn er konnte nicht mehr in einem Zug finanziert werden, und die Krise schlug sich auch in einer sinkenden Nachfrage nach Büroräumen nieder. 120 Wohnungen sowie Handwerksstätten und Lagerräume mussten deshalb in dem Komplex gebaut werden.

Durchqueren wir nun den Innenhof mit seinen gerasterten, rhythmisierten Fassaden, deren knaufartige Embleme an Hamburg und das Reich sowie an Wirtschaft und Verkehr erinnern sollen (Abb. 24, Ludwig Kunstmann). Auf der anderen Seite angekommen, entfaltet der Sprinkenhof noch stärkere Wirkung als auf der Nordseite, insbesondere im Zusammenspiel mit dem benachbarten Chilehaus (vgl. Rundgang 1).

25+26 CITY-HOCHHÄUSER, 1958 UND 2014

Wir wenden uns nun nach links und gehen zum Deichtorplatz, wo wir linker Hand ein markantes Beispiel für den Hochhausbau in der Nachkriegszeit finden. Nun wurden meist keine massiven Kontorhausblöcke mehr entworfen, sondern es wurde vermehrt in die Höhe gebaut wie hier die vier Türme des »City-Hofs« am Klosterwall, der im Erdgeschoss über eine zu seiner Bauzeit moderne Einkaufszeile verfügte (Abb. 25+26, Rudolf Klophaus, 1954–60). Zuvor hatte an dieser Stelle bis zu seiner Zerstörung im Krieg das Stiftsgebäude St. Johannis (heute am Alsterlauf in Eppendorf gelegen) gestanden. Zudem rückten nach dem Krieg die Bedürfnisse des Individualverkehrs stärker in den Blick der Planer. Die verwirrend große, fußgängerfeindliche Kreuzung am Deichtorplatz mit den sich anschließenden Verkehrstunneln aus den 1960er Jahren ist ein schlagendes Beispiel hierfür.

Am Deichtorplatz haben wir nun wieder den östlichen Rand der ehemaligen Wallanlagen erreicht. Zu den gegenüberliegenden Markthallen ist in Rundgang 6 einiges zu erfahren, der hier am Deichtorplatz beginnt und den, wer mag, direkt an diese Tour anschließen kann. Alternativ bieten sich einige Schritte zum Meßberg an, von wo aus sich entweder Rundgang 1 oder Rundgang 5 von hinten nach vorne absolvieren lassen. Für alle, die den Heimweg antreten wollen, befindet sich am Deichtorplatz ein Eingang in die U-Bahn-Station Steinstraße.

BARS/KNEIPEN/ NACHTLEBEN

Ciu' Die Bar
Ballindamm 14/15
www.ciudiebar.de
➜ *Cocktailbar mit DJ an der Binnenalster*

CAFÉS/RESTAURANTS

Alsterschiff Galatea – Bei Bruni
Ballindamm 14 A
www.alsterschiff-galatea.com
➜ *italienische Küche mit Seeblick vom ehemaligen Alsterdampfer*

Daniel Wischer
Spitalerstraße 12
www.danielwischer.de
➜ *Fischbratküche ohne Schnick und Schnack*

Quan Do
Georgsplatz 16
www.quan-do.com
➜ *kleines, enges Restaurant mit vietnamesischer Straßenküche*

Gasthaus an der Alster
Ferdinandstraße 65-67
www.gasthaus-anderalster.de
➜ *gutbürgerliche Speisewirtschaft*

Lieblings
Altstädter Straße 15
www.lieblings-eis.de
➜ *leckeres Eis, Kaffee und Snacks*

Restaurant Tschebull
Mönckebergstraße 7
www.tschebull.de
➜ *gehobene österreichische Küche und Weinstube*

Die Rösterei – Hamburger Kaffeehaus
Mönckebergstraße 7
www.die-roesterei.com
➜ *Kaffeespezialitäten aus eigener Röstung zu Frühstück, Kuchen oder kleinen Speisen*

Saalbach
Steinstraße 19
www.speiselokal-saalbach.de
➜ *Lokal für den günstig-guten Mittagstisch*

LÄDEN

Braun Herrenausstatter
Mönckebergstraße 17
www.braun-hamburg.de
➜ *passgenaue Mode für den Hanseaten von klassisch-blau bis mutig*

Bücherkoje
Jacobikirchhof 8
www.buecherkoje.de
➜ *ganz wie der Name sagt – eine Koje für Bücher*

Cramer City
Gertrudenkirchhof 9
www.cramer-moebel.de
➜ *Geschäft für schickes Wohndesign*

Dr. Götze Land & Karte
www.landundkarte.de
Alstertor 14-18
➜ *Landkarten, Reiseführer, GPS – alles für die Orientierung in Hamburg und der weiten Welt*

Görtz
Spitalerstraße/Ecke Mönckebergstraße
www.goertz.de
➜ *Stammhaus der alteingesessenen Hamburger Schuhmode-Kette*

Hifi Michel
Brandstwiete 4
www.hifi-michel.de
➜ *High-End-Hifi für Hamburg*

HVV-Kundenzentrum
Johanniswall 2
www.hvv.de
➜ *zentrale Verkaufsstelle des Hamburger Verkehrsverbunds*

idee. der creativmarkt
Europa-Passage, Untergeschoss
www.idee-shop.de
➜ *Fachgeschäft für Bastelfreunde*

Jebe
Altstädter Straße 8
www.jebe-hamburg.de
➜ *Fachgeschäft für Friseurbedarf, Parfümerie und Drogerie*

Kuball & Kempe
Alter Fischmarkt 11
➜ *Toller Concept Store – aus Überzeugung ohne Homepage*

Michelle
Gertrudenkirchhof 10
www.michelle-records.de
➜ *exzellente Tonträger seit 1977 und Schaufensterkonzerte*

Prediger
Mönckebergstraße 25
www.prediger.de
➜ *Lampen, Leuchten, Lichtberatung*

Prüsmann & Sohn
Alstertor 15
www.pruesmann-kunstundschmuck.de
➜ *Fachgeschäft für Schmuck und Kunsthandwerk seit über hundert Jahren*

Schirm & Co.
Rosenstraße 6
www.schirmundco.de
➜ *Regenschutz – auch nach Maß – seit 1876*

Schmidt Lebkuchen
Steinstraße 16
www.lebkuchen-schmidt.com
➜ *exzellente Nürnberger Lebkuchen im winzigen Verkaufsraum in der Vorweihnachtszeit*

Sellschopp Briefmarken
Rosenstraße 11
www.sellschopp.de
➜ *Mekka für Hamburgs Briefmarkensammler*

Smietana anno 1948
Ferdinandstraße 47
www.smietana-hamburg.de
➜ *Institution fürs Frühstücksbrötchen und hausgemachten Mittagstisch*

Thalia-Buchhandlung
Spitalerstraße 8 (und Europa-Passage)
www.thalia.de
➜ *große Filialen der in Hamburg gegründeten Buchhandelskette*

Thomas-i-Punkt
Mönckebergstraße 21
www.thomas-i-punkt.de
➜ *Streetwear im Hulbe-Haus*

Toedt Berufsbekleidung
Steinstraße 19 B
➜ *Kochmütze, Arztkittel, Warnwesten – Mode für auffe Arbeit*

Vinh-Loi Asien-Supermarkt
Klosterwall 2 A
www.vinhloi.de
➜ *authentische Zutaten für die asiatische Küche*

Walther Eisenberg der Mützenmacher
Steinstraße 21
www.muetzenmacher.de
➜ *handgefertigte norddeutsche Herrenkopfbedeckungen*

HOTELS

InterCityHotel Hamburg Hauptbahnhof
Glockengießerwall 14/15
www.intercityhotel.com/Hamburg/InterCityHotel-Hamburg-Hauptbahnhof
➜ *quadratisch, praktisch – und sehr zentral*

Park Hyatt Levantehaus
Bugenhagenstraße 8
www.hamburg.park.hyatt.de
➜ *Luxus-Hotel*

KULTUR

Bischofsturm
Speersort 10
www.amh.de/index.php/17909
➜ *Überreste eines mittelalterlichen Stadtturms und kleine Ausstellung im Keller einer Bäckerei-Filiale*

Galerie Robert Morat
Kleine Reichenstraße 1
www.robertmorat.de
➜ *Galerie für zeitgenössische Fotografie*

Kunsthalle
Glockengießerwall
www.hamburger-kunsthalle.de
➜ *erste Adresse für Kunstausstellungen in Hamburg*

Museum für Kunst und Gewerbe
Steintorplatz
www.mkg-hamburg.de
➜ *europäische Kunst und Kunsthandwerk von der Antike bis zur Moderne*

Passage Kino
Mönckebergstraße 17
www.das-passage.de
➜ *seit 1912 Kinostandort*

Thalia Theater
Alstertor 1
www.thalia-theater.de
➜ *erfolgreiches, bisweilen innovatives Sprechtheater*

SOZIALES/NON-PROFIT

Beratungs- und Seelsorgezentrum Hauptkirche St. Petri
Bei der Petrikirche 3
www.bsz-hamburg.de
➜ *kostenloses, öffentliches Beratungsangebot bei seelischen Nöten*

Bürgerstiftung Hamburg
Schopenstehl 31
www.buergerstiftung-hamburg.de
➜ *zivilgesellschaftliches Engagement für eine lebenswerte Stadt*

NEUSTADT-NORD 3

Wallanlagen * Stephansplatz / Dammtorstraße * Staatsoper * »Emporio-/Unilever«-Haus / Valentinskamp * Laeiszhalle * Gängeviertel * Springer-Verlag / ABC-Straße * Gänsemarkt * Colonnaden * Jungfernstieg * Große Bleichen / Poststraße / Neuer Wall * Fleetinsel

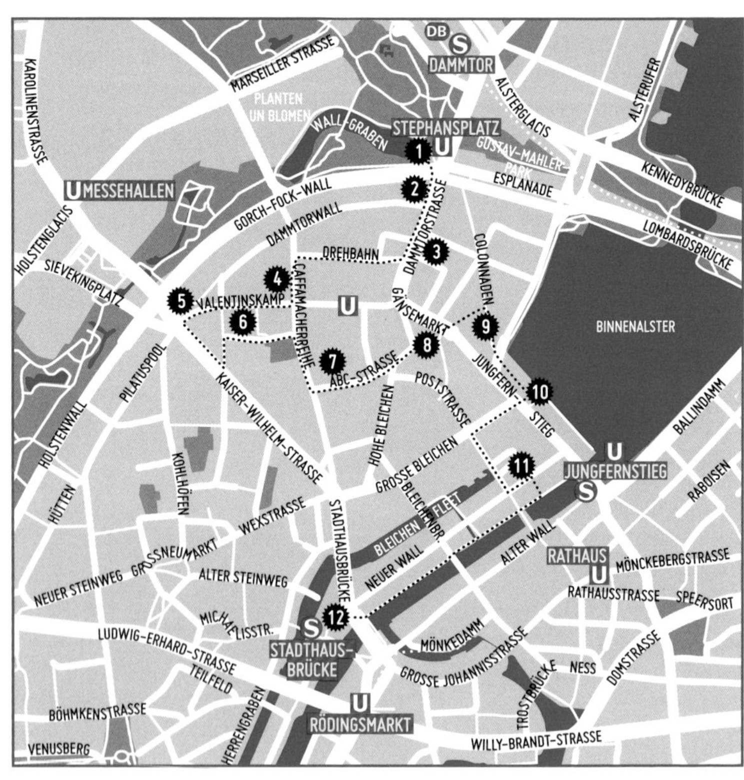

STARTPUNKT: U-Bahn-Station Stephansplatz, Ausgang Planten un Blomen
ENDPUNKT: Fleetinsel, S-Bahn-Station Stadthausbrücke
DAUER: etwa 2 Stunden

Diese Tour führt durch den nördlichen Teil des Stadtteils »Neustadt« zwischen den Wallanlagen an der nordwestlichen Flanke, der Kaiser-Wilhelm-Straße im Süden sowie Binnenalster und Neuem Wall im Osten. Die Neustadt, die einst vor den Toren der mittelalterlichen Stadtbefestigung lag, wurde erst mit dem Bau der Wallanlagen im frühen 17. Jahrhundert zu einem geschützten Teil der Stadt. Heute ist sie vor allem durch Wohn- und Bürogebäude sowie umfangreiche Einkaufsmöglichkeiten geprägt.

Wir beginnen unsere Tour, indem wir die U-Bahn-Station Stephansplatz zunächst in Richtung der Straße »Dammtordamm« verlassen und uns, nachdem wir einige weitere Treppenstufen genommen haben, nach rechts wenden. Den Park »Planten un Blomen« werden wir am Ende der ersten Station kurz betreten, eine ausführliche Beschreibung findet sich im Exkurs auf Seite 95, eine längere Tour durch den Park im »St. Pauli & Schanzenbuch« in dieser Buchreihe.

1 WALLANLAGEN

Noch bevor unsere Tour richtig beginnen kann, stoßen wir auf zwei besondere Denkmäler, die aufeinander bezogen sind und die man nicht einfach links liegen lassen kann. 1936, also in der Zeit der nationalsozialistischen Herrschaft, wurde das massive »Denkmal für das Hamburger Infanterie Regiment Hamburg 2. Hanseat. Nr. 76 und sein Reserve-Infanterie-Regiment Nr. 76«, oder kurz das »76er Denkmal«, hier aufgestellt. Es erinnert an die gefallenen Soldaten dieses Regiments, das 1870/71 gegen Frankreich kämpfte und auch im Ersten Weltkrieg im Einsatz war. Die Nazis nutzten die Einweihungsfeier, um eine kontinuierliche militaristische Verbindungslinie zwischen ihrem Regime und dem Kaiserreich zu ziehen.

1+2 KRIEGERDENKMAL UND GEGENDENKMAL

Das von Richard Kuöhl (1880–1961) entworfene Denkmal – von diesem außergewöhnlich produktiven Bildhauer finden sich zahlreiche Plastiken und Bauschmuck vor allem aus der Weimarer Zeit an sehr vielen Stellen in Hamburg, zum Beispiel am Chilehaus, dem Altstädter Hof oder an der Davidwache – bedient sich einer schroffen nationalsozialistischen Ästhetik (Abb. 1). Die Soldaten marschieren einförmig und ohne jegliches Merkmal von Individualität entlang der Inschrift »Deutschland muß leben, und wenn wir sterben müssen«. Platz für Trauer bietet das Denkmal nicht, sondern fordert von den Wehrmachtssoldaten, es den »76ern« glorreich nachzutun. Der unmittelbare Appellcharakter des Denkmals wird auch daran deutlich, dass die Soldaten Stahlhelme tragen, die weder 1870/71 noch im Ersten Weltkrieg zur Ausstattung gehörten. Nach 1945 wurde das Denkmal nicht zerstört, nun wollte man eine ganz andere Funktion in ihm sehen – schließlich diene es »nur« dem Andenken an militärische Einheiten. Und 1958 um eine erneut von Kuöhl gestaltete Gedenkplatte für die Gefallenen des Zweiten Weltkriegs erweitert, fanden hier tatsächlich – man mag es heute kaum glauben – bis in die 1980er Jahre am Volkstrauertag Totenwachen der Bundeswehr statt.

Mitte der 1980er Jahre wurden dem Kriegerdenkmal dann zwei Teile eines auf vier Teile angelegten Gegendenkmals von Alfred Hrdlicka (1928–2009) zur Seite gestellt, die die tatsächlichen Folgen des nationalsozialistischen Militarismus thematisieren (Abb. 2). Realisiert wurde ein Monument zum »Feuersturm«, der 1943 weite Teile Hamburgs vernichtete, sowie eines, das sich mit dem Tod Tausender Häftlinge aus dem Hamburger KZ Neuengamme beschäftigt, die 1945 mit Schiffen auf die Ostsee gebracht wurden, wo sie von alliierten Flugzeugen bombardiert wurden. Aufgrund finanzieller Streitigkeiten wurden zwei weitere geplante Teile des Denkmals zum Thema »Soldatentod« und »Frauenbild« nicht mehr umgesetzt.

Bevor wir an die Straßenkreuzung kommen, biegen wir bei der Eisdiele noch einmal kurz in den Park »Planten un Blomen« ab. Gleich hinter dem Eingang fällt der Blick auf einen Teich, der die Form eines Bumerangs hat. Es handelt sich dabei um einen Rest des Wallgrabens der Stadt. Zu Beginn des 17. Jahrhunderts hatten sich die Hamburger von dem Niederländer Johan van Valckenburgh (1575–1625) eine sehr solide Festungsanlage entwerfen lassen. Diese sah aus militärischen Gründen vor, auch westlich der Stadt gelegene Gebiete (die zum großen Teil noch unbebaut waren und als freies Schussfeld vor den Stadtmauern dienten, aber gegenüber der restlichen Stadt leicht erhöht lagen) in die Umwallungen einzubeziehen. Denn diese Anhöhe stellte für Hamburg eine Gefahr dar, weil die Stadt von dort aus mit Kanonen leicht zu beschießen gewesen wäre. In dem der Stadt nun neu hinzugewonnenen Gebiet waren zuvor all jene Dinge und Gewerbe untergebracht gewesen, die man in der Stadt nicht haben wollte, weil sie entweder viel Platz brauchten oder als unangenehm bzw. gefährlich galten. Hier gab es etwa Bleichen, Seilereien, Ziegeleien, Teermeiler, Friedhöfe, Pulver- und Lohmühlen. Der Großteil der Fläche wurde jedoch zur Anlage von Gärten genutzt, die durch schmale und unregelmäßige Wege miteinander verbunden waren. An diesen Wegen entstanden nach dem Bau der neuen Wallanlagen im Laufe der Zeit zahlreiche Wohnhäuser, und die unerwünschten Gewerbe verlagerten sich wiederum in die Vorstädte vor den Toren der Stadt.

Der Bau der Befestigungswerke nahm nach dem Baubeginn 1616 ungefähr zehn Jahre in Anspruch und war sehr kostspielig. Jährlich wurde ein

3 DAMMTOR VON DER STADTSEITE, UM 1800

Viertel der städtischen Einnahmen für den Bau der Erdwälle und Bastionen ausgegeben, und alle Bürger waren verpflichtet, sich mit sogenannten »Handdiensten« tatkräftig an den Bauarbeiten zu beteiligen. Nur gegen Zahlung einer Ablösesumme war es möglich, sich von dieser Pflicht zu befreien. Söldner und die Bürgerwache hielten nach der Errichtung auf den Bastionen Ausschau nach Feinden. Auch an diesem Dienst mussten sich alle Hamburger Bürger beteiligen.

Um 1800 hatte der Wall seine militärische Funktion allerdings allmählich verloren. Nun nutzte man die Wege auf seiner Kuppe zum Promenieren und die sonnenbeschienenen Grashänge zum Bleichen der Wäsche. Nach einem kurzen Intermezzo der Wiederbefestigung während der französischen Besetzung Hamburgs von 1806 bis 1814 begann der schrittweise Umbau der Verteidigungsanlagen. Zwischen Binnenalster und Hafen wurde der westliche Teil der Wallanlagen unter der Leitung des Bremer Kunstgärtners Isaak Hermann Albert Altmann (1777–1837) zu einem Landschaftsgarten im englischen Stil umgebaut, der auch der geistigen Erbauung dienen sollte. Zu diesem Zweck wurden entlang des Wallrings nach und nach kulturelle und wissenschaftliche Einrichtungen sowie Denkmäler platziert. Die Bastionen verschwanden schließlich aus dem Stadtbild, wohingegen die Wälle und der Stadtgraben in umgestalteter Form erhalten blieben. Ein solcher Wallgrabenrest ist auch der vor uns liegende Teich, die Anhöhe links geht ebenfalls auf den früheren Wall zurück (vgl. Exkurs Planten un Blomen).

Wir gehen jetzt zurück zur Kreuzung. Ungefähr an dieser Stelle befand sich früher das Dammtor (Abb. 3).

PLANTEN UN BLOMEN

Der Park »Planten un Blomen« ist die zentrale Grünfläche im Hamburger Innenstadtbereich und nimmt einen großen Teil der ehemaligen Wallanlagen ein sowie im Nordwesten das Gelände einiger früherer Friedhöfe. Neben schönen Spazierwegen bietet er große Spielplätze, Cafés und mit einer großen Freiluft-Eisbahn im Winter auch die Möglichkeit zu sportlicher Betätigung. Ein Park konnte hier entstehen, weil die im 17. Jahrhundert angelegten Befestigungsanlagen ihre Schutzfunktion für die Stadt bereits keine zweihundert Jahre nach ihrer Errichtung verloren hatten und für eine neue Nutzung zur Verfügung standen. Zwar wurde die bereits zuvor begonnene Entfestigung der Stadt durch die französischen Besatzer zwischen 1806 und 1814 unterbrochen und teilweise rückgängig gemacht, doch war dies nur ein Intermezzo. Bis in die 1830er Jahre wurden die Wallanlagen rund um die Stadt zu einem Landschaftsgarten im englischen Stil umgestaltet und später im Teil östlich der Alster für einige neue Bauwerke (Kunsthalle, Hauptbahnhof, Deichtorhallen) genutzt. Der westliche Bereich wurde hingegen kaum bebaut und entwickelte sich zu einem über die Zeit immer wieder neu gestalteten Park, für den – das heißt das Gebiet zwischen Dammtor und Millerntor – sich seit einigen Jahren der Name »Planten un Blomen« etabliert hat, auch wenn seit der »Niederdeutschen Gartenschau« 1935 ursprünglich nur der vor den Wallanlagen gelegene nordwestliche Teil der Fläche diesen Namen trug. Neben dieser nationalsozialistischen Leistungsschau, die den »Volksgenossen« zeigen sollte, wie ein Privatgarten im Lichte ideologischer Vorstellungen von deutschem Boden und deutscher Kultur auszusehen habe, haben vor allem drei Internationale Gartenschauen (IGA 1953, 1963, 1973) wesentlich zur heutigen Form der Grünanlage beigetragen. Über den ganzen Park verteilt finden sich bis heute Spuren dieser Gartenschauen. Der berühmte Parksee mit seiner Wasserlichtorgel etwa geht auf die

IGA 53 zurück, wie auch die Cafés »Seeterrassen« und »Schöne Aussichten«. Im Sommer finden hier abends musikalisch untermalte Darbietungen aus Licht und Wasserfontänen statt. Die nordwestlich der großen Wasserfläche gelegenen Wasserkaskaden wurden hingegen bereits 1935 angelegt. An die IGA 63 erinnern die Mittelmeerterrassen und die Schaugewächshäuser sowie die Wassertreppe nahe den Gerichten, das Teehaus neben der Eisbahn und der Apothekergarten. Die Schlittschuhbahn, die im Sommer zum Skaten genutzt werden kann, ist genau wie die bunten Plastikberge auf dem Spielplatz an der St. Petersburger Straße ein Überbleibsel der IGA 73. Neuere Ergänzungen sind die beiden Japanischen Gärten in der Nähe des Dammtors.

Nur wenig deutet noch auf die Nutzung des Areals vor seiner Parkwerdung hin. Ein Stück der Wälle und des alten Stadtgrabens ist im Bereich zwischen Stephansplatz und Jungiusstraße noch erlebbar. Dass sich auf dem nördlichen Parkgebiet zwischen 1863 und 1930 einmal ein Zoo befand, dessen erster Direktor Alfred Brehm, der Verfasser des berühmten zoologischen Nachschlagewerks »Brehms Tierleben«, war, ist hingegen, abgesehen vom Straßennamen »Tiergartenstraße« nördlich des Parks, nicht mehr erkennbar. Und auch an die Friedhöfe mehrerer Kirchen, die sich vom 18. bis ins 20. Jahrhundert im nordwestlichen Teil des Parks befanden, erinnert mit Ausnahme einer ehemaligen Friedhofskapelle an der St. Petersburger Straße außerhalb des Parks und eines in der Nähe der Kapelle im Grün des Parks versteckten Denkmals für die von den Franzosen Weihnachten 1813 aus Hamburg vertriebenen Menschen (von denen 1138 den folgenden Winter nicht überlebten) kaum etwas.

Der Park erschließt sich am besten vom Stephansplatz oder vom Millerntor. Auf jeden Fall lohnt es sich, einen Schlenker durch den Parkteil zwischen Marseiller Straße und Fernsehturm einzuplanen.

Ein ausführlicher Spaziergang durch Planten un Blomen findet sich im »St. Pauli & Schanzenbuch« in dieser Stadtteilbuchreihe.

4 DAMMTORSTRASSE MIT OBERPOSTDIREKTION UND BAHNHOF, 1906

2 STEPHANSPLATZ/DAMMTORSTRASSE

Vom Stephansplatz nach links zieht sich die Esplanade, die zwischen 1827 und 1830 ursprünglich als schicke Wohnstraße auf einem planierten Wallabschnitt von dem damaligen Baudirektor Carl Ludwig Wimmel (1786–1845) als Allee geplant wurde. Heute sind davon nur noch einige Gebäude, vor allem auf der südlichen Straßenseite erhalten (zum Beispiel Nr. 36 oder 14–16). Wir setzen unseren Weg aber nun geradeaus über die Ampel fort, wo sich auf der anderen Straßenseite das große Gebäude der Oberpostdirektion befindet, das zwischen 1883 und 1887 erbaut und später ergänzt und erweitert wurde – den Eckturm ziert der Götterbote Merkur (Abb. 4). Erst nach der Reichsgründung war das Postwesen in Deutschland vereinheitlicht worden. Zuvor hatte es in Hamburg sieben verschiedene Postdienste gegeben, in früheren Jahrhunderten gar noch mehr!

5+6 ROHRPOST HAMBURG, UM 1910, UND STADTTHEATER / STAATSOPER, UM 1935

Für besonders eilige innerstädtische Post wurde in Hamburg bis 1914 ein Großrohrpostnetz ausgebaut, das über Jahrzehnte in Betrieb war. In einem Maschinenhaus am Dammtorwall wurde Saug- bzw. Druckluft erzeugt, die die Sendungen in Kapseln flugs durch das Rohrsystem beförderte (Abb. 5). Neben dem wachsenden Postverkehr spielte am Stephansplatz im frühen 20. Jahrhundert aber auch der sich intensivierende Straßenverkehr bereits eine große Rolle, und so erhielt die Kreuzung 1922 – als erste in Deutschland – eine Ampel.

Wir gehen nun weiter geradeaus und folgen der Dammtorstraße, bis wir dem Gebäude der »Hamburgischen Staatsoper« gegenüberstehen. Auf dem Weg fallen auf der anderen Straßenseite jedoch mindestens zwei weitere besondere Bauten ins Auge, nämlich zunächst die von 1911 bis 1913 nach den Plänen des für Hamburgs Stadtentwicklung sehr bedeutsamen Oberbaudirektors Fritz Schumacher errichtete ehemalige Oberschulbehörde mit der Hausnummer 25. Hier wurde bis 1970 die Hamburger Schulpolitik umgesetzt. Aus derselben Zeit stammt das angrenzende Gebäude der »Schwan-Apotheke« (Jacob & Ameis, 1911/12) mit seiner mittlerweile über einhundert Jahre alten Innenausstattung. Beide Gebäude sind dem Heimatstil ihrer Zeit verpflichtet und nehmen als Kontorhäuser dennoch Bezug auf den Typus des Bürgerhauses.

3 HAMBURGISCHE STAATSOPER

Opernaufführungen finden seit den 1950er Jahren in Hamburg in einem eleganten Gebäude der Nachkriegsmoderne statt (Gerhard Weber, 1953–55), da das alte »Stadttheater« an dieser Stelle bis auf das Bühnenhaus im Krieg zerstört worden war. Die »Staatsoper« hat eine lange Tradition, die bis ins Jahr 1678 zurückgeht, als um die Ecke beim Gänsemarkt eine Oper als erstes öffentliches Theater eröffnete, das bis 1738 bestand. Bis in die 1820er Jahre folgte eine Nutzung als Musik- und auch Sprechtheater (vgl. Station 8). 1826/27 entstand dann nach Schließung des Theaters am Gänsemarkt hier an der Dammtorstraße ein neues »Stadttheater«, dessen Spielplan sich nach der Eröffnung des »Thalia Theaters« 1843 (vgl. Rundgang 2) wieder verstärkt auf musikalische Stücke konzentrierte (Abb. 6). Als im Jahr 1900 dann noch das »Deutsche Schauspielhaus« eröffnet wurde, erfolgte schließlich der Wandel zu einem reinen Musiktheater, das ab 1919 auch staatlich subventioniert wurde. Ende des 19. Jahrhunderts hatte sich das Stadttheater unter seinem Leiter Bernhard Pollini einen exzellenten Ruf erarbeitet, als etwa Gustav Mahler von 1891 bis 1897 hier erster Kapellmeister war. Auch in der Nachkriegszeit wurde die Staatsoper immer wieder für ihr hohes Niveau gepriesen, Maßstäbe für das Tanztheater haben zum Beispiel die Ballettinszenierungen John Neumeiers gesetzt.

Bevor wir unseren Weg fortsetzen, sei noch an ein Stück norddeutscher Fernsehgeschichte erinnert: Von 1957 bis 1967 wurde aus dem »gläsernen Studio« eines Autohändlers an der Ecke Welckerstraße jeden Sonnabend unter großer Anteilnahme von zahlreichen Schaulustigen, die sich die Nasen an den Scheiben plattdrückten, die »Aktuelle Schaubude« gesendet, eine beliebte Unterhaltungsshow mit Musik und Talk..

Eine Ecke weiter biegen wir jetzt nach rechts in die »Drehbahn« ab, die ihren Namen von den früher hier befindlichen »Reeperbahnen« bekommen hat, wo Naturfasern zu Seilen gedreht wurden. Der flotte Backsteinbau auf der linken Seite ist das »Deutschlandhaus«, das 1929 für die Berliner UFA gebaut worden war (Block & Hochfeld) und in dessen Innerem sich das seinerzeit größte Kino Europas mit 2665 Plätzen verbarg. Neben einer Leinwand hatte das Filmtheater eine große Bühne, und so wurden hier auch kombinierte Kino- und Variété-Vorstellungen gegeben. Der Saal wurde im Krieg zerstört und nicht wieder aufgebaut.

Auf dem Weg zu unserer nächsten Station fällt das Gebäude des »Side«-Hotels ins Auge, das von 1997 bis 2001 errichtet wurde (Jan Störmer Architekten) und nicht nur mit originellem Innendesign aufwarten kann, sondern auch die illuminierte Glas-Metall-Naturstein-Fassade hebt sich selbstbewusst von der Umgebung ab. Nichts erinnert in der Drehbahn heute mehr daran, dass sich hier im 19. Jahrhundert auch Konzert-, Tanz- und Versammlungssäle befanden, so zum Beispiel das berühmte »Sagebiels Etablissement«. Auch ein bekanntes Hamburger Original, der »Hummel«, lebte in einem heute nicht mehr vorhandenen Hinterhof an der Drehbahn 36–39 (vgl. Exkurs Hamburger Originale, S. 151). Am Ende der Straße biegen wir nach links ab und gehen dann an der nächsten Kreuzung nach rechts über die Ampel, sodass wir vor dem ehemaligen »Unilever«-Hochhaus stehen.

»EMPORIO-/UNILEVER«-HAUS/VALENTINSKAMP

Um ein Hochhaus für die »Margarine-Union« (später »Unilever«; Hentrich und Petschnigg, 1958-64) errichten zu können, mussten in den 1950er Jahren einige letzte Reste eines »Gängeviertels« in der Neustadt abgebrochen werden. Als »Gängeviertel« wurden jene Quartiere bezeichnet, in denen die Masse der Bevölkerung, die einfachen Arbeiter, Handwerker und Tagelöhner, dicht gedrängt in einfachsten Hinterhofquartieren unter heute nicht vorstellbaren Bedingungen hausten. In anderen Gegenden von Alt- und Neustadt waren diese Viertel in der ersten Hälfte des 20. Jahrhunderts wegsaniert, also abgerissen und durch neue Häuser ersetzt worden; in der südlichen Neustadt wurden an ihrer Stelle neue, besser ausgestattete Wohnquartiere gebaut, in der Altstadt folgten hingegen vor allem

Büro- und Geschäftshäuser (vgl. Rundgang 2 und 4). Nur einige wenige Reste der Gängeviertel blieben bis nach dem Zweiten Weltkrieg stehen.

Wo heute also das nach dem Umzug »Unilevers« in die Hafencity (vgl. Rundgang 6) sanierte und um drei Etagen aufgestockte, unter Denkmalschutz stehende Hochhaus steht, mussten alte Fachwerkbauten aus dem 17. bis 19. Jahrhundert mitsamt zwei kleinen Straßenzügen weichen. Die Gegend war zuvor keine »gute« Gegend und manchem schon lange ein Dorn im Auge. Insbesondere in der Ulricusstraße gab es zahlreiche Bordelle. In der Nazizeit war die Straße gar, genau wie die Herbertstraße auf St. Pauli, zu einer staatlich überwachten reinen Bordellstraße mit Sichtblenden an beiden Eingängen geworden und der Besuch der dortigen Etablissements Juden selbstverständlich verboten.

Vom Gängeviertel ist nach den Abrissen kaum etwas geblieben außer einigen einzelnen Fachwerkhäusern am Valentinskamp und im Bäckerbreitergang (vgl. Station 6). Das Haus am Valentinskamp 34 stammt zum Teil noch aus der Zeit um 1650. In Hausnummer 40–42 befand sich zwischen 1866 und etwa 1920 »Tütges Etablissement«, ein bekanntes Vergnügungslokal, in dem sich auch Vereinigungen der Arbeiterbewegung trafen. 1897 fand hier beispielsweise ein deutschlandweiter Parteitag der SPD statt, auf dem August Bebel zum Vorsitzenden gewählt wurde. Zwischen 1923 und 1933 saß in dem Haus hingegen die Bezirksleitung »Wasserkante« der KPD, und es wurde das KPD-Blatt »Hamburger Volkszeitung« gedruckt. Mit dem »Engelsaal« gibt es hier heute wieder ein – wie es sich selbst nennt – »Theater der leichten Muse«.

Wir spazieren nun weiter den Valentinskamp hinauf zur »Laeiszhalle« und passieren dabei noch zwei Stadthäuser aus der Zeit um 1820 (Dragonerstall 9–13).

5 LAEISZHALLE

Über viele Jahrzehnte war die schmucke Musikspielstätte nur als »Musikhalle« bekannt, ehe sie seit 2005 auch offiziell den bereits von Beginn

7 MUSIKHALLE

an kursierenden Namen nach ihrer Spenderfamilie erhielt. Aus dem von dem Reeder Carl Heinrich Laeisz (1828–1901) nachgelassenen Vermögen und Schenkungen seiner Frau Sophie wurde von 1904 bis 1908 die über zwei Säle verfügende Konzerthalle errichtet (Martin Haller & Wilhelm Emil Meerwein), deren Architektur stilistisch barocke Motive aufgreift (Abb. 7). Seither finden hier vor allem klassische Konzerte statt, aber in jüngerer Zeit auch immer wieder besondere Popmusik-Acts – Queen, Pink Floyd oder Depeche Mode traten hier beispielsweise auf. Ihren Status als wichtigster Konzertsaal der Stadt wird die Halle aber demnächst verlieren, wenn die »Elbphilharmonie« in der Hafencity (vgl. Rundgang 6) tatsächlich irgendwann ihrer Bestimmung übergeben wird.

Im und vor dem Gebäude wird an mehreren Stellen an den in der Nähe der Musikhalle geborenen und aufgewachsenen Komponisten Johannes Brahms erinnert, so zum Beispiel mit einer Bronzeskulptur von Maria Pirwitz und dem Granitwürfel mit vier Brahmsporträts von Thomas Darboven (beide 1981) vor der Halle (Abb. 8). Gegenüber der Musikhalle blicken wir wieder auf die ehemaligen Wallanlagen, in deren Nähe sich die drei obersten Hamburger Gerichte befinden (vgl. Rundgang 4). Rechts davon ist ferner das Untersuchungsgefängnis der Stadt zu sehen. Auch in Hamburg waren die Gerichte und das Gefängnis in der Nazizeit häufig weniger Stätten der Gerechtigkeit als vielmehr Orte des Schreckens (vgl. Exkurs Die braune Hansestadt, S. 137).

Wir gehen nun linker Hand ein Stück die Kaiser-Wilhelm-Straße hinunter, von der wir bei der ersten Gelegenheit links in den Bäckerbrei-

8+9 BRAHMS-DENKMAL UND BÄCKERBREITERGANG

tergang abbiegen. Die Kaiser-Wilhelm-Straße ist in gewisser Weise ein inoffizieller Vorläufer der Sanierungen in der Innenstadt. Sie wurde ab 1892 durch das bestehende Gängeviertel geschlagen und mit gründerzeitlichen Wohn- und Geschäftshäusern bebaut.

6 »GÄNGEVIERTEL«

In dieser kleinen Straße, deren Bebauung zum Teil noch aus dem 18./19. Jahrhundert stammt, bekommt man zumindest noch einen ungefähren Eindruck davon, welcher Art die Häuser in den Gängevierteln waren. Typisch an diesen Unterschichtsquartieren ist die Aufteilung in »Buden« und »Sähle« innerhalb des Hauses. »Buden« sind die Erdgeschosswohnungen, die jeweils über einen eigenen Eingang verfügen, zwischen den Eingangstüren befindet sich die Tür für die »Sähle«, die über eine Treppe erreichbaren Wohnungen im Obergeschoss (Abb. 9).

Vom Bäckerbreitergang biegen wir nach knapp hundert Metern rechts in die Speckstraße ab. Hier hat sich in den letzten Jahren ein kleines künstlerisch-kreatives Quartier unter dem historisch irreführenden Namen »Gängeviertel« etabliert. Hervorgegangen ist es aus den Protesten gegen einen bevorstehenden Abriss umfangreicher Altbausubstanz für eine Neubebauung, die im August 2009 in die Besetzung von einigen Häusern

10+11 LOGO UND LAGEPLAN GÄNGEVIERTEL

zwischen Speckstraße und Valentinskamp mündeten. Letztlich lenkte die Stadt ein und konnte den Kaufvertrag mit einem niederländischen Investor sowie die bereits geflossenen Zahlungen rückgängig machen. Ziel der Aktivisten ist es nun, langfristig die Gebäude zu sichern, sie in eine Genossenschaft zu überführen und hier einen selbstverwalteten kulturellen und künstlerischen Freiraum zu schaffen. Auf der Homepage heißt es: »Das Gängeviertel soll ein Freiraum sein für alle! Jede und jeder ist bei uns willkommen. Wir sind viele und werden täglich mehr. Wir sind die Stadt, denn: Die Stadt sind wir alle. [...] Wir sind noch lange nicht am Ende unseres Weges. Wir werden ihn weiter gehen für unser gemeinsames Ziel – für ein selbstverwaltetes und offenes Gängeviertel!« Seit der Besetzung finden im »Gängeviertel« Ausstellungen, Konzerte und politisch-kulturelle Veranstaltungen statt (Abb. 10-12), unter anderem auch ein regelmäßiger Tanzabend für über Sechzigjährige namens »Faltenrock«.

12 STREETART IM GÄNGEVIERTEL

Am Ende der Speckstraße biegen wir rechts in die Caffamacherreihe ab. Rechter Hand weist die Werbung für das »Hamburger Abendblatt« darauf hin, dass wir uns am Verlagsgebäude des »Axel-Springer-Verlags« befinden, dessen Hamburger Flaggschiff die bei älteren Hamburgern beliebte Lokalzeitung bis vor kurzem war. Heute befindet sie sich im Besitz der Funke Mediengruppe, die das Blatt nun aus dem fernen Essen steuert.

7 SPRINGER-VERLAG/ABC-STRASSE

Auch wenn der Hauptsitz des Axel-Springer-Verlags sich seit 1967 in Berlin befindet, so ist Hamburg doch der Geburtsort dieses großen Zeitungs- und Zeitschriftenverlags. Sein Gründer Axel Cäsar Springer (1912–1985) war gebürtiger Altonaer und Sohn eines Verlegers. Nach dem Zweiten Weltkrieg baute er von Hamburg aus seinen eigenen Verlag auf. Frühes Zugpferd waren die 1946 gegründete Radio-Programmzeitschrift »Hörzu« und das »Hamburger Abendblatt« (1948). 1952 folgte dann die »Bild«-Zeitung, die die deutsche Presselandschaft in der Folge – laut, plakativ und oftmals sehr kontorvers – aufmischte. Am Ende der Straße befindet sich das Hamburger Hauptgebäude des Verlags, das am Zusammenfluss von Kaiser-Wilhelm-Straße und Fuhlentwiete Mitte der 1950er Jahre von Ferdinand Streb (1907–1970) geplant wurde und mittlerweile unter Denkmalschutz steht.

Wir biegen nun nach links in die ABC-Straße, um zum Gänsemarkt zu gelangen. Den ungewöhnlichen Namen erhielt die Straße, von der aus Google heute seine Deutschland-Geschäfte steuert, weil eine Häuserreihe hier im 17. Jahrhundert alphabetische »Hausnummern« erhalten hatte. An der ABC-Straße 55 (heute Hotel Marriott) befand sich einst die Kneipe »Palette«, die durch einen Roman von Hubert Fichte (1935–1986) berühmt wurde (Abb. 13). Hier trafen sich in den 1950er und 1960er Jahren unangepasste Jungerwachsene – Existenzialisten, Gammler, Huren und Stricher –, deren Geschichten Fichte in für die damalige Zeit ungewohnt drastischer

13 BUCHCOVER »PALETTE« VON HUBERT FICHTE

Sprache nachzeichnete, sodass das Buch bei seinem Erscheinen 1968 – vier Jahre nachdem die »Palette« schließen musste – zu einem kleinen Skandal wurde.

Geradeaus geht es für uns nun weiter bis zum Gänsemarkt.

8 GÄNSEMARKT

Auf dem Gänsesmarkt sind wohl nie Gänse gehandelt worden, ähnlich wie auch der Rathausmarkt nie für ein reges Handelsgeschehen vorgesehen war. Vermutlich wurden hier die Gänse lediglich zusammengetrieben, um sie auf die Weiden vor der Stadt zu treiben. Der dreieckige Platz wird schon seit Jahrhunderten von drei aufeinandertreffenden Wegen gebildet, die in Richtung Alsterdamm/Jungfernstieg führten. Sonderlich repräsentative Aufgaben hatte er nie zu erfüllen, was sich bis heute an der Architektur ablesen lässt, die zwar ein bauliches Durcheinander verschiedener Epochen darstellt, aber dennoch einen relativ geschlossenen Platzcharakter erzeugt (Abb. 15). Die längste Zeit des 19. Jahrhunderts fand auf dem Gänsemarkt der »Dom« genannte Weihnachtsmarkt statt, nachdem die Domkirche zu Beginn des 19. Jahrhunderts abgerissen worden war (vgl. Rundgang 1).

In Richtung Gerhofstraße findet sich ein Denkmal für Gotthold Ephraim Lessing (1729–1781), der ungefähr vier Jahre seines Lebens (von 1767 bis 1770) vor allem als Dramaturg und Berater am kurzlebigen »Nationaltheater« in Hamburg wirkte, ehe er nach dessen Scheitern als Bibliothekar nach Wolfenbüttel ging (Abb. 14). In Hamburg kam sein Drama »Minna von Barnhelm« erfolgreich zur Aufführung, und Lessing verfasste hier seine theatertheoretisch wichtige »Hamburgische Dramaturgie«. Auch sein später verfasstes, für das aufklärerische Denken bedeutsames Drama »Nathan der Weise« hat

14 LESSING-DENKMAL

15 GÄNSEMARKT, IN DER BILDMITTE DAS DEUTSCHLANDHAUS, UM 1935

einen expliziten Bezug zu Hamburg, denn Anlass seiner Entstehung war ein Streit um Glaubensfragen mit dem damaligen Pastor der St. Katharinen-Kirche.

Aus der steten Finanznot, die Lessing umtrieb, hätte dem finanziell klammen Dramatiker vielleicht die Einführung des Zahlenlottos 1770 helfen können. Dass er auf diese Weise später andernorts sein Glück versuchte, ist jedenfalls belegt. Bis 1776 wurden auf dem Gänsemarkt die Lottozahlen »5 aus 90« ausgespielt. Schon 1614 hatte Hamburg die erste staatlich organisierte Lotterie in Deutschland eingeführt, die der Finanzierung öffentlicher Ausgaben dienen sollte, so zum Beispiel der Einrichtung eines neuen Werk- und Zuchthauses (vgl. Rundgang 2). Nach 1776 in Hamburg verboten, später auch in ganz Deutschland, feierte das staatliche Zahlenlotto in Hamburg erst nach dem Zweiten Weltkrieg ein Comeback.

Aus der Zeit des ersten Zahlenlottos sind heute rund um den Gänsemarkt keine Gebäude mehr erhalten. Der Platz wird vornehmlich von Kontorhäusern – Originalen und modernen Ergänzungen – dominiert. Zu nennen sind hier das schon erwähnte »Deutschlandhaus« (vgl. Station 3), dessen runde Ecke wir nun an der linken Platzseite sehen. Ihm gegenüber steht die von Fritz Schumacher gestaltete Finanzbehörde (1918–26), die auch innen zum Teil aufwendig ausgestattet ist und noch über zwei benutzbare und frei zugängliche Paternoster verfügt. Lassen wir den Blick gegen den Uhrzeigersinn weiterschweifen, so fällt auf der gegenüberliegenden Seite das 1896 errichtete »Girardet-Haus« (Puttfarcken & Janda, Gänsemarkt 21-23) ins Auge, das in seiner Geschichte verschiedenen Printerzeugnissen als Verlagssitz diente.

Am Lessing-Denkmal vorbei blicken wir nun auf die dritte Front des Platzes. Auffallend ist hier vor allem das Kontorhaus mit der »Stadtbäckerei« (Theodor Speckbötel, 1913), das sich gestalterisch auf althamburgische Bürgerhäuser bezieht. Die »Stadtbäckerei« ist eine Hamburger Institution und backt am Gänsemarkt bereits seit 1681. Das angrenzende Haus, das die kleine Straße »Kalkhof« überbaut, ist im Übrigen eine späte Kopie des Nachbarhauses (1979–81). Auch die Straße »Kalkhof« (bis 1922 Schwiegerstraße) war in der ersten Hälfte des 20. Jahrhunderts zeitweilig eine Bordellstraße mit Sperrtoren (Abb. 16). Hier befand sich auch Hamburgs nobelstes Bordell, in dem viele prominente Gäste ein und aus gingen und das 1912 bei

16 BLICK VOM GÄNSEMARKT IN DEN KALKHOF, 1901

einem skandalösen Ereignis eine entscheidende Rolle gespielt haben soll. Ein Graf Kronsborg, der mit seiner Frau, drei Kindern und weiteren Personen im schicken »Hotel Hamburger Hof« am Jungfernstieg abgestiegen war, brach nach dem Bordellbesuch auf dem Weg zum Hotel zusammen und starb auf dem Transport ins Krankenhaus. Wie sich herausstellte, war »Graf Kronsborg« allerdings ein Pseudonym und der Tote in Wahrheit der amtierende König Dänemarks Friedrich VIII.! Offiziell brach der König auf einem Abendspaziergang zusammen, aber vieles spricht dafür, dass des Königs Ende ungefähr so vonstatten ging wie geschildert, auch wenn dies nie bestätigt wurde.

Unser Weg führt uns nun durch die 1980 entstandene Gänsemarktpassage. Ungefähr dort, wo wir bei den Colonnaden die Passage wieder verlassen, befand sich die erste privat betriebene Oper Deutschlands.

9 COLONNADEN

1678 eröffnete die durch ein Konsortium von Bürgern finanzierte Oper als erste nicht durch den Adel ins Leben gerufene (aber durchaus an dessen Vorlieben orientierte) Theaterstätte im deutschen Sprachraum. Hier wirkten beispielsweise der Komponist und Kapellmeister Reinhard Keiser oder Georg Philipp Telemann, der die Oper gut sechzehn Jahre leitete. Auch Georg Friedrich Händel war zeitweilig als Geiger im Orchester aktiv – und duellierte sich nach einem Streit mit dem Dirigenten und Komponisten Johann Mattheson gar auf dem Gänsemarkt mit diesem. 1738 musste die Oper, die in einem Ziegelfachwerkhaus untergebracht war, das etwa 2000 Zuschauern Raum bot, wegen andauernder ökonomischer Defizite schließen. Nach weiteren Jahren als Spielstätte für Operngastspiele fahrender Theatertruppen und als Sprechtheater wurde das baufällige Gebäude nach einigen Jahren des Leerstands 1757 abgerissen. An seine Stelle wurde ein neues Theater, das »Comödienhaus«, gesetzt. Auch dabei handelte es sich nicht um ein mondänes, repräsentatives Gebäude, sondern um einen einfachen Bau in einem Hinterhof, der mit Holz verkleidet war. Zum Amü-

17+18 COLONNADEN

sement der Zuschauer trockneten die Anwohner des Hofes dort auch ihre Wäsche. Bis 1827 wurden hier Theateraufführungen veranstaltet. Anschließend wurde das »Stadttheater« an der Dammtorstraße (vgl. Station 3) zur neuen Spielstätte und das alte Theatergebäude zu einem Wohnhaus umgebaut. 1877 musste dieses dann dem Bau der Colonnaden weichen, die als Privatstraße von einem Konsortium unter der Führung der Gebrüder Wex (vgl. Rundgang 4) durch die bestehenden Blöcke zwischen Jungfernstieg und Esplanade getrieben wurde. Bebaut wurde die Straße in der Folge mit massigen, großbürgerlichen Etagenhäusern im Neorenaissance-Stil und im südlichen Teil mit einem überdachten Arkadengang entlang der Geschäfte im Erdgeschoss, weshalb der Name Colonnaden (der eigentlich einen Säulengang mit geradem Gebälk bezeichnet) zumindest an den exakten bauhistorischen Begriffen gemessen etwas unpassend gewählt ist. Erst in den 1970er Jahren wurde die Straße in eine Fußgängerzone umgewandelt (Abb. 17+18).

Wir gehen die Colonnaden nun nach rechts bis ans Ende, sodass wir zum Jungfernstieg gelangen.

10 JUNGFERNSTIEG

Hier, an der Ecke der heutigen Binnenalster, befand sich lange Jahre das Dammtor, bevor es im Zuge des Festungsbaus im 17. Jahrhundert verlegt wurde (vgl. Station 1). Genau genommen befinden wir uns also an der alten Grenze zwischen Altstadt und Neustadt, wenngleich dazugesagt werden muss, dass das Dammtor mit dem Wachturm »Isern Hinnerk« nur ein Vorposten der alten Stadtbefestigung des 16. Jahrhunderts am Ende des Damms entlang der Alster war. Die Grenze der Stadt, und somit des Stadtteils Altstadt, verlief bis ins 17. Jahrhundert entlang des Neuen Walls und des Bleichenfleets in Richtung Elbe. Egal, welchem Stadtteil man den Jungfernstieg nun zuschlägt (offiziell ist er heute Teil der Neustadt), sicher ist, dass er wohl die bekannteste Straße der Innenstadt ist.

Wir gehen nun zum Alsteranleger, also dorthin, wo die Alsterschiffe anlegen. Auf dem Weg dorthin passieren wir ein paar markante Gebäude. Links beeindruckt der »Alsterpavillon« (Ferdinand Streb, 1952/53) mit seiner transparenten, geschwungenen Leichtigkeit. Es ist dies bereits die sechste Inkarnation eines Kaffeehauses dieses Namens an der Binnenalster. Auf der gegenüberliegenden Straßenseite finden sich hingegen vor allem gewaltige Kontor- und Geschäftshäuser aus der Zeit nach dem Großen Brand von 1842, bei dem auch die Häuser am Jungfernstieg zerstört worden waren – so zum Beispiel das »Streit's Haus«, ein ehemaliges Hotel, in dem sich bis 2013 einer der letzten großen Kinosäle der unmittelbaren Nachkriegszeit in Hamburg befand; das benachbarte »Heine-Haus« im vereinfacht erhaltenen Jugendstil; der »Hamburger Hof«, heute eine Einkaufspassage, früher jedoch ein protzig-repräsentatives Hotel; das direkt nach dem Großen Brand erbaute Haus Nr. 25 mit dem benachbarten Bankgebäude und das Kaufhaus »Alsterhaus«. Zusammen ergeben die Gebäude trotz ihres unterschiedlichen Alters ein durch örtliche Bauvorgaben gesichertes, relativ einheitliches und schmuckes Gesamtbild ohne störende Leuchtreklamen oder Videowände (Abb. 20).

Am Alsteranleger angekommen, können wir den Blick nun wunderbar über die Binnenalster schweifen lassen. Die Unterteilung des Sees in die kleinere Binnen- und die deutlich größere Außenalster ist ebenfalls ein Resultat des Baus der neuen Wallanlagen im frühen 17. Jahrhundert, als diese zum Zwecke des geschlossenen Schutzes über das Binnengewässer geführt werden mussten.

Die Alster ist eigentlich ein kleiner Fluss, der bereits im späten 12. Jahrhundert etwas weiter südlich aufgestaut worden war. Um 1230 wurde dann ein Damm gezogen, der ungefähr dem Verlauf des heutigen Jungfernstiegs entspricht. Das Ziel war ganz banal: Es sollte eine Wassermühle betrieben werden, um die wachsende Bevölkerung mit Getreide zu versorgen. Neben der Wasserkraft gewann man aber nun auch noch einen See außerhalb der Stadt hinzu, da der Fluss die ihn säumenden flachen Wiesen überspülte. Mit den Valckenburgh'schen Festungsanlagen rückte der Jungfernstieg (damals hieß er nach dem Müller zur Zeit der Aufstauung noch Reesendamm) vom Stadtrand ins Zentrum der Stadt und entwickelte sich, nachdem er 1665 gepflastert, verbreitert und mit Bäumen versehen worden war, schnell zu einer beliebten Spazierstraße. Seinen Namen gab ihm der Volksmund ebenfalls im 17. Jahrhundert aufgrund der vielen die Straße entlangflanierenden Damen. 1838 wurde der Jungfernstieg, der immer ein eher bürgerlich-schicker Ort war, als erste Straße in Deutschland asphaltiert. Wenig später, ab 1857, verkehrten Personenschiffe auf der Alster, die zeitweilig ein wichtiges Transportmittel in die Innenstadt darstellten, heute aber nur noch vergnüglichen Alsterpartien dienen. Im Zweiten Weltkrieg konnten allerdings bisweilen keine Schiffe mehr zum Jungfernstieg verkehren, denn fast die gesamte Binnenalster war mit einer Tarnkonstruktion abgedeckt worden. Zusammen mit einer falschen Lombardsbrücke etwas weiter nördlich in der Außenalster sollten die alliierten Bomberpiloten über die Lage der Innenstadt getäuscht werden, was allerdings nicht funktionierte (Abb. 19).

19 TARNKONSTRUKTION AUF DER BINNENALSTER IM ZWEITEN WELTKRIEG

Seit 2006 hat der Jungfernstieg seine jetzige Form mit breiten Fußwegen, Baumalleen und der großzügigen Treppenanlage zum Wasser.

20 JUNGFERNSTIEG, UM 1968

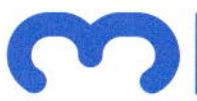

Unser letztes Stück Weg führt uns jetzt nach Süden. Dafür überqueren wir den Jungfernstieg und gehen in die »Großen Bleichen«.

11 GROSSE BLEICHEN/POSTSTRASSE/NEUER WALL

Die Straßenbezeichnung »Große Bleichen« geht auf die Gewohnheit zurück, die Wäsche auf den Wällen der Stadt zum Bleichen und Trocknen auszulegen. Gemeint sind hier die nahegelegenen Stadtwälle, die Hamburg im 15. und 16. Jahrhundert ein Stück weit nach Westen rücken ließen.

An der nächsten Kreuzung stoßen wir mit dem »Hanseviertel« rechts gegenüber auf eine der ersten Einkaufspassagen neueren Typs in der Innenstadt. 1980 wurde es eröffnet und galt damals als längste Ladenpassage Europas. Geschmückt ist die Passage mit allerlei Anklängen an die Hansezeit und einem besonderen Gruß. Wenn man ganz genau hinschaut,

21+22 »POLEN« AM HANSEVIERTEL UND ALTE POST MIT SEMAPHOR, 1848

entdeckt man in der gewölbten Fassade des Haupteingangs über den goldenen Lettern das leicht andersfarbig gemauerte Wort »Polen« – ein kleiner Scherz der am Bau Beteiligten polnischen Arbeiter (Abb. 21).

Linker Hand liegt mit der »Alten Post« einer der bedeutsamsten Bauten aus den Jahren nach dem Großen Brand. Er wurde von Alexis de Chateauneuf entworfen und zwischen 1845 und 1847 als – für diese Bauphase eher ungewöhnlicher – unverputzter Backsteinbau realisiert (Abb. 22). Vier verschiedene Postdienste waren mit je einem eigenen Eingang an der Hauptfront in dem Gebäude untergebracht. Noch heute sind die Wappen der verschiedenen Postunternehmen über den Portalen erkennbar. Der Turm am Bleichenfleet betont nicht nur die Ecke des Gebäudes, sondern hatte bis 1849 auch eine bedeutende Funktion als Endstation einer Reihe optischer Telegrafen, sogenannter Semaphoren, zwischen Hamburg und der Elbmündung. Ein solcher Telegraf verwendete schwenkbare Signalarme, die von Hand bedient werden mussten und je nach Position für bestimmte Buchstaben standen. An jeder der acht Stationen waren immer zwei Mann im Einsatz, um den Betrieb zu gewährleisten; dabei las einer die übermittelten Zeichen, während der andere sie am Semaphor einstellte, damit sie an den nächsten, im Durchschnitt mehr als 15 Kilometer entfernten Posten übermittelt werden konnten. Mit der Einführung der elektrischen Telegrafie wurde der sehr personalintensive optische Telegraf obsolet.

Nachdem die neue Oberpostdirektion 1887 am Stephansplatz in Dienst gestellt worden war (vgl. Station 2), zog die städtische Verwaltung in das Gebäude der Alten Post ein. Später erfolgte der Umbau zu Büros und zu einer Ladenpassage. Zwischen 2010 und 2012 wurde der Bau erneut einschneidend verändert. Neben der Rekonstruktion einiger originaler Details erhielt er auch zwei neue Staffelgeschosse.

Unser Weg führt nun weiter geradeaus über das Bleichenfleet, bis wir auf den »Neuen Wall« stoßen, der auf die Erweiterung der Stadtbefestigung im Jahr 1547 zurückgeht. Nach der erneuten Vergrößerung des Stadtgebiets im 17. Jahrhundert wurde der Neue Wall zu einer eleganten Straße. Auch heute ist er das noch, wenngleich nicht mehr als Wohn-, sondern als Geschäftsstraße. Ein Stück nach links befindet sich mit der »Mellin-Passage« Hamburgs erste kleine Einkaufspassage, die bereits kurz nach dem Großen Brand entstand und ihren Namen von einem Drogeriewarenladen erhielt. Der noble Herrenausstatter »Ladage & Oelke« hat hier seither seine Räume, und auch die renommierte Buchhandlung »Felix Jud« sitzt bereits seit Jahrzehnten am Eingang der Passage. Zudem findet sich an der Decke des Durchgangs eine schöne Jugendstil-Werbung für die Produkte des ehemaligen Drogeriegeschäfts (Abb. 23).

Ansonsten wird die Straße vor allem von Filialen bekannter internationaler Edelmarken geprägt und gilt als eine der luxuriösesten Einkaufsstraßen Europas. Seit 2005 ist sie ein sogenannter »Business Improvement District«. Unter diesem Konzept haben sich die Geschäftsbetreiber mit Unterstützung der Stadt zusammengeschlossen, damit ihre Straße immer sauber, sicher und schön erscheint, was zum wirtschaftlichen Erfolg beitragen soll. Zu dem Konzept gehört unter anderem auch der Einsatz eines privaten

23 WERBUNG DER DROGERIE MELLIN

24 GÖRTZ-PALAIS MIT PETERSEN-DENKMAL

Sicherheitsdienstes, der dafür Sorge trägt, dass der Einkaufsidylle nichts in die Quere kommt, was die Luxusshopper stören könnte.

Am Ende der Mellin-Passage biegen wir rechts in die Alsterarkaden, wo sich ein wundervoller Blick über die Kleine Alster und das Rathaus bietet (vgl. Rundgang 1). An dieser Stelle kann man auch sehen, dass die Alster tatsächlich ein Fluss ist: Links verlässt sie das Alsterbecken unter der Reesendammbrücke und fließt dann kanalisiert unter dem Namen »Alsterfleet« hinter der Schleuse rechts noch einige Hundert Meter weiter, ehe sie in der Nähe des Baumwalls in die Elbe mündet.

Wir schlendern nun ein längeres Stück die Promenade am Wasser nach rechts entlang, bis wir kurz vor der Brücke beim Graskeller rechts auf eine platzartige Erweiterung treffen. Ungefähr auf Höhe des Graskellers war die Alster im späten 12. Jahrhundert das erste Mal aufgestaut worden – ebenfalls um eine Wassermühle zu betreiben.

12 STADTHAUSBRÜCKE/FLEETINSEL

Auf dem kleinen Platz stoßen wir auf ein Denkmal für den Bürgermeister Carl Friedrich Petersen (1809–1892). Petersen, dargestellt in der bis 1918 üblichen feierlichen Amtstracht Hamburger Senatoren, war viele Jahre Vorsitzender der Rathausbaukommission und oberster Polizeiherr der Stadt. Sein Blick richtet sich auf das barocke »Görtz-Palais«, das um 1710 für einen gleichnamigen Diplomaten errichtet worden war und in dem sich seit 1814 die Polizeiverwaltung befand. Nur die Fassade ist noch in originalem Zustand erhalten, wohingegen sich dahinter ein Bürogebäude neueren Datums verbirgt (Abb. 24). Ende des 19. Jahrhunderts wurde links daneben ein großes Verwaltungsgebäude an der Stadthausbrücke gebaut (Baudirektor Carl Johann Christian Zimmermann, 1888–1892), bevor zwischen 1916 und 1921 ein weiterer Ergänzungsbau folgte (Fritz Schumacher).

In der Zeit der nationalsozialistischen Herrschaft befand sich in diesem »Stadthaus« genannten Gesamtkomplex die Hamburger Zentrale der Gestapo, die bei der Verfolgung von Andersdenkenden in den ersten Jahren nach der nationalsozialistischen Machtübernahme eine große Rolle spielte und nach 1933 vor allem bei der Sicherung der Macht mitwirken sollte. Hierzu gehörte unter anderem die Zerschlagung der Arbeiterbewegung sowie ihrer Parteien und Organisationen. Insbesondere gegen die Kommunisten und ihre bewaffneten Verbände wurde schnell und rigide vorgegangen. Allein 1933/34 wurden in Hamburg insgesamt weit über 5000 Kommunisten verhaftet. Hier im Stadthaus fanden die Verhöre statt, häufig unter Folter. Bis 1936 war der organisierte Widerstand weitgehend gebrochen, und nur einzelne Widerstandszellen existierten weiter oder entstanden später neu, zum Beispiel in der Arbeiterschaft der Werft Blohm + Voss. Ab 1938 war die Gestapo auch hauptverantwortlich für die Verfolgung und die Deportation der Hamburger Juden.

Im Krieg wurden die Gebäude schwer beschädigt und anschließend nur in einer vereinfachten Rekonstruktion wieder aufgebaut. Nach dem Auszug der Stadtentwicklungsbehörde 2013 sollen umfassende Umbaumaßnahmen bis 2017 eine neue Nutzung aus Wohnungen, Hotel, Geschäften, Büros und Gastronomie auch unter Einbeziehung der Innenhöfe hervorbringen.

Am Ende des Neuen Walls überqueren wir geradeaus die Straße »Stadthausbrücke« und gelangen so zur sogenannten »Fleetinsel«. Der schönste Platz unserer letzten Station ist sicher auf der Michaelisbrücke, von wo wir rechter Hand auf die Ellerntorsbrücke von 1668 blicken, die dem Verlauf des alten Wegs von Hamburg nach Altona folgt, der ganz in der Nähe, beim heutigen Graskeller/Großen Burstah, zur ursprünglich einzigen Furt durch den Alsterfluss führte. Bei der Ellerntorsbrücke befand sich auch das erste Millerntor, das mit dem Festungsneubau im 17. Jahrhundert an seine heutige Stelle, der Grenze zur Vorstadt St. Pauli, verlegt wurde. Das Tor, dessen Name sich vermutlich nicht vom »Müller« ableitet, sondern von seiner Lage als »mittleres« nach Westen ausgerichtetes Stadttor, wurde wegen seiner 1546 errichteten langen, dunklen Durchfahrt auch als »Düsterntor« bezeichnet. Zu jener Zeit lebten in Hamburg bereits ungefähr 20 000 Menschen.

Das Herrengrabenfleet, an dem wir stehen und für das die Ratsherren früher Fischereirechte besaßen, wurde um 1500 künstlich geschaffen und ist somit genau genommen ein Kanal (Abb. 25+26). Bis 1772 war es sogar nur ein Graben, der nicht von den Gezeiten durchspült wurde. »Fließen«, woher das Wort Fleet seinen Ursprung hat, tat hier also viele Jahrzehnte nichts, sondern es muss sich eher um eine stinkende, modderige Brühe gehandelt haben. In Richtung Elbe stehen am Fleetrand noch heute einige alte Speicher. Der Michaelisspeicher von 1787 (1911 um drei Etagen aufgestockt) ist das älteste Gebäude hier.

Der Name »Fleetinsel« für die Fläche rund um den Platz zwischen Alster- und Herrengrabenfleet ist ein Begriff, der sich erst mit der Ausschreibung zur Neugestaltung in den 1980er Jahren etabliert hat. Historisch war dies nie ein bedeutsamer Platz, und die Gegend hieß auch nie Fleetinsel. Zu jener Zeit bestand hier eine weitgehend freie Fläche mit einigem Wildwuchs. Ursprünglich sollte die noch vorhandene historische Bebauung, bis auf das überbordend dekorierte gründerzeitliche Wohn- und Geschäftshaus im Neorenaissance-Stil namens »Neidlinger-Haus« (Johannes Grotjan, 1885/86), abgerissen werden.

Der Platz wird ansonsten von Neubauten dominiert. Der »Fleethof« am Wasser (Bernhard Winking, 1993) beherbergt Büros und überbaut die historische Wegführung zur Ellerntorsbrücke. Bis zum Zweiten Weltkrieg stand hier der sehr repräsentative, 1889/90 erbaute »Millionenbau«, ein zu seiner Zeit sehr moderner und vornehmer Wohn- und Geschäftsbau. Rechts befindet sich das Hotel »Steigenberger« (von Gerkan Marg und

25+26 HERRENGRABENFLEET UND
BLICK VON DER ELLERNTORSBRÜCKE ZUR STADTHAUSBRÜCKE, UM 1900

Partner, 1991/92). Beide Neubauten stellen sich mit Staffelgeschossen und dem verwendeten Backstein in die Tradtion der Kontorhäuser und zitieren mit ihren teils am Wasser gelegenen Arkaden auch die Alsterarkaden und die Colonnaden.

Vom Platz geht es in Richtung Süden in die Admiralitätsstraße, in der sich mehrere Kunstgalerien und die Buchhandlung Sautter + Lackmann, Norddeutschlands größte Fachbuchhandlung für Architektur, Fotografie und Kunst, befinden.

Hier im Grenzgebiet von Alt- und Neustadt endet unsere Tour durch den nördlichen Teil der Neustadt. Mit der U- oder S-Bahn können wir nun von den Stationen Stadthausbrücke oder Rödingsmarkt komfortabel die Heimfahrt antreten. Wer aber Lust auf einen weiteren Spaziergang hat, geht entweder zurück zum Rathaus und startet dort zu Rundgang 1 (immer samstags um 15 Uhr und sonntags um 11 Uhr beginnt hier auch ein geführter Rundgang durch die Innenstadt mit Stattreisen Hamburg e.V.) oder nimmt die Buslinie 3 und fährt zurück zur Laeiszhalle, in deren Nähe sich der Startpunkt zur zweiten Neustadt-Tour befindet. Ein kleiner Spaziergang am Fleet entlang Richtung Elbe führt hingegen zum Startpunkt der Tour durch die Speicherstadt (Rundgang 5).

BARS/KNEIPEN/ NACHTLEBEN

Jahreszeiten Bar
Neuer Jungfernstieg 9-14
www.fairmont.de/vier-jahreszeiten-hamburg/dining/jahreszeiten-bar
➜ *elegante Bar im Nobel-Hotel*

Klimperkiste
Esplanade 18
www.klimperkiste.com
➜ *eine der letzten Innenstadtkneipen für Bier, Cocktails, Snacks*

CAFÉS/RESTAURANTS

Alsterpavillon
Jungfernstieg 54
www.dein-alex.de/dein-alex-hamburg
➜ *Systemgastronomie im beschwingten Fünfziger-Jahre-Kaffeehaus*

Erste Liebe
Michaelisbrücke 3
www.ersteliebebar.de
➜ *Café für Frühstück, Pasta-Mittagstisch und den Espresso zwischendurch*

Fischfeinkost Delikatessen des Meeres
Colonnaden 104
➜ *winziges Fischlokal mit täglich einem (!) Mittagstischgericht*

Haerlin Restaurant & Jahreszeiten Grill
Neuer Jungfernstieg 9-14
www.fairmont.de/vier-jahreszeiten-hamburg/dining/haerlin-restaurant
➜ *mediterranes Sterne-Restaurant oder hanseatische Küche? Aber bitte mit eleganter Garderobe*

Marinehof
Admiralitätsstraße 77
www.marinehof.de
➜ *Fleetinsel-Allrounder: Café, Bar, Kneipe, Restaurant – im Sommer auch draußen*

Matsumi
Colonnaden 96
www.matsumi.de
➜ *authentisch japanisches Restaurant*

Rheinische Republik
Stadthausbrücke 1-3
www.rheinische-republik.de
➜ *Gaststätte für Exil-Rheinländer und andere Frohnaturen mit Kölsch, Karneval und Freiluftbereich*

Stadtbäckerei
Gänsemarkt 44
www.stadtbaeckerei-am-gaensemarkt.de
➜ *bestes Backwerk und belegte Brötchen in einer der ältesten Bäckereien Hamburgs*

LÄDEN

Antiquariat Schaper
Dammtordamm 4
www.antiquariat-schaper.de
→ *Fundgrube für gut erhaltene und rare Bücher*

Der Bocksbeutel
Colonnaden 54
www.derbocksbeutel.de
→ *fränkische Weine*

Buchhandlung Felix Jud
Neuer Wall 13
www.felix-jud.de
→ *exquisiter Buch- und Kunsthandel/ Antiquariat*

Fahnenfleck
Neuer Wall 57
www.fahnenfleck.de
→ *Fahnen aus aller Welt und Verkleidungen für Partys und Fasching*

Geigenbau G. Winterling
www.geigenbau-winterling.de
Valentinskamp 34
→ *Traditionsadresse für Streichinstrumente*

HPS Hamburger Porzellanmalerei
Colonnaden 70
www.porzellanmalerei-hps.de
→ *individuell gestaltetes Porzellan, Restaurierung und Porzellanmalkurse*

Kunstantiquariat Joachim Lührs
Michaelisbrücke 3
www.kunstantiquariat-hamburg.de
→ *Antiquarische Kunstbücher, Grafik, Zeichnungen, Gemälde*

Ladage & Oelke
Neuer Wall 11
www.ladage-oelke.de
→ *gediegene Kleidung für Anglophile*

Multiple Box
Admiralitätsstraße 76
www.multiple-box.de
→ *Galerie für junge Kunst, Fotografie und Multiples – auch von bekannten Künstlern*

Papier & Feder
Colonnaden 108
www.papierundfeder.com
→ *feine Schreibgeräte und Papierwaren*

Pfeifen Tesch
Colonnaden 10
→ *traditonelles Rauchwarenfachgeschäft*

Pirate-Bikes
Valentinskamp 47
www.p-bikes.biz/
→ *Rennräder und Mountainbikes sowie Reparatur aller Art von Pedalrädern*

Sautter & Lackmann
Admiralitätsstraße 71/72
www.sautter-lackmann.de
→ *Norddeutschlands größte Fachbuchhandlung für Architektur, Fotografie, Kunst*

Schacht & Westerich
Große Bleichen 36
www.schacht-westerich.de
➜ *das Hamburger Schreibwarengeschäft*

Stories! Die Buchhandlung im Hanseviertel
Große Bleichen 36
www.stories-hamburg.de
➜ *moderne Buchhandlung mit klarer Linie*

HOTELS

Alsterhof
Esplanade 12
www.alster-hof.de
➜ *Mittelklassehotel*

Hotel-Garni Bei der Esplanade
Colonnaden 45
www.hotel-bei-der-esplanade.com
➜ *günstiges Innenstadthotel*

Frauenhotel Hanseatin
Dragonerstall 11
www.hotel-hanseatin.de
➜ *kleines Hotel nur für weibliche Gäste*

Privathotel Baseler Hof
Esplanade 11
www.baselerhof.de
➜ *Mittelklassehotel, ursprünglich ein christliches Kellnerheim*

Radisson Blu Hotel
www.radissonblu.de/hotel-hamburg
Marseiller Straße 2
➜ *beste Aussicht vom höchsten Hotel der Stadt*

Hotel Scandic Hamburg Emporio
Dammtorwall 19
www.scandichotels.de/hamburg
➜ *skandinavisch-schlichte Mittelklasse*

Side
www.side-hamburg.de
Drehbahn 49
➜ *luxuriöseses Design-Hotel*

Steigenberger Hotel Hamburg
Heiligengeistbrücke 4
http://de.steigenberger.com/Hamburg/Steigenberger-Hotel-Hamburg
➜ *Hotel der gehobenen Preisklasse auf der Fleetinsel*

Hotel Vier Jahreszeiten
Neuer Jungfernstieg 9-14
www.fairmont.com/vier-jahreszeiten-hamburg
➜ *Hamburgs Topadresse der Luxushotels*

FREIZEIT/SPORT

Alstertouristik
Jungfernstieg/Alsteranleger
www.alstertouristik.de
➜ *Vergnügungsfahrten über Hamburgs Mühlenteich*

Spielbank Hamburg
Stephansplatz 10
www.spielbank-hamburg.de
➜ *Glücksspielhaus mit Dresscode*

KULTUR

Engelsaal
Valentinskamp 40-42
www.engelsaal.de
➜ *kleine Bühne für leichte komödiantisch-musikalische Kost im historischen Saal*

Fleetinsel Galerien
Admiralitätsstraße 71/74/76
➜ *von etabliert bis experimentierfreudig – Hamburgs Galerien auf einem Fleck*

Gängeviertel
Valentinskamp/Caffamacherreihe
www.das-gaengeviertel.info
➜ *Ausstellungen, Lesungen, Tanz, Konzerte und politische Veranstaltungen im besetzten Gebäudekomplex*

Hamburgische Staatsoper
Dammtorstraße 28
www.hamburgische-staatsoper.de
➜ *Oper, Ballett, philharmonische Konzerte*

Das Klingende Museum
Dammtorwall 46
www.klingendes-museum-hamburg.de
➜ *Musikinstrumente zum Anfassen und Ausprobieren für Kinder*

Metropolis
Kleine Theaterstraße 10
www.metropoliskino.de
➜ *feines Programmkino, hebt regelmäßg cineastische Schätze*

Musikhalle/Laeiszhalle
Johannes-Brahms-Platz
www.elbphilharmonie.de/laeiszhalle
➜ *noch immer Hamburgs erste Adresse für klassische Konzerte*

SOZIALES/NON-PROFIT

Landeszentrale für Politische Bildung
Dammtorwall 1
www.hamburg.de/politische-bildung
➜ *Bücher und Informationsmaterialien zu politischen Themen – für Hamburger zum großen Teil kostenlos*

Öffentliche Rechtsauskunft- und Vergleichsstelle (ÖRA)
Dammtorstraße 14
www.hamburg.de/oera
➜ *kostengünstige städtische Rechtsberatungsstelle für Menschen mit geringem Einkommen*

LEUTE AUS HAMBURG

ADOLF III. (1160–1225) und **ADOLF IV.** (1205–1261) von Schauenburg und Holstein waren Hamburgs Landesherren zu jener Zeit des Mittelalters, als Hamburg Spielball kriegerischer Auseinandersetzungen der Schauenburger mit dem dänischen Reich war. Adolf III. war 1186/87 einerseits der Gründer jener Kaufmannssiedlung an der Alster, aus der zusammen mit der bereits bestehenden bischöflichen Siedlung die Stadt Hamburg hervorging, andererseits verlor er Hamburg durch Krieg 1203 an die Dänen. Sein Sohn Adolf IV. konnte den Ort aber infolge eines Sieges über die Dänen in der Schlacht bei Bornhöved 1227 zurückgewinnen. Den Hamburgern gelang es in jener Zeit allmählich, die bürgerliche Selbstverwaltung und eine gewisse Unabhängigkeit von den fürstlichen Landesherren zu realisieren. Gerade Adolf IV. ließ die Hamburger allerdings auch gewähren und zog sich zudem 1239 ins Kloster zurück. Über Jahrhunderte sollte der Grad der Selbständigkeit Hamburgs indes umstritten bleiben.

ANSGAR (801–865) war Benediktinermönch und wurde 831/32 der erste Erzbischof von Hamburg und Bremen. Auf mehreren Reisen nach Skandinavien trieb er die Christianisierung Nordeuropas voran. Die Hammaburg bildete bis 845, als der Ort von Wikingern zerstört wurde, seinen Amtssitz, an dem er aber nur sehr selten weilte. Danach fungierte Bremen als Bischofssitz, von wo aus Ansgar die weitere Missionierung Skandinaviens leitete und wo er auch starb.

Der in Hamburg aufgewachsene Afrikaforscher HEINRICH BARTH (1821–1865) ist der Allgemeinheit heute kaum noch bekannt. Auf umfangreichen Reisen durch Nord- und Westafrika erforschte er die Geografie, Geschichte und Kultur des damals noch wenig bekannten afrikanischen Kontinents. Aufgrund seiner interdisziplinären und unvoreingenommenen Herangehensweisen, zum Beispiel auch gegenüber dem Islam, gilt er als Pionier der Afrikawissenschaften. Barth, der ein gutes Dutzend Sprachen, darunter mehrere afrikanische, beherrschte, gelang es weder, in Europa eine gesicherte akademische Stellung zu bekommen, noch aus seinen Reiseberichten größeres finanzielles Kapital zu schlagen.

Der vermutlich aus Minden stammende MEISTER BERTRAM (um 1340–um 1415) war ab 1367 in Hamburg tätig und lebte später in der heutigen Schmiedestraße. Meister Bertram gilt als wichtigster Künstler der norddeutschen Spätgotik und betrieb in Hamburg eine große Werkstatt. Sein wichtigstes Werk, ein für die Hauptkirche St. Petri 1383 vollendeter Altar, befindet sich heute in der Hamburger Kunsthalle.

JOHANNES BRAHMS (1833–1897) wurde im Gängeviertel nahe dem Valentinskamp geboren und lebte bis 1862 großenteils in Hamburg. Getauft und konfirmiert wurde er im »Michel«. Sein Vater verdiente seinen Lebensunterhalt als Musiker in Hamburger Tanzlokalen, bereits als Jugendlicher spielte auch der Sohn in Gaststätten, um zum kargen Familieneinkommen beizutragen. Über befreundete Musiker lernte Brahms 1853 Robert Schumann kennen und Clara Schumann lieben. Schumann protegierte Brahms und verhalf ihm zu allgemeiner Bekanntheit. Nach Aufenthalten in Düsseldorf und Detmold kam Brahms 1859 nach Hamburg zurück. Enttäuscht, hier keine gut bezahlte musikalische Stellung ergattern zu können, ging er 1862 nach Wien, wohin er nach Jahren des Umherziehens 1872 endgültig übersiedelte. Zu jener Zeit war er mit seinen Auftritten als Pianist und seinen Kompositionen bereits zu einigem Wohlstand gelangt. Als Komponist, Pianist und Dirigent allgemein hoch geschätzt und mit zahlreichen Auszeichnungen dekoriert – darunter 1889 auch der Ehrenbürgerschaft Hamburgs –, starb Brahms 1897 in Wien.

JULIUS JOHANN WILHELM CAMPE (1792–1867) entstammte einer Hamburger Verlegerfamilie. Nachdem er an den Befreiungskriegen teilgenommen hatte, übernahm er 1823 den Verlag Hoffmann und Campe. Hier veröffentlichte er vor allem politische Schriften, die auf eine Veränderung der gesellschaftlichen Verhältnisse zielten, was ihm immer wieder Probleme mit der Zensur einbrachte. Zu den Verlagsautoren gehörten unter anderem Heinrich Heine, Friedrich Hebbel und Ludwig Börne. Nach 1845 befand sich der Verlagssitz für einige Jahrzehnte in der Schauenburger Straße 59 beim Rathaus.

RALF GUSTAV DAHRENDORF (1929–2009) wurde in Hamburg geboren und verbrachte auch Teile seiner Kindheit und Schulzeit hier. Bereits als Jugendlicher beteiligte sich der Sohn eines SPD-Reichstagsabgeordneten an Flugblattaktionen gegen die Nazis, die ihm 1944 Lagerhaft bis zum Kriegsende einbrachten. In den 1950er Jahren studierte Dahrendorf in Hamburg und lehrte hier auch zeitweilig. Ab Ende der 1960er Jahre bekleidete er als Liberaler einige politische Ämter, unter anderem als EU-Kommissar, ehe er sich 1974 wieder vornehmlich der Wissenschaft zuwendete. Zehn Jahre stand der Soziologe beispielsweise der London School of Economics vor und verbrachte weitere zehn Jahre in Oxford. 1988 nahm er die britische Staatsbürgerschaft an und wurde fünf Jahre später in den Adelsstand erhoben. Sein Grab befindet sich auf dem Friedhof Ohlsdorf.

HAMMONIA (geb. im 17. Jahrhundert) ist die fiktive, weltliche Schutzpatronin Hamburgs, geistige Tochter der Germania und Schwester der Altonia und Berolina. Hammonia ersetzte die christlichen Stadtpatrone Maria und Petrus und wird meist mit einer Mauerkrone und wechselnden anderen Insignien wie zum Beispiel Anker, Freiheitshut, Merkurstab, Steuerrad oder Wappenschild dargestellt. Heinrich Heine schildert eine Begegnung mit Hammonia in der Straße Drehbahn, von wo er sie nach Hause begleitete und wo sie ihm – leicht angetütert – in einem Nachttopf Karls des Großen die Zukunft Deutschlands offenbarte.

Der Kaufmann und Bankier **SALOMON HEINE** (1767–1844) kam 1784 als mittelloser junger Mann nach Hamburg und absolvierte hier eine Banklehre. Durch geschickte Geschäfte gelang es ihm, ein eigenes Bankhaus am Jungfernstieg aufzubauen, mit dem er zu erheblichem Reichtum kam. Heine förderte nicht nur seinen Neffen Heinrich (auch wenn er die Dichtkunst für brotlos erachtete), sondern wirkte an vielen Stellen als wohltätiger Spender in Hamburg, zum Beispiel mit der Stiftung des Israelitischen Krankenhauses in der Vorstadt St. Pauli.

HEINRICH RUDOLF HERTZ (1857–1894) wurde in der Poststraße geboren und wuchs von seinem siebten Lebensjahr an in Harvestehude als Sohn eines Juristen und späteren Senators auf, bevor er in verschiedenen deutschen Städten seine akademische Ausbildung absolvierte. Hertz gilt als Entdecker der elektromagnetischen Radiowellen, die er 1886 erstmals von einem Sender an einen Empfänger übertrug, und schuf damit die Grundlage für drahtlose Telegrafie, Radio und Fernsehen. Bis heute wird die Frequenz elektromagnetischer Schwingungen international mit der Einheit Hertz (Hz) bezeichnet.

Hamburgs bekannteste Volksschauspielerin, **HEIDI BERTHA AUGUSTE KABEL** (1914–2010), wuchs in der Neustadt in den Großen Bleichen 30 als Tochter eines Druckers und Verlegers auf. Die Wohnung der Kabels befand sich zufällig gegenüber der 1936 schräg gegenüber eröffneten späteren Hauptwirkungsstätte Heidis, dem niederdeutschen Ohnsorg Theater (bis 2011 in Hausnr. 23–25). 1932 wurde Kabel, die eigentlich Konzertpianistin werden wollte, eher zufällig als Schauspielerin entdeckt. Deutschlandweite Berühmtheit erlangte sie, als ab 1954 regelmäßig Aufführungen des Ohnsorg Theaters im Fernsehen gezeigt wurden. Dort mimte sie zumeist die einfache, jedoch selbstbewusste und plietsche Frau mit Herz und Pfiff.

ALFRED LICHTWARK (1852–1914), in Hamburg als Sohn eines Müllers und späteren Gastwirts aufgewachsen, war zunächst als Volksschullehrer in Hamburg tätig, bevor er in Leipzig Kunstgeschichte studierte. 1886 wurde er zum ersten Direktor der Hamburger Kunsthalle, die er zu einem überregional bedeutsamen Museum aufbaute, indem er gegen gesellschaftliche Widerstände die moderne zeitgenössische Kunst förderte. Darüber hinaus nahm sich Lichtwark kunsterzieherischer Fragen an und unterstützte regionale Künstler.

WILLIAM LINDLEY (1808–1900) war ein englischer Ingenieur, der zwischen 1838 und 1860 in Hamburg lebte und maßgebliche technische Neuerungen entwickelte und einführte. Auf ihn geht der Bau der ersten von Hamburg ausgehenden Eisenbahnlinie zurück (nach Bergedorf). Während des Großen Brandes 1842 plädierte er für gezielte Sprengungen, die eine weitere Ausbreitung des Feuers zum Teil verhindern konnten. In der Technischen Kommission, die den Wiederaufbau der Stadt und ihre

räumliche Neugestaltung nach der Feuerkatastrophe konzipierte, war er eine der wichtigsten Stimmen. Insbesondere seine Planungen eines Trinkwasser- und Abwassersystems machten Hamburg zu einer der modernsten Städte im Europa jener Zeit. Eine Statue nahe der U-Bahn-Station Baumwall erinnert an Lindley.

GUSTAV MAHLER (1860–1911) ist einer der bedeutendsten Komponisten am Übergang zur Moderne, auch wenn seine Zeitgenossen dies nicht unbedingt so sahen. Gleichzeitig wirkte er als Dirigent und Operndirektor. Von 1891 bis 1897 war Mahler Kapellmeister am Hamburger Stadttheater, ehe er als Operndirektor nach Wien in seine österreichische Heimat zurückkehrte. Dort setzte er seine bereits in Hamburg begonnenen Ideen für eine Reform der Oper um, die die Sänger mehr und mehr auch zu Schauspielern machen und die Aufführungen dynamisieren sollte. In seinen letzten Lebensjahren lebte und arbeitete Mahler in New York. In seiner Hamburger Zeit entstanden die 2. und 3. Symphonie sowie zahlreiche Lieder. Darüber hinaus ließ sich Mahler im Zuge seiner Konversion zum Christentum im »Kleinen Michel«, der katholischen Kirche St. Ansgar, taufen und machte die Straßen als Radfahrpionier unsicher.

HENRI NANNEN (1913–1996) war Verleger und Publizist und wurde durch seine langjährige Tätigkeit als Herausgeber und Chefredakteur der Illustrierten »Stern« bekannt, die bis heute im Verlag Gruner + Jahr erscheint. Nannen, Sohn eines Polizeibeamten, war gelernter Buchhändler und studierter Kunsthistoriker. Bei den Olympischen Spielen 1936 in Berlin arbeitete er als Stadionsprecher und war im Zweiten Weltkrieg Kriegsberichterstatter. 1948 gründete Nannen den »Stern«, der mit seinen Reportagen immer wieder für Furore sorgte, mit der Veröffentlichung der gefälschten »Hitler-Tagebücher« allerdings auch einen der größten Presseskandale der Nachkriegszeit auslöste.

CARL VON OSSIETZKY (1889–1938) wurde in der Großen Michaelisstraße 10 geboren und wuchs in ärmlichen Verhältnissen in der Neustadt auf, wo er im »Kleinen Michel« katholisch getauft und im »Großen Michel« protestantisch konfirmiert wurde. Die Schule besuchte er im Karolinenviertel, arbeitete dann ohne höheren Schulabschluss in der Hamburger Verwaltung und begann nebenher, Artikel zu schreiben. Insbesondere nach der Teilnahme am Ersten Weltkrieg wurde von Ossietzky zu einer bedeutsamen demokratisch-pazifistischen Stimme in der Weimarer Zeit. 1919 ging er als Sekretär der Deutschen Friedensgesellschaft nach Berlin. Diese Position gab er aber bereits ein Jahr später wieder auf, um als Journalist tätig zu sein. So arbeitete er einige Jahre bei der »Berliner Volks-Zeitung«, gründete kurzzeitig eine Partei, die für eine Art demokratischen Staatssozialismus plädierte, und kam 1927 als Herausgeber zur »Weltbühne«, einer radikaldemokratischen, aber eher bürgerlichen Zeitschrift. Ende 1931 wurde von Ossietzky zu einer 18-monatigen Gefängnisstrafe verurteilt, da er in der »Weltbühne« die verbotene Aufrüstung der Reichswehr aufgedeckt hatte. Nach der Machtübernahme der Nationalsozialisten wurde er bald verhaftet und in Konzentrationslagern interniert. Ab 1936 lebte er schwer krank und unter Aufsicht der Gestapo in Berliner Krankenhäusern. Den ihm 1936 nachträglich für das Vorjahr verliehenen Friedensnobelpreis, den er gegen den Willen der Nazis akzeptierte, konnte er aufgrund eines Ausreiseverbots nicht persönlich entgegennehmen. 1938 starb von Ossietzky an Tuberkulose.

Der aus Oberhausen stammende FRIEDRICH WILHELM »WILL« QUADFLIEG (1914–2003) kam nach mehreren Zwischenstationen 1936 nach Berlin, wo

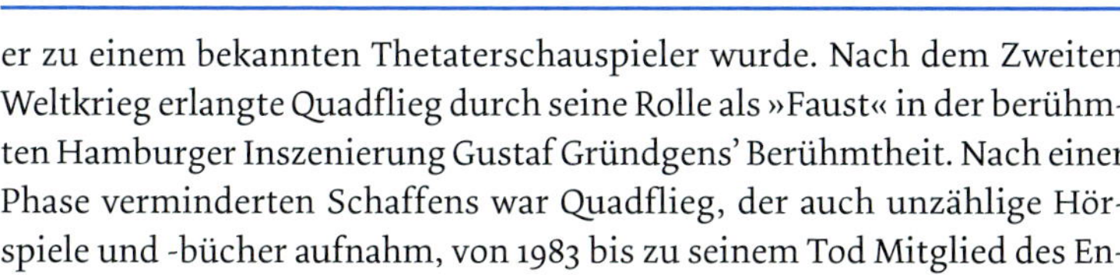

er zu einem bekannten Thetaterschauspieler wurde. Nach dem Zweiten Weltkrieg erlangte Quadflieg durch seine Rolle als »Faust« in der berühmten Hamburger Inszenierung Gustaf Gründgens' Berühmtheit. Nach einer Phase verminderten Schaffens war Quadflieg, der auch unzählige Hörspiele und -bücher aufnahm, von 1983 bis zu seinem Tod Mitglied des Ensembles des Thalia Theaters.

QUIDDJE, so wird jeder nach Hamburg Zugezogene genannt, der kein geborener Hamburger ist, was man nach Ansicht einiger alteingesessener Hamburger, nebenbei bemerkt, auch erst ist, wenn bereits – mindestens – die vorangegangene Generation, besser noch weitere, in Hamburg geboren wurde. Die Herkunft des Wortes ist umstritten, wird aber oft mit den Quittungen in Verbindung gebracht, die Auswärtige nach Zahlung der Einlassgebühr an den Stadttoren erhielten.

PHILIPP OTTO RUNGE (1777–1810) wurde in Wolgast geboren und war neben Caspar David Friedrich der bedeutendste deutsche Maler der frühen Romantik. 1795 zog Runge nach Hamburg, um hier eine kaufmännische Lehre zu absolvieren. Zwischen 1799 und 1804 studierte er dann Malerei in Kopenhagen und Dresden, kehrte jedoch anschließend nach Hamburg zurück. Neben Ölgemälden schuf Runge unter anderem viele Scherenschnitte und verfasste kunsttheoretische Schriften sowie das bekannte Märchen »Van den Fischer und siine Fru«.

Der in Kiel aufgewachsene **KARL AUGUST FRITZ SCHILLER** (1911–1994) wurde 1947 Professor für Wirtschaftstheorie an der Unviersität Hamburg. Als Mitglied der SPD machte man ihn hier zum Verkehrs- und Wirtschaftssenator, 1965 stieg er in die Bundespolitik ein. Zwischen 1966 und 1972 war er Wirtschafts- und kurzzeitig auch Finanzminister. Schiller, der maßgeblich am marktwirtschaftlich ausgerichteten Godesberger Programm der SPD mitarbeitete, betätigte sich später als Berater für Organisationen, Unternehmen und Regierungen.

HELMUT HEINRICH WALDEMAR SCHMIDT (geb. 1918) wuchs im Stadtteil Barmbek auf. Nach Abitur, Wehr- und Kriegsdienst mit anschließender Kriegsgefangenschaft trat Schmidt in die SPD ein und studierte in Hamburg Volkswirtschaft und Staatswissenschaft. Als Referent arbeitete er anschließend in der Hamburger Wirtschaftsbehörde, bis er 1953 Mitglied des Bundestages wurde. Zwischen 1961 und 1965 war er Innensenator in Hamburg und bewährte sich während der Sturmflut 1962 durch entschlossenes Krisenmanagement. Von 1969 bis 1974 war Schmidt dann Minister im Bundeskabinett von Willy Brandt und wurde in der Zeit von 1974 bis 1982 dessen Nachfolger als Bundeskanzler. Nach seiner Amtszeit stieg Schmidt 1983 als Mitherausgeber bei der Hamburger Wochenzeitung »Die Zeit« ein, die ihren Sitz am Speersort hat. Bis heute nimmt er mit Artikeln und Reden am politischen Tagesgeschehen, insbesondere der Wirtschaftspolitik, teil und ist der einzige Raucher, dem das Rauchen an öffentlichen Orten und bei Fernsehshows trotz Verboten kaum einmal untersagt wird.

Gleich in zwei unserer Rundgangsgebiete lebte der Philosoph **ARTHUR SCHOPENHAUER** (1788–1860) als Kind. Als er fünf Jahre alt war, zog er mit seinen Eltern aus Danzig zum Neuen Wandrahm 92 (heute Speicherstadt), wo der Vater sich mit einer Kaufmannsfirma etablierte. 1805 stürzte der an Depressionen leidende Vater vom dortigen Speicher ins Fleet und starb. Die Mutter zog mit den Kindern in die Neustadt (Kohlhöfen 29). 1807 brach Schopenhauer seine kaufmännische Lehre in Hamburg ab und studierte in verschiedenen ostdeutschen Universitätsstädten. Bereits 1819 veröffentlichte er sein Hauptwerk »Die Welt als Wille und Vorstellung«. Später lehrte und arbeitete Schopenhauer, der als Einzelgänger galt und Frauen für minderwertig hielt, vor allem in Berlin und Frankfurt. Großer Erfolg war ihm, der eine zutiefst pessimistische Philosophie entwickelte, zu Lebzeiten nicht beschieden. Nach seinem Tod wurden seine Ideen jedoch sehr einflussreich und seine Gedanken von bekannten Schriftstellern und Denkern wie Freud, Wagner und Nietzsche aufgenommen.

GEORG PHILIPP TELEMANN (1681–1767) war einer der berühmtesten Komponisten des Barock, geriet nach seinem Tod aber bald in Vergessenheit. Nach einigen Stellungen in ostdeutschen Städten sowie ab 1712 in Frankfurt nahm der aus Magdeburg stammende Telemann 1721 die Stelle des Musikdirektors in Hamburg an. Hier lebte er zeitweilig in der Straße Hohe Bleichen und nahe der St. Petri-Kirche. Seine Position verpflichtete ihn, wöchentlich eine neue Kantate zu komponieren und jährlich eine Passion. Zugleich hatte Telemann über sechzehn Jahre die künstlerische Leitung der Oper am Gänsemarkt inne, für die er etwa zwanzig Opern komponierte. Hinzu kamen viele weitere Kompositionen, sein Werk summiert sich auf insgesamt über 3600 Musikstücke – mehr als Bach und Händel zusammen geschaffen haben! Viele Jahre war Telemann, der bis an sein Lebensende in Hamburg blieb und europaweite Berühmtheit genoss, auch als Verleger von Musik – vor allem seiner eigenen – tätig.

MARIE EMILIE WÜSTENFELD, geborene Capelle (1817–1874), zog nach ihrer Heirat 1841 nach Hamburg und setzte sich hier für die Rechte und die Bildung von Mädchen und Frauen ein, ohne dabei die herkömmlichen Bahnen bürgerlichen Lebens grundsätzlich infrage zu stellen. So gründete sie 1850 die erste »Hochschule für das weibliche Geschlecht« in Deutschland, die ihre Räume am Holländischen Brook in der heutigen Speicherstadt hatte. Hier sollten bürgerliche Frauen zu Kindergärtnerinnen ausgebildet werden. Politischer Gegenwind und finanzielle Probleme führten nach nur zwei Jahren zur Schließung. In der Straße »Pumpen« beim heutigen Chilehaus gründete Wüstenfeld 1866/67 eine Armen- und eine Gewerbeschule für Mädchen, deren Letztere sich heute zu einem Studienbereich der »Hochschule für angewandte Wissenschaften« entwickelt hat.

NEUSTADT-SÜD 4

Justizforum * Brahms Kontor * Poolstraße * Kohlhöfen * Rademachergang * Brüderstraße/Wexstraße/Alter Steinweg * Großneumarkt * Peterstraße * »Michel« * Rund um den »Michel« * Ditmar-Koel-Straße

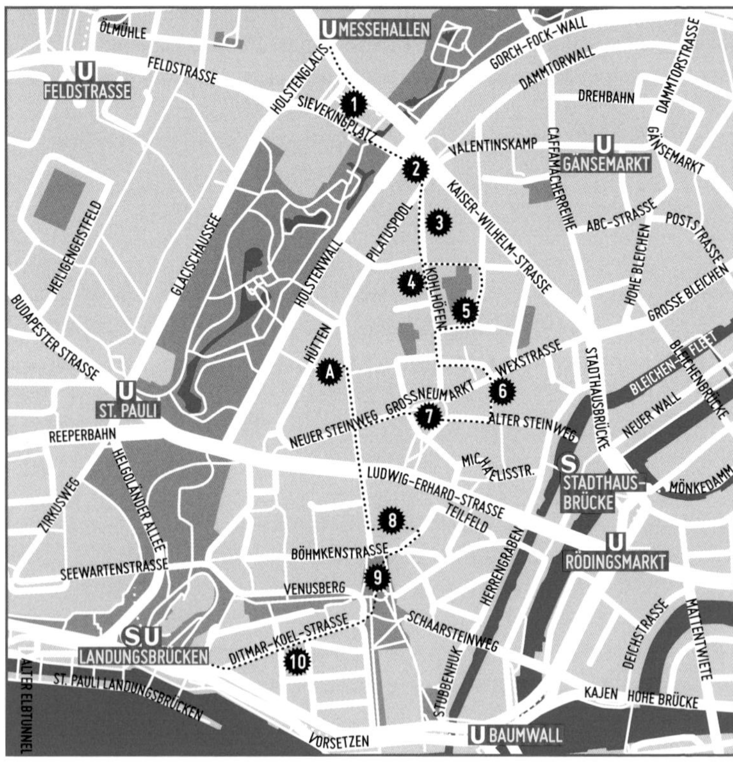

STARTPUNKT: U-Bahn-Station Messehallen
ENDPUNKT: U- und S-Bahn-Station Landungsbrücken
DAUER: etwa 1,5 Stunden

Die zweite Tour durch die Neustadt führt uns durch den südlichen Bereich des Stadtteils. Hier bewegen wir uns weniger durch ein kommerziell genutztes Stadtgebiet, sondern vor allem entlang dichter Wohnbebauung des 19. und 20. Jahrhunderts. Zwar lebten schon lange zuvor viele Einwohner in diesem Teil der Neustadt, doch haben Sanierungen und Kriegszerstörungen kaum alte Bausubstanz bestehen lassen. Selbst das Wahrzeichen der Stadt, der »Michel«, die Hauptkirche St. Michaelis, ist nur eine wieder aufgebaute Kopie eines Baus, der Mitte des 18. Jahrhunderts seinerseits den ursprünglichen Bau der Kirche ersetzt hatte.

1 JUSTIZFORUM

Wir beginnen unsere Tour an der U-Bahn-Station Messehallen, von wo wir über das Holstenglacis auf die Grünfläche zwischen den drei obersten Hamburger Gerichten gehen. Streng genommen starten wir damit auf bzw. vor den ehemaligen Wallanlagen, wo sich in der Mitte des 19. Jahrhunderts das »Holstentor« befand. Es wurde erst 1859 angelegt und sorgte für eine erhebliche Verkürzung der Wege von der Stadt ins nördliche St. Pauli. Keine zwei Jahre später verlor es mit der Aufhebung der Torsperre seine wesentliche Funktion allerdings bereits wieder.

Nachdem die Wallanlagen in den ersten Jahrzehnten des 19. Jahrhunderts zu einer Parkanlage umgestaltet worden waren, wurden sie auch zum Standort repräsentativer Bauten auserkoren. Im Abstand einiger Jahre wurden an dieser Stelle zunächst das Strafjustizgebäude (1879–82) zu unserer Linken und das Ziviljustizgebäude (1898–1903) zur Rechten errichet, beide im Stil der Renaissance und beide nach Plänen des damaligen Hamburger Baudirektors Hans Zimmermann (1831–1911), dem auch

1+2 »HIER + JETZT« – DENKMAL FÜR DIE OPFER DER NS-JUSTIZ UND ALLEGORIE »WELTVERKEHR«

die Planung der Gesamtanlage oblag. Zwischen 1907 und 1912 entstand sodann zwischen diesen beiden Gerichten das Hanseatische Oberlandesgericht (Lundt & Kallmorgen) mit seiner beeindruckenden Mittelhalle.

Hinter dem Ziviljustizgebäude befindet sich das Untersuchungsgefängnis. Hier wurden während des Zweiten Weltkriegs 449 Menschen mit der Guillotine hingerichtet. Hamburgs Justiz war in der NS-Zeit relativ schnell gleichgeschaltet worden und tat sich in der Folge durch eine besonders harte Urteilspraxis hervor. Die Todesstrafe konnte schon für kleinere Delikte wie das Hören ausländischer Sender oder Diebstahl verhängt werden (mehr zur NS-Zeit in Hamburg vgl. Exkurs Die braune Hansestadt, S. 137). Seit 1997 erinnert das Kunstwerk »Hier + Jetzt« der deutsch-französischen Künstlerin Gloria Friedmann an die Opfer der Hamburger Justiz während des Nationalsozialismus. Die verschiedenen Pflanzen auf den Eisenstelen stehen für die Verschiedenheit der Menschen, ihre unterschiedliche Herkunft, ihre diversen Religionen und Kulturen. Sie alle eint aber ihre Gleichheit vor dem Gesetz und ihr Anspruch auf gleiche, faire Behandlung (Abb. 1).

Begeben wir uns aber nun in den eigentlichen Stadtteil. Dazu überqueren wir am besten die Straße zum Ziviljustizgebäude und wenden uns nach links. Bevor wir den Holstenwall überqueren, schauen wir aber noch kurz bei Kaiser Wilhelm I. vorbei, der sich rechter Hand etwas in den Büschen versteckt hält. Bei dem Reiterstandbild handelt es sich um jenes Denkmal, das seit 1903 auf dem Rathausmarkt seinen Platz hatte und in der Weimarer Zeit von dort verbannt wurde (vgl. Rundgang 1). So steht der von Johannes Schilling (1828–1910) gestaltete Kaiser seither ein wenig im Abseits, einzig umringt von vier allegorischen Figuren, die einige bedeutsame Errungenschaften des Deutschen Reiches darstellen: die Sozialgesetzgebung, das reichsweite Währungssystem, die einheitliche Rechtsordnung und – ganz up to date mit Telefon – das Post- und Fernmeldewesen (Abb. 2).

Über die Kreuzung geht es nun hinüber auf den Platz vor dem »Brahms Kontor« gegenüber der Laeiszhalle, über die im ersten Neustadt-Rundgang berichtet wird.

DIE BRAUNE HANSESTADT

Hamburg wird gern als weltoffene, liberale Stadt charakterisiert, seine Bewohner als tolerant und moderat. Doch selbst wenn an diesen Klischees ein Fünkchen Wahrheit haften sollte, so hat dies nicht dazu geführt, dass Hamburg in der Zeit der nationalsozialistischen Schreckensherrschaft einen Sonderweg genommen hätte.

Wie anderswo in Deutschland auch, übernahmen die Nationalsozialisten 1933 in Hamburg – auf nicht legalem Wege – die Macht. Zwar waren die Nazis bei der Bürgerschaftswahl 1932 auch in Hamburg zur stärksten Partei gewählt worden, doch waren sie noch weit von einer absoluten Mehrheit entfernt. Eine neue Koalitionsregierung kam bis zur reichsweiten Machtübernahme der Nationalsozialisten am 31. Januar 1933 nicht zustande, sodass der alte Senat kommissarisch im Amt blieb. Aus Protest gegen ein angekündigtes Verbot der sozialdemokratischen Tageszeitung »Hamburger Echo« traten am 3. März 1933 die Senatoren der SPD zurück. Drei Tage nach den Reichstagswahlen vom 5. März, bei denen die NSDAP in Hamburg »nur« 38,8 Prozent der Stimmen erreichte, wurde ein neuer Senat gewählt, der sich zur Hälfte aus

Nationalsozialisten, zur anderen Hälfte aus Vertretern der bürgerlichen Parteien zusammensetzte. Offiziell wurde der aus einer alteingesessenen Kaufmannsfamilie stammende Nazi Vincent Krogmann »Regierender Bürgermeister«. Doch spätestens als Mitte Mai Karl Kaufmann von Hitler als Reichsstatthalter eingesetzt wurde, hatte der Bürgermeister kaum noch etwas zu sagen. Bis 1936 wurde die Machtposition Kaufmanns immer weiter ausgebaut, bis er quasi zu einer Art Stadt-Diktator geworden war und die Führung von Landesregierung und Verwaltung in seiner Person vereinte. Aus Krogmann wurde im Volksmund der »Regierte Bürgermeister« – der Reichsstatthalter Kaufmann hingegen unterstand nur noch direkt der Reichsregierung. Aus dem Senat wurde ein bloßes Beratungsgremium, die Bürgerschaft, das Hamburger Parlament, wurde im Oktober 1933 wie auch der Reichstag aufgelöst.

Schnell gingen die Nazis nach der Machtübernahme daran, mithilfe der Gestapo potenziellen Widerstand zu zerstören (vgl. Rundgang 3). Innerhalb kaum eines Jahres war das ganze gesellschaftliche Leben Hamburgs nationalsozialistisch gleichgeschaltet. Bei der Umgestaltung der Verwaltung traf die NSDAP insgesamt auf viel Kooperationsbereitschaft der Beamten, die meist bedenkenlos und bürokratisch korrekt die Vorgaben umsetzten.

Als die Nazis die Macht übernahmen, war die Arbeitslosigkeit auch in Hamburg ein vordringliches Problem – im Juni 1933 betrug sie 38 Prozent! Zwar verringerte sie sich anfangs nur schleppend, ging aber bis 1936 erheblich zurück. Zugpferde der wirtschaftlichen Erholung waren Gewerbe und Industrie und hier insbesondere die Rüstungsindustrie in Form des Schiffbaus. Hamburg wurde zu einem der wichtigsten Rüstungsstandorte im Reich ausgebaut.

Die Hamburger Bevölkerung verhielt sich nach der Machtübernahme gegenüber den neuen Machthabern nicht signifikant anders als jene in anderen Teilen Deutschlands. Die Rahmenbedingungen des Alltags änderten sich nach 1933 durch die sogenannte »Gleichschaltung«

jedoch schnell. Schon im Frühjahr begann die NSDAP, parteitreues Führungspersonal in Unternehmerverbänden und berufsständischen Kammern einzusetzen. Auch an anderen Stellen, z.B. in der öffentlichen Verwaltung, erfolgte die Positionierung von Gefolgsleuten an Schaltstellen der Macht nach vorheriger Entfernung missliebiger Vorgänger. Kommunisten, Sozialdemokraten und Gewerkschafter sahen sich Verfolgung und Verhaftung ausgesetzt. Auch die Hamburger Justiz wurde im Großen und Ganzen schnell auf NS-Linie gebracht. Jüdische und politisch unerwünschte Richter wurden entlassen, beurlaubt oder versetzt. Bereits im April 1933 trat erstmals ein »Sondergericht« zusammen – eine Einrichtung, die der schnellen Verurteilung politischer Gegner diente und sich durch stark eingeschränkte Verfahrensregeln auszeichnete. Im Krieg wurden die Sondergerichte zur Regelinstanz des Strafrechts, und die Hamburger Justiz versuchte, mit harten Urteilen abschreckende Wirkung zu erzielen. Auch bei Sterilisationen gegen den eigenen Willen (z.B. bei Alkoholikern, angeblich Erbkranken, aber auch bei Kriminellen, »Arbeitsscheuen« oder Prostituierten) galten die hansestädtischen Richter als Hardliner. Insgesamt kam es zu mehr als 24 000 Sterilisationen.

Trotz sinkender Arbeitslosigkeit ging es den meisten Hamburgern auch nach der Erholung von der Wirtschaftskrise in den Jahren vor Kriegsausbruch nicht wirklich gut. Es gab Versorgungsengpässe und Wohnungsmangel. Im Krieg verschärften sich diese Probleme und Belastungen noch weiter. Dennoch erhob sich in der Hamburger Bevölkerung bis zur Kriegswende nach der Niederlage bei Stalingrad im Februar 1942 kaum ein Murren. Vor allem der Feuersturm 1943 (vgl. Rundgang 1) verschärfte den Unmut in der Bevölkerung.

Konzentrationslager entstanden in Hamburg bereits 1933. Vor allem Reichsstatthalter Kaufmann erwies sich als Scharfmacher, indem er die Lagerleitungen zu besonders strengem und brutalem Verhalten gegenüber den Gefangenen anhielt. Die ersten KZs waren noch keine

Vernichtungslager, sondern dienten der Inhaftierung politischer Gegner mit dem Ziel, ihren Widerstand durch Gewalt, Drill und harte Arbeit zu brechen. Das größte KZ, Neuengamme, wurde im September 1938 als Produktionsstätte für Klinker eingerichtet. Diese sollten z.B. als Baumaterial für ein gigantisches Bauprojekt dienen, das eine Umgestaltung des gesamten Elbufers zwischen Landungsbrücken und Altona bedeutet hätte. Vor allem ab 1941 wurden verstärkt ausländische Häftlinge nach Neuengamme gebracht und für die Zwangsarbeit eingesetzt. Insgesamt waren hier über die Jahre mehr als 100 000 Menschen interniert, von denen annähernd die Hälfte umkam. Im KZ Neuengamme galt das Prinzip der »Vernichtung durch Arbeit«. Die Gefangenen erhielten keine ausreichende Kleidung und Nahrung, keine oder nur unzulängliche medizinische Versorgung, wurden schikaniert und vielfach kam es auch zu gezielten Tötungen. Bei der Vernichtung der Hamburger Juden spielte Neuengamme allerdings keine größere Rolle.

Die Juden wurden in der NS-Zeit in Hamburg allerdings genauso verfolgt wie andernorts auch, selbst wenn viele wohlhabende jüdische Familien zuvor die Politik und Wirtschaft der Stadt in erheblichem Maße mitbestimmt hatten. 1933 lebten in Hamburg knapp 17 000 Juden, was einem Bevölkerungsanteil von ungefähr 1,4 Prozent entsprach. Bereits kurz nach der Machtübernahme begannen antijüdische Aktionen und politische Maßnahmen. Juden im öffentlichen Dienst wurden entlassen und alle reichsgesetzlichen antisemitischen Maßnahmen auch in Hamburg konsequent umgesetzt. Es folgten Berufsverbote und Enteignungen. Geschäfte von Juden wurden aufgelöst oder zu einem unangemessen niedrigen Preis zwangsverkauft, jüdische Angestellte entlassen. Profiteure dieser »Arisierungen« genannten Enteignungen waren oftmals die direkten »deutschen« Konkurrenten. Ab Januar 1939 durften Juden keine Geschäfte mehr führen.

Einen Einschnitt stellten auch in Hamburg die Novemberpogrome am 9. und 10. November 1938 dar, in deren Folge die Juden der Stadt verstärkt emigrierten. Aber nicht alle Bürger jüdischen Glaubens verfügten über die finanziellen Mittel zur Ausreise oder fanden Aufnahme in anderen Ländern. Vor allem älteren und ärmeren Juden war dieser Weg versperrt. Zwischen 1933 und Ende 1940 ging die Zahl der Juden in Hamburg auf knapp 8000 zurück.

Nach schweren Luftangriffen auf die Stadt drängte Reichsstatthalter Kaufmann im September 1941 darauf, die Juden aus der Stadt »evakuieren« zu lassen, um Wohnraum für »Arier« zu schaffen – die Initiative zur Deportation der hiesigen Juden in die KZs ging also direkt von Hamburg aus. Zwischen Ende Oktober und Anfang Dezember 1941 wurden bereits mehr als die Hälfte der noch in Hamburg lebenden Juden in die Ghettos von Lodz, Minsk und Riga deportiert. Spätere Deportationszüge bis 1945 führten direkt in die Vernichtungslager. Insgesamt kamen zwischen 9000 und 10 000 Hamburger Juden durch die Verfolgungsmaßnahmen des NS-Staats um.

Zusammenfassend lässt sich für die Zeit des Nationalsozialismus in Hamburg sagen, dass sie sich weder hinsichtlich ihrer Politik noch im Hinblick auf das Einverständnis der Bevölkerung mit dem NS-Staat von den Entwicklungen anderswo unterschied. Hamburgs liberale Traditionen haben weder mehr Widerstand hervorgebracht noch einen »gemäßigten« Nationalsozialismus. Zum Teil waren die politischen Führer in Hamburg sogar ausgesprochene Hardliner. Auch in Hamburg fielen die Vorstellungen der Nationalsozialisten auf fruchtbaren Boden und führten zu schlimmster Unterdrückung und grausamen Gewalttaten. Gerade Karl Kaufmann, der nach dem Krieg oft als ein eher milder Nazi dargestellt wurde, entpuppt sich bei genauerem Hinsehen als ein besonders rigoroser Naziführer. Nach 1945 mussten weder Kaufmann, Krogmann noch auch der Hamburger Gestapo-Chef Streckenbach eine längere Haftstrafe verbüßen.

Die Folgen der nationalsozialistischen Herrschaft für die Stadt waren verheerend: Zigtausende Hamburger starben durch die Bombenangriffe oder fielen als Soldaten im Krieg, Hunderttausende wurden verletzt. Am Ende des Krieges war ungefähr die Hälfte aller Hamburger Wohnhäuser nicht mehr bewohnbar und das einstmals blühende jüdische Leben der Stadt zerstört.

2 BRAHMS KONTOR

Seit 2005 trägt das massive Klinker-Bürohaus den Namen »Brahms Kontor«, nachdem es vierzig Jahre lang nach der dort ansässigen Angestellten-Gewerkschaft »DAG-Haus« geheißen hatte. An dem Gebäude sind vor allem die Fassaden und die Eingangsbereiche noch original, wohingegen sich dahinter nach einer teilweisen Entkernung ein modernes Bürogebäude verbirgt. Das Haus mit den für Hamburg typischen Staffelgeschossen wurde in mehreren Bauphasen zwischen 1903 und 1933 errichtet und war ursprünglich einmal das höchste Bürohaus der Stadt. Die markante Front zum Platz entstand in den Jahren 1927 bis 1931 (Sckopp & Vortmann) als klinkerverkleideter Stahlskelettbau. Zu jener Zeit hatte hier der »Deutschnationale Handlungsgehilfen-Verband« (DHV) seinen Sitz. Hierbei handelte es sich um einen konservativen Dachverband der auch als »Kommis« bezeichneten Büroangestellten. Der DHV war eine der treibenden Kräfte zur Überwindung der Demokratie der Weimarer Republik und ein Wegbereiter des Nationalsozialismus. Diese politisch reaktionäre Haltung drückt sich auch im Bauschmuck aus, z.B. an den sechs sportlich-muskulösen tanzenden Jünglingen an der Seite zum Holstenwall, dem imperialistische Ambitionen unterstreichenden Elefanten »Anton« mit Reiter zum Pilatuspool sowie den Wappen jener Provinzen, auf die das Deutsche Reich mit dem Versailler Vertrag nach dem Ersten Weltkrieg verzichten musste an der Decke des Arkadengangs der Frontseite (Abb. 3+4). In der NS-Zeit und nach 1945 wurde der Gebäudekomplex von Versicherungen genutzt, nach dem Krieg zeitweilig auch vom Weltwirtschaftsarchiv sowie als Polizeipräsidium. 1962 organisierte der damalige

3+4 BAUSCHMUCK AM BRAHMS KONTOR

Innensenator Helmut Schmidt von hier aus die Hilfseinsätze während der verheerenden Sturmflut. Nach dem Wegzug all dieser Nutzer zog die DAG ein. Heute sind zahlreiche Firmen aus unterschiedlichen Branchen Mieter der Büroflächen (z.B. Medien & Kommunikation, Rechtsanwälte, Energie, Versicherung).

Wir statten nun dem Elefanten an der linksseitigen Fassade zum Pilatuspool einen kurzen Besuch ab und schwenken dann schräg gegenüber in die Poolstraße ein.

3 POOLSTRASSE

Auf unserem Weg durch die Poolstraße passieren wir gründerzeitliche Wohnhäuser, in deren Erdgeschossläden sich in den letzten Jahren zahlreiche interessante Einzelhändler und Kreativunternehmen angesiedelt haben. Versteckt im Hinterhof der Durchfahrt zwischen den Hausnummern 12 und 13 finden sich Spuren des ehedem pulsierenden jüdischen Lebens in der Neustadt. Wo heute Gewerbebetriebe ansässig sind, sind noch einige bauliche Reste (Eingangstor, Apsis) des sogenannten Tempels der jüdischen Reformgemeinde zu sehen (Abb. 6).

Das jüdische Leben Hamburgs hatte sich bis zur Aufhebung der Torsperre 1860/61 weitgehend in der Neustadt abgespielt. Im 19. Jahrhundert

5+6 NEUER TEMPEL POOLSTRASSE BEI DER ERÖFFNUNG, 1844, UND HEUTE

befanden sich die meisten Synagogen und jüdischen Einrichtungen zwischen dem heutigen Johannes-Brahms-Platz und dem »Michel«. Durch den starken Zuzug in die Städte während der Industrialisierung verschlechterten sich die Wohnverhältnisse hier jedoch zunehmend. Wer es sich leisten konnte, zog aus der Neustadt fort. Nicht ohne Grund wurden die ersten Sanierungen in Hamburg, also der großflächige Abriss alter Wohnquartiere seit etwa 1900, in diesem Viertel in Angriff genommen (vgl. Station 10). Das jüdische Leben hatte sich allerdings größtenteils schon zuvor in die Gegenden zwischen westlichem Alsterufer und nördlichem St. Pauli und hier insbesondere in das sogenannte Grindelviertel verlagert. Wohlhabendere Juden ließen sich in den neu entstandenen Villengebieten Harvestehudes und Rotherbaums nieder, wohingegen im Grindel vor allem mittlere und untere Einkommensschichten in die gründerzeitlichen Etagenmietshäuser oder die Hinterhofterrassen zogen. Im frühen 20. Jahrhundert war die Zahl der Juden in Hamburg auf rund 20 000 Personen angewachsen, von denen ungefähr die Hälfte im Grindelviertel lebte (vgl. Eppendorfbuch in dieser Reihe).

Die Geschichte der jüdischen Gemeinde in Hamburg ist jünger als jene in anderen deutschen Städten wie z.B. Köln oder Worms. Erst im späten 16. Jahrhundert siedelte sich durch die Einwanderung portugiesischer Juden eine größere Gruppe in Hamburg an. Diese Glaubensflüchtlinge schufen durch ihre wirtschaftlichen Kontakte auch neue Handelsbeziehungen für die Stadt. Zur gleichen Zeit waren auch »hochdeutsche«, aschkenasische Juden an die Elbe gekommen. Die Hamburger standen den Neuankömmlingen jedoch mit Skepsis gegenüber. Freie Religionsausübung oder einen jüdischen Friedhof wollte man in der eigenen Stadt nicht dulden. Ab 1612 erhielten Juden im benachbarten Altona gegen Schutzgeldzahlungen zahlreiche Privilegien. So durften sie nun unter anderem ihre Gottesdienste in einer Synagoge abhalten, konnten einen Friedhof an der heutigen Königstraße anlegen und Handel treiben.

7 EINLADUNGSKARTE FÜR DIE TEMPELEINWEIHUNG, 1844

Viele Juden siedelten sich jedoch auch in Hamburg an. Da es sich bei ihnen oft um wohlhabende Kaufmannsfamilien handelte, wollten die Hamburger von ihrer wirtschaftlichen Bedeutung profitieren, weshalb man nun auch hier ihre Anwesenheit gegen die Zahlung von Schutzgeld duldete. Die freie Religionsausübung war aber weiterhin untersagt. Auch wenn Hamburg sich seiner Weltoffenheit und Toleranz rühmt, so ist auch die Hamburger Geschichte von Antisemitismus und Judenverfolgung geprägt. Erst 1860 erhielten die Juden die volle rechtliche Gleichstellung, und in der Nazizeit wurden sie in Hamburg ebenso verfolgt wie andernorts. Ungefähr 8000 Menschen wurden in dieser Zeit aus Hamburg in die Vernichtungslager deportiert.

Von »den Juden« als kohärenter Gruppe zu sprechen, wie wir es gerade getan haben, verbietet sich allerdings. Bis zu ihrer Verfolgung in der NS-Zeit war die jüdische Bevölkerung eine ähnlich stark differenzierte Gruppe verschiedener religiöser und politischer Strömungen, wie es die »Christen« oder die »Deutschen« auch waren. Der Schriftsteller Ari Goral hat diese Zersplitterung der jüdischen Bevölkerung mit Blick auf das Grindelviertel treffend charakterisiert, doch kann seine Einschätzung ebenso für das jüdische Leben in der Neustadt gelten: »Dort trafen sich Talmudisten, Hebraisten, Jiddischisten, Kabbalisten, Pazifisten, Sozialisten,

Kommunisten, Anarchisten, Sozialdemokraten, Demokraten und es gab West-Juden, die nur wenig noch jüdisch, dafür um so mehr deutsch waren. Alles zusammen war eine menschlich und geistig vielstimmige Einheit. Es gab fromme Juden, liberale Juden, atheistische Juden, deutsch-patriotisch vaterländische Juden, konservativ-orthodoxe und nationalzionistische und sozialistisch-zionistische Ostjuden. [...] Es war schon phantastisch, was und wer alles in der Grindelgegend zusammentraf: alle möglichen und unmöglichen Juden lebten da mehr oder weniger friedlich miteinander. Das machte den Stadtteil auch so lebendig. Die Juden schlechthin als eine geistige Einheit hat es nie gegeben, weder in der Gegend vom Grindel noch sonst wo. [...] Es gab solche und solche und andere Juden.«

Ein Mosaikstein aus dieser Vielfalt ist die Hinterhofsynagoge in der Poolstraße, die dem Reformjudentum angehörte, einer Glaubensströmung, die sich im Zuge des aufklärerischen Denkens von der jüdischen Orthodoxie abgewandt hatte. Dies zeigte sich unter anderem in einer verstärkten Zuwendung zur Kultur des jeweiligen Wohnlands. Man verstand sich als jüdisch, aber eben auch als deutsch. Der Gottesdienst wurde neu geordnet, wobei Anleihen beim Protestantismus gemacht und die Predigten auf Deutsch statt auf Hebräisch gehalten wurden. Mit der Benennung der Synagoge als Tempel wurde zudem ausgedrückt, dass nicht das Streben nach einem neuen Tempel in Jerusalem im Mittelpunkt des Glaubens zu stehen habe, sondern dass der neue Tempel dort zu sein habe, wo die Juden lebten. In Hamburg stammten die Mitglieder dieser Glaubensströmung vorwiegend aus jenem Teil der Mittelschicht, der nach Anerkennung und Integration in die Hamburger Gesellschaft strebte.

Der »Neue Tempel« in der Poolstraße wurde von 1842 bis 1844 in einem Hinterhof erbaut, denn ein freistehender Sakralbau war den Juden als noch nicht gleichberechtigter Religionsgemeinschaft nicht gestattet (Abb. 5–7). Zu jener Zeit umfasste die reformerische Gemeinde rund 800 Mitglieder, was ungefähr einem Zehntel der damaligen jüdischen Bevölkerung Hamburgs entsprach. Mit der Einweihung des noch erhaltenen neuen Tempels in der Oberstraße 1931 wurde der Tempel in der Poolstraße entweiht und wenig später verkauft. Im Zweiten Weltkrieg wurde er dann zum Teil zerstört.

Wir gehen die Poolstraße nun weiter und folgen der sich anschließenden Straße Kohlhöfen.

KOHLHÖFEN

Der Name der Straße mutet heute ein wenig ungewöhnlich an, erschließt sich aber, wenn man bedenkt, dass sich in dieser Gegend sowohl vor als auch nach dem Festungsbau Gärten befunden hatten, in denen unter anderem Kohl angebaut wurde. Diese gehörten zumeist wohlhabenden Bürgern, waren oft bereits mit Fachwerkhäusern ausgestattet und dienten auch als Sommerfrischen. Mit steigender Bevölkerungszahl mussten diese Gärten jedoch der Wohnbebauung Platz machen, bürgerliche Gärten und Landsitze verlagerten sich wieder in die Gebiete vor den Toren der Stadt. Besonders beliebt waren im 17. und 18. Jahrhundert Lustgärten im Osten Hamburgs an der Geestkante in Hamm, Horn und Billwerder mit weitläufigem Blick über das Elbtal sowie in Eppendorf und St. Georg, seit dem 18. Jahrhundert dann vor allem entlang des Elbufers westlich der Stadt (vgl. Blankenese & Elbvorortebuch in dieser Reihe).

Bevor wir links in den Fußgängerweg bei der Schule einbiegen, um zur Straße »Breiter Gang« zu gelangen, gehen wir noch ein Stück geradeaus weiter, bis wir das ehemalige Gebäude der Bücherhalle erreichen. Seit 1899 entstanden in Hamburg auf Initiative der »Patriotischen Gesellschaft« (vgl. Rundgang 1) öffentliche Bücherhallen, die allen Bevölkerungsteilen, vor allem aber den ärmeren Leuten Zugang zur Bildung verschaffen sollten. Hier an den Kohlhöfen eröffnete die erste derartige Institution, für die das Bibliotheksgebäude 1908/09 nach den Plänen des Architekten Hugo Groothoff neu erschaffen wurde. Bei der Bücherei handelte es sich außerdem um die erste sogenannte Freihand-Bibliothek Deutschlands, in der die Nutzer selbst an die Bücherregale gehen konnten, um die Bücher schon vor der Ausleihe in Augenschein zu nehmen (Abb. 8).

8+9 BÜCHERHALLE AUF DEN KOHLHÖFEN, 1913, UND SYNAGOGE KOHLHÖFEN, 1859

Rechts neben der Bücherhalle befand sich gegenüber der Einmündung der Jan-Valkenburg-Straße die »Hauptsynagoge Kohlhöfen« der orthodoxen Juden. Sie war zwischen 1857 und 1859 aus gelbem Backstein im Rundbogenstil erbaut worden und diente der jüdischen Gemeinde bis 1934, ehe sie an die Stadt verkauft und kurz danach abgerissen wurde (Abb. 9).

Zu diesem Zeitpunkt hatte sich das jüdische Gemeindeleben ja bereits größtenteils ins Grindelviertel verlagert, wo 1906 eine neue, größere Synagoge am Bornplatz eingeweiht worden war. Noch vor der vollen rechtlichen Gleichstellung der Juden war mit der Kohlhöfen-Synagoge erstmals ein mehr oder weniger sichtbares, zwar hinter Mauern gelegenes und von der Straße zurückversetztes, aber eben nicht im Hinterhof verstecktes jüdisches Gotteshaus realisiert worden, was dem steigenden Selbstbewusstsein der Gemeinde Ausdruck verlieh. Direkt neben der Synagoge erhielt auch die 1805 in der Elbstraße, der heutigen Neanderstraße, gegründete Talmud-Tora-Schule 1857 ein neues Gebäude. Sie entwickelte sich von einer Armenschule für Jungen zu einer erfolgreichen konfessionellen Realschule und zog 1911 ebenfalls ins Grindelviertel um. In ihrem Gebäude am Grindelhof befindet sich seit 2007, Jahrzehnte nach der Auflösung in der NS-Zeit, heute wieder eine jüdische Schule.

Wir gehen nun das kleine Stück zurück zum Fußgänger-Durchgang bei der Schule und folgen diesem bis zur nächsten Straße, in die wir nach rechts einbiegen, um in ein Wohngebiet aus den 1930er Jahren zu gelangen. Beim »Hummel« machen wir unseren nächsten Stopp.

5 RADEMACHERGANG

Der Stadtteil Neustadt entwickelte sich vor allem im 18. und 19. Jahrhundert immer mehr zu einer Arme-Leute-Gegend. Für die Kaufmannschaft war das Viertel nur wenig attraktiv, da es hier weder Fleete noch direkten Anschluss an den Hauptbereich des Hafens gab. Immer dichter wurden nun die Wohnbebauungen, und die Hinterhöfe wurden über schmale Gassen und Gänge erschlossen (Abb. 10). Auch hier, wie in der Altstadt, entwickelten sich in den so entstehenden »Gängevierteln« katastrophale Wohnverhältnisse. Ungefähr 100 000 Menschen lebten 1885 in der Neustadt (heute: gut 12 000), weshalb bei der letzten Cholera-Epidemie 1892 gerade in den Gängevierteln besonders viele Opfer zu beklagen waren.

10 KUGELSORT / EBRÄERGANG, UM 1935

Nach der verheerenden Epidemie wurden Pläne zur Sanierung der Gängeviertel konkreter, die dann ab 1901 in der südlichen Neustadt (vgl. Station 10) erstmals umgesetzt wurden. Rund um unseren Standort sehen wir das einzige größere Wohngebiet, in dem unter den Nationalsozialisten Sanierungen vorgenommen wurden. Dass es sich dabei um umfangreiche Abrisse und Neubebauungen handelte und nicht um das, war wir heute landläufig unter Sanierungen verstehen, ist der Geschlossenheit des Ensembles anzusehen. Den Nazis ging es in

11+12 SCHULGANG, UM 1935, UND RADEMACHERGANG / BREITER GANG MIT HUMMEL

ihrer Wohnungsbaupolitik in diesem Stadtbereich nicht zuletzt darum, potenzielle Widerstandsnester in den Arbeiterquartieren zu zerschlagen und ihnen damit ihre politische Stoßkraft zu nehmen. Die staatliche Pressestelle ließ dazu verlauten: »Brutstätten des Verbrechens verschwinden. Man wird der Stadt, der Welthafenstadt Hamburg, hier ein neues anderes, gesundes Gesicht geben. Die neue Zeit löscht vergangenen Jammer aus. Die Ratten ziehen sich in ihren Bau zurück, aber man wird ihnen den Bau zerschlagen und sie fangen. Hier werden die Kommunisten und Verbrecher, die Dirnen und Kuppler keinen Unterschlupf mehr finden. Die neue Zeit räumt auf.«

Zwischen 1933 und 1936 wurde die alte Fachwerkbebauung (Abb. 11) abgerissen und durch großzügigere Gebäude ersetzt, die alle wohnungsbaulichen und ideologischen Aspekte der nationalsozialistischen Baupolitik verkörpern. Norddeutscher Backstein, Giebeldächer (im Gegensatz zu den in der Weimarer Zeit oft gebauten Flachdächern der vom Bauhaus inspirierten klassischen Moderne) sowie das Bauschmuckprogramm sorgen insgesamt für eine heimattümelnde, die gute, alte Vergangenheit beschwörende Atmosphäre. Realisiert wurde das Ensemble durch Wohnungsbaugenossenschaften, z.B. die in Memel gegründete Allgemeine Deutsche Schiffszimmerergenossenschaft. Das »Memel-Haus« erinnert an seine Erbauer und bot den Nazis gleichzeitig Anknüpfungspunkte für ihre politische Botschaft der Verbundenheit aller Deutschen mit den nach dem Ersten Weltkrieg verlorenen Gebieten im Osten.

Auch das Denkmal für den »Hummel« (Richard Kuöhl), zu dem auch der an der Ecke Breiter Gang / Rademachergang den Hintern entblößende Junge gehört, soll die Verbundenheit mit lokalen Traditionen ausdrücken (Abb. 12, zum »Hummel« vgl. unten Exkurs Hamburger Originale).

Über den Rademachergang gelangen wir nun zurück zu den Kohlhöfen, in die wir nach links abbiegen.

Auch bei der Einmündung der Markusstraße befand sich zeitweilig eine jüdische Institution – zwischen 1627 und 1653 lag hier ein sephardischer Friedhof. Dieser wurde entgegen der jüdischen Tradition, nach der Begräbnisplätze auf ewig zu bestehen haben, aufgelöst und die Gebeine der Bestatteten exhumiert und auf dem jüdischen Friedhof in der Altonaer Königstraße erneut beerdigt.

HAMBURGER ORIGINALE – HUMMEL, ZITRONENJETTE & CO.

Jede Stadt hat ihre Originale: Menschen, die sich im Alltag einer Stadt über längere Zeit sehr bemerkbar machen und wegen ihrer Besonderheiten stadtbekannt werden. Menschen, die für eine bestimmte Zeit stehen, die einen bestimmten Aspekt des alltäglichen Lebens eines Ortes prägen und so speziell sind, dass sie über ihren Tod hinaus einen Platz im kollektiven Gedächtnis der Bevölkerung einnehmen. Zumeist handelt es sich um »einfache« Leute, die dem Volk einerseits nahe sind, die kurios, witzig oder tragisch oder all dies auf einmal sind. Andererseits sind sie aber meist Außenseiter, die auf irgendeine Art aus der Norm fallen. Auch Hamburgs Geschichte hat einige Originale hervorgebracht. Deren berühmteste sind der »Hummel« und die »Zitronenjette«. Doch auch »Oskar vom Pferdemarkt«, »Aalweber« und »Vetter Kirchhoff« kennen viele Hamburger noch heute.

Die tiefste Spur im Gedächtnis der Hamburger hat bis heute sicher der Wasserträger »Hummel« hinterlassen. Er hieß eigentlich Johann

Wilhelm Bentz (1787–1854) und war in der Neustadt bzw. in der Nähe des Jungfernstiegs tätig, wo er reichere Privathaushalte mit Wasser belieferte, denn die Wasserversorgung war bis zur Mitte des 19. Jahrhunderts der Privatinitiative überlassen. Bentz war ein echter Griesgram und wurde deshalb von den Kindern der Gegend geneckt und verspottet. Noch dazu trug er eine eher ungewöhnliche, skurril anmutende Tracht, bestehend aus einem schwarzen Anzug und Zylinder. Wie Bentz zum Namen »Hummel« gekommen ist, ist nicht ganz klar. Einerseits wohnte er an der Drehbahn in einer Wohnung, in der zuvor ein bei den Kindern der Neustadt wegen seiner Kriegserzählungen sehr beliebter Soldat namens Daniel Christian Hummel gelebt hatte, zum anderen könnte der Name aber auch eine Ableitung des Wortes »Griephummer«, des plattdeutschen Namens für die Gerichtsdiener, sein. Ähnlich wie diese die Straftäter, versuchte er nämlich die ihn verspottenden Kinder zu griepen (greifen). Nun schaffte er dies nur selten und rief ihnen deshalb ein »Mors, Mors« hinterher, was so viel wie »Klei di an'n Mors« (Kratz dich am Arsch) heißen sollte. Der Beruf des Wasserträgers, vornehmlich ein Frauenberuf, erlebte seinen Niedergang ab der Mitte des 19. Jahrhunderts, als in Hamburg eine städtische Wasserversorgung aufgebaut wurde. Auch Bentz wurde arbeitslos.

In die Folklore der Stadt ist auch ein weibliches Original eingegangen: die »Zitronenjette«. Johanne Henriette Marie Müller (1841–1916), eine sehr kleingewachsene, geistig einfache Frau aus armen Verhältnissen, lebte vom Verkauf von Zitronen, die sie tagsüber am Graskeller und des Nachts in den Kneipen der Neustadt an den Mann zu bringen versuchte. Auf ihren Wegen war sie vielfach Spott und Häme ausgesetzt. Noch zu ihren Lebzeiten feierte ein erstes Theaterstück namens »Zitronenjette« Premiere, bei der Jette sogar anwesend war. Nach ihrem Tod verfasste Paul Möhring Mitte der 1920er Jahre ein »Volksstück mit Musik«, das mit viel Erfolg in immer neuen Inszenierungen im St. Pauli Theater auf der Reeperbahn aufgeführt wurde. Von Beginn an wurde die Hauptrolle dabei – mit einer Ausnahme – stets von einem Mann gespielt. Jette selbst hat ihre Berühmtheit kein Glück gebracht. Von 1894 bis zu ihrem Tod lebte sie in der »Irrenanstalt Friedrichsberg« in Barmbek, in die sie wegen Trunksucht und geistiger Verwirrung eingeliefert worden war.

Auch das Leben von Fritz Krügers (1902–1969) war sicher nicht immer die »Wucht in Tüten«, ein Ausspruch, für den er überregionale Berühmtheit erlangte. Als verhinderter Schauspieler und unwilliger Maschinenschlosser betätigte er sich seit den 1920er Jahren als Straßenverkäufer am Pferdemarkt, dem heutigen Gerhart-Hauptmann-Platz, wo er an seinem Stand vor dem Karstadt-Gebäude allerlei Dinge des täglichen Bedarfs verkaufte. Aufgrund seiner witzigen, schlagfertigen Art wurde er unter dem Namen »Oskar vom Pferdemarkt« zu einer Institution am Platz und zu einer Art ungekröntem König der Straßenhändler. Nach dem Zweiten Weltkrieg nahm Krüger seine Tätigkeit wieder auf, konnte jedoch ab 1951 sein verkaufsförderndes Organ nicht mehr einsetzen, da ihm beim Versuch, einen Streit zu schlichten, der Kehlkopf zertrümmert worden war. Auch wenn er »frech wie Oskar« war, geht diese Redensart wohl nicht auf Krüger zurück, sondern war vielleicht sogar umgekehrt der Grund für seinen Spitznamen.

Ebenfalls kein Glück hatte Karl Weber, genannt »Aalweber«. Tagsüber betätigte er sich als Bürstenbinder und abends verkaufte er – schick gekleidet und mit flotten Sprüchen – Räucheraale in den Hamburger Kneipen. Genau wie der Hummel verstarb er 1854 im Armenhaus.

Noch eleganter zeigte sich »Vetter Kirchhoff« den Hamburgern. Jacob Friedrich Kirchhoff (1791–1844) war ein erfolgreicher Tuchhändler, der durch seine vielen öffentlichen Späße und seinen Schabernack, oft auf Kosten der Obrigkeit, stadtbekannt wurde. Als er beispielsweise einmal nach einer Zechtour aufs Rathaus bestellt wurde, nahm er diese Vorladung wörtlich und erschien pünktlich auf dem Dach des Rathauses!

4

6 BRÜDERSTRASSE / WEXSTRASSE / ALTER STEINWEG

An der nächsten Kreuzung biegen wir links in die Brüderstraße ein. Wenn wir dem Schriftsteller Uwe Timm glauben, soll hier kurz nach dem Zweiten Weltkrieg die Imbissbetreiberin Lena Brücker eine der berühmtesten deutschen kulinarischen Errungenschaften – die Currywurst – erfunden, oder besser entdeckt haben. Aufgrund eines Stolperers in ihrem Treppenhaus mischten sich nämlich Currypulver und Tomatenketchup und wurden sodann von ihr zu der berühmten Wurstsoße ausgearbeitet, die sie in ihrem Imbiss auf dem Großneumarkt ab 1947 servierte; mithin zwei Jahre, bevor Herta Heuwer in Berlin erstmalig eine Wurst mit Tomaten-Curry-Soße in ihrer Imbissbude auftischte.

Der reizend geschwungenen Brüderstraße folgen wir bis zum Ende, sodass wir zur Wexstraße gelangen. Diese trägt ihren Namen, wie auch die Brüderstraße, nach den Gebrüdern Wex, die die Straße als private Durchbruchstraße von 1867 bis 1876 anlegten und mit spekulativen Wohnungsbauten bestückten, ähnlich wie sie es zur gleichen Zeit auch mit den Colonnaden taten. Dafür ließen sie die alte Bebauung abreißen und ersetzten sie mit gründerzeitlichen Mietshäusern. Proletarische Mieter wurden verdrängt und durch zahlungskräftigere bürgerliche Bewohner ersetzt. Die Wexstraße, die heute durch eine bunte Einzelhandelsmischung kleiner, unabhängiger Betreiber geprägt ist, führt nach rechts zum Großneumarkt. Wir gehen jedoch geradeaus durch die Steinwegpassage, eine kleine Fußgängerzone aus den 1980er Jahren mit einiger Gastronomie, bis zum Alten Steinweg, wo wir auf der anderen Straßenseite auf eines der wenigen baulichen Relikte aus der Zeit vor der Mitte des 19. Jahrhunderts treffen: Beim sogenannten »Paradieshof« (Alter Steinweg 49-51) handelt es sich um einen 1762 als Mietshaus errichteten Backsteinrohbau, dessen nicht mehr vorhandene Hinterflügel zwar sicher kein Paradies waren, aber nichtsdestotrotz diesen Namen erhielten. Der Alte Steinweg folgt dem früheren Verbindungsweg von Hamburg nach Altona. Nach links führt er

13 GROSSNEUMARKT, RECHTS ALTER STEINWEG, 1889

zur Ellerntorsbrücke, an der sich bis zum Festungsbau im 17. Jahrhundert die spätmittelalterliche westliche Grenze Hamburgs mit dem Millerntor befunden hatte (vgl. Rundgang 3). Auch im Alten Steinweg, den wir jetzt nach rechts bis zum Großneumarkt entlangspazieren, dominieren heute Einzelhandel und Gastronomie.

7 GROSSNEUMARKT

Der Großneumarkt ist das Zentrum des Viertels, an dem mehrere Straßen zusammenlaufen (Abb. 13). Regelmäßig wird er noch heute für einen Wochenmarkt genutzt. Seine alte Randbebauung ist nach Kriegszerstörungen und Abrissen nur an einigen Stellen erhalten. Beispiele hierfür sind das Hertz-Joseph-Levy-Stift mit seiner einfachen Backsteinfassade von 1855, das Wohnungen für arme, ältere Juden bot, oder die unteren Etagen des Hauses der »Pelikan-Apotheke« mit ihrer schönen, denkmalgeschützten Innenausstattung von 1912. Nachdem der Großneumarkt einige Jahrzehnte lang eine echte Szeneinstitution war, ist es in den letzten Jahren etwas ruhiger um ihn geworden. Doch nach wie vor bietet er mit seiner sommerlichen Außengastronomie ein schönes Ambiente.

→ ABSTECHERTIPP PETERSTRASSE

Bevor wir weitergehen zum »Michel«, lohnt sich noch ein kleiner Abstecher zur Peterstraße. Hierfür schwenken wir in die Neanderstraße ein. Als die Straße noch Elbstraße hieß, war sie auch als »Judenbörse« bekannt – seit dem 18. Jahrhundert fand hier und in den anliegenden Straßen bis 1925 ein täglicher Markt jüdischer Kleinhändler statt, denn bis zur Einführung der Gewerbefreiheit 1863 war es Juden nicht erlaubt, Ladengeschäfte zu betreiben (Abb. 14). Auch hatten die Ämter (Zünfte) das Vorrecht, bestimmte Waren exklusiv zu verkaufen. Auf dem Markt waren daher ursprünglich vor allem nicht-zunftgebundene Neuwaren, Gebrauchtgüter und Importwaren zu erstehen.

Nach kurzem Weg gelangen wir an die Einmündung der Peterstraße mit ihren heimeligen Fachwerkhäusern. Doch Achtung – außer dem Haus des Beyling-Stifts von 1751 ist hier nichts original! Vielmehr handelt es sich um den zwischen 1966 und 1984 erfolgten Nachbau einiger althamburgischer Häuser aus dem 17. und 18. Jahrhundert, darunter gegenüber der Einmündung der Peterstraße an der Neanderstraße 22 auch ein »Double« des »Paradieshofs«. In den nächsten Jahren sollen sich zu den in der Peterstraße bereits bestehenden kleinen Museen zu Leben und Wirken Johannes Brahms' und Georg Philipp Telemanns weitere Gedenkstätten für Komponisten ge-

14 »JUDENBÖRSE«, UM 1910

15 OST-WEST-STRASSE, ENDE DER 1960ER JAHRE

sellen, die in Hamburg gewirkt haben (Johann Adolf Hasse, Carl Philipp Emanuel Bach, Fanny und Felix Mendelssohn, Gustav Mahler). Ansonsten beherbergen die Häuser vor allem kleine Wohnungen, besonders auch für ältere Menschen.

Wir gehen nun die Neanderstraße zurück und dann weiter geradeaus, bis wir auf die Ludwig-Erhard-Straße stoßen. Diese große Durchgangsstraße wurde erst nach dem Zweiten Weltkrieg – ab 1953 unter dem Namen »Ost-West-Straße« – quer durch die Innenstadt geschlagen (Abb. 15). Historisch gewachsene Strukturen, auch wenn sie durch die Zerstörungen im Krieg an vielen Stellen baulich kaum mehr sichtbar waren, wurden durch die sechsspurige Straße zerstört. Der Stadtteil Neustadt erfuhr durch den Bau der Verkehrsschneise eine spürbare räumliche Abtrennung seines südlichen, elbnahen Teils, in den wir uns nun begeben wollen. Dazu überqueren wir die Magistrale an der Ampel und gehen weiter bis zum »Michel«, also der St. Michaelis-Kirche.

»MICHEL«

Der »Michel« ist die Hauptkirche für den Stadtteil Neustadt und somit die jüngste der fünf Hamburger Hauptkirchen. Schon vor dem Valckenburgh'schen Festungsbau hatte es vor den Toren der Stadt um 1600 eine kleine Kapelle für einen außerhalb der Stadt gelegenen, zu St. Nikolai gehörenden Friedhof gegeben, für die seit 1612 der Name des Erzengels Michael überliefert ist. Westlich vor der Stadt hatte man neben dem Friedhof auch andere Dinge angesiedelt, die man in der Stadt nicht dulden wollte, z.B. unangenehme und gefährliche Einrichtungen wie Ziegeleien oder Pulvermühlen.

Nach der Erweiterung der Stadt im 17. Jahrhundert entwickelte sich der neue Stadtteil zu einem vergleichsweise armen und bevölkerungsreichen Gebiet. Für die wachsende Bevölkerung wurde zwischen 1648 und 1661 an der heutigen Stelle eine größere, dreischiffige Hallenkirche mit Westturm gebaut, und in Anbetracht einer Zahl von weit über 10 000 Gemeindemitgliedern stellte sich gegen Ende des 17. Jahrhunderts auch die Frage der Gründung eines neuen, selbständigen Kirchenbezirks. 1685 machten Rat und Bürgerschaft St. Michaelis zu einem eigenständigen Kirchspiel. Allerdings wurde die Kirche 1750 durch ein Feuer infolge eines Blitzeinschlags zerstört. Zwischen 1751 und 1762 schufen die Architekten Johann Leonhard Prey und Ernst Georg Sonnin mit dem neuen »Michel« einen der bedeutendsten Kirchenbauten des Protestantismus, der in seiner baulichen Form ganz bewusst den Idealen des protestantischen Gottesdienstes Raum geben sollte. Hierzu gehörte beispielsweise, dass möglichst viele Menschen die Kanzel und den predigenden Pastor sehen und hören können. Bis zu Preys Tod 1757 waren die Außenmauern bis unter das Hauptgesims im spätbarocken Stil gebaut worden. Die weitere Gestaltung des Dachs und des markanten Turms (1777–86) bekam dann durch Sonnin

16+17 BRAND DES MICHELS, 1906, UND MICHEL UND HOHLER WEG, 1910

allerdings einen Schwenk zu einer frühklassizistischen Formensprache. So stellt sich der Turm als kuppelbekrönter Rundtempel über einem würfelförmigen Uhrgeschoss dar.

Die Kirche hat den Grundriss eines griechischen Kreuzes und ist – mit einer traditionellen Ausrichtung auf den Hauptaltar im Chor – dreischiffig angelegt. Im Inneren lösen die elliptischen Emporen diese Ausrichtung mit ihren großen Schwüngen jedoch zugunsten eines einheitlichen, zentralen Raums auf. 1906 wurde durch Lötarbeiten ein Feuer ausgelöst, das zur vollkommenen Zerstörung der Kirche führte (Abb. 16). In den folgenden sechs Jahren wurde sie in alter Form, wenngleich nicht immer originalgetreu, wiederaufgebaut (Abb. 17). So wurden Dachstuhl und Turmkonstruktion nun beispielsweise in Stahl und nicht mehr in Holz ausgeführt. Zudem wurde an der Westseite ein neues, repräsentatives Hauptportal geschaffen, das den Blick auf den Altar ausrichtet. Der alte Eingang an der Südseite hatte zuvor den Blick direkt auf die Kanzel gelenkt, die im Zentrum des einheitlichen Raumgefüges stand. Auch die Innenausstattung veränderte sich – mit viel Stuck, wertvolleren Materialien und Jugendstilelementen. Auffallend sind insbesondere die kelchförmige Kanzel sowie der hohe Altar – beide neobarock gestaltet von Otto Lessing

– mit einem Mosaik der Auferstehung Christi von Ernst Pfannschmidt (1911). Nur wenige originale Kunstwerke sind heute noch erhalten. Hierzu gehören der Gotteskasten, eine Stiftung von Sonnin, und das marmorne Taufbecken (beide 1763), in dem Johannes Brahms getauft wurde. Im Zweiten Weltkrieg wurde die Kirche ein weiteres Mal stark beschädigt und in der Nachkriegszeit neuerlich rekonstruiert, wobei insbesondere eine veränderte Farbgebung im Innenraum eine neue Atmosphäre schuf. In seiner heutigen Gestalt ist der zwischen 1983 und 2009 sanierte »Michel« letztlich die Kopie einer Kopie.

Neben dem »großen« Michel gibt es auch noch den sogenannten »kleinen« Michel, eine dem heiligen Ansgar geweihte katholische Kirche unweit von hier jenseits der Ludwig-Erhard-Straße, deren Ort und Geschichte noch auf die ursprüngliche kleine Michaelis-Kapelle zurückgehen.

9 RUND UM DEN »MICHEL«

Rund um den »Michel« haben nur wenige Gebäude die Sanierungen, die Luftangriffe im Zweiten Weltkrieg sowie die Abriss- und Neugestaltungslust des Wiederaufbaus überstanden. Das berühmteste und älteste Beispiel, zu dem wir uns nun kurz begeben, sind die Krameramtswohnungen, die – touristisch aufbereitet – am Krayenkamp besichtigt werden können. Ihre ältesten Teile wurden bereits um 1615/20 erbaut und dienten zunächst als Gartenhäuser außerhalb der Stadt. 1625 wurde das Vorderhaus zur Straße errichtet. Die Gebäude wurden nach dem Bau der Wallanlagen zu regulären Wohnhäusern, gelangten 1676 in den Besitz des Krameramts, also der Zunft der Einzelhändler, und wurden ein Jahr später um die beiden Hofflügel ergänzt. Seither befanden sich hier Wohnungen für Witwen der Mitglieder des Krameramts sowie für arbeitsunfähige Amtsbrüder. Wer hier lebte, zahlte keine Miete, erhielt Brennholz und eine kleine Rente. Nach Einführung der Gewerbefreiheit und der damit einhergehenden Auflösung der Ämter nach 1864 wurden die Wohnungen 1866 Teil der städtischen Armenfürsorge und bis 1969 als Altenwohnun-

18+19 VENUSBERG UND GRUNER + JAHR

gen genutzt. Auch wenn es sich nicht um einen klassischen Hamburger »Gang« handelt, vermittelt die Anlage doch wenigstens eine vage Idee von der Enge und den Wohnverhältnissen in einem Gängeviertel. Wir verlassen die Anlage nun nach links und folgen der Straße bis unterhalb des »Michels«, sodass wir einen schönen Blick auf die Bebauung der Umgebung in Richtung Elbe haben. Wie unschwer zu erkennen ist, ist die Gegend vor allem von Wohnbauten aus dem frühen 20. Jahrhundert sowie der unmittelbaren Nachkriegszeit und eingesprengselten modernen Büro- und Wohngebäuden geprägt, von denen die silbern-futuristische Zentrale des Verlags »Gruner + Jahr« besonders ins Auge fällt.

Unterhalb des »Michels« befand sich bis zum Zweiten Weltkrieg der Schaarmarkt, in den die zahlreichen Straßen der Umgebung einmündeten. Gehen wir nun hinunter in Richtung der Grünanlage und stoppen in der Nähe des Brunnens.

Rechter Hand lässt sich dabei die gelungene Wohnanlage am Venusberg aus den 1950er und 1960er Jahren entdecken (Abb. 18). Sie entspricht den Idealen der Stadtplanung der damaligen Zeit, indem die Wohnblöcke nicht an den Straßenrand, sondern als nach Süden gerichtete Zeilen zwischen den Straßen gebaut wurden, um das Wohnen in den 2- bis 2,5-Zimmer-Wohnungen möglichst von den Verkehrswegen und Geschäftsbereichen zu entkoppeln und mit Grün zu umgeben. Den straßenseitigen Abschluss

20 SKANDINAVISCHE SEEMANNSKIRCHEN

bilden Ladenzeilen, die heute aber zumeist als Büros genutzt werden.

Geradeaus blicken wir auf den in den 1980er Jahren erbauten Firmensitz von »Gruner + Jahr« (Abb. 19). Da sich hier nach dem Krieg lange Zeit eine freie Fläche befunden hatte, die ursprünglich für eine geplante Zufahrt in einen neuen innerstädtischen Elbtunnel reserviert war, gab es an dieser Stelle Platz für einen derart großen Neubau. Nachdem die Tunnelpläne Anfang der 1980er Jahre endgültig aufgegeben wurden, konnte der große Zeitschriften-Verlag (u.a. Stern, Brigitte, Schöner Wohnen, Geo) hier eine neue Zentrale bauen lassen (Steidle + Partner, 1987–90), die auf gelungene Weise die Ortsbezüge – Hafen, Schiffe, U-Bahn-Viadukt – thematisiert. Ziel der Verlagsleitung war es, das Gebäude wie eine kleine Stadt mit Straßen und Plätzen wirken zu lassen, die »transparent, demokratisch und licht« sein soll.

Wir biegen nun in die Ditmar-Koel-Straße ein.

10 DITMAR-KOEL-STRASSE

Gleich am Beginn der Ditmar-Koel-Straße treffen wir auf drei der vier in der Straße ansässigen skandinavischen Seemannskirchen (Abb. 20). Da Menschen aus diesen Ländern immer seltener auf Schiffen arbeiten, kommen nur noch wenige skandinavische Seeleute nach Hamburg. Die Gemeinden fungieren allerdings auch als sozialer Anlaufpunkt für in Hamburg und Umgebung lebende Menschen des jeweiligen Landes ebenso wie für Fernfahrer. 2011 lebten ungefähr 1500 Dänen, 1100 Schweden, 800 Finnen und knapp 500 Norweger in Hamburg.

Die dänische Seemannskirche ist bereits seit 1867 in Hamburg ansässig. 1952 erhielt die Gemeinde die jetzige Kirche (Otto Kindt), nachdem

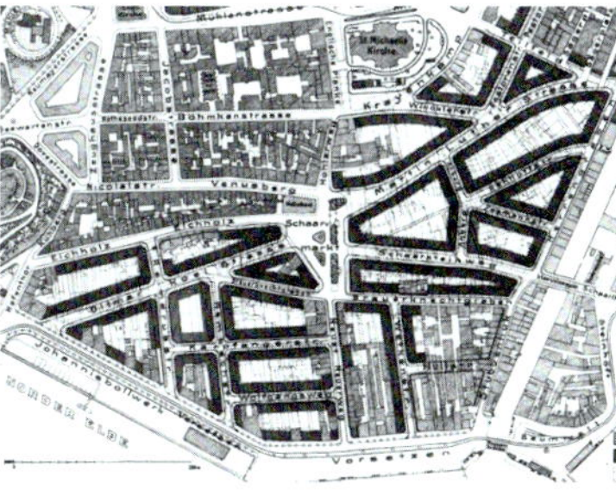

21+22 WOHNUNG IM GÄNGEVIERTEL, UM 1930, UND SANIERUNGSPLAN NEUSTADT-SÜD, UM 1900

ein Vorgängerbau aus dem späten 19. Jahrhundert in der Bernhard-Nocht-Straße auf St. Pauli im Krieg zerstört worden war. Auch die erste norwegische Kirche wurde kurz vor Kriegsende zerstört. Sie hatte seit 1936 unweit von hier in direkter Nähe zum Elbufer am Johannisbollwerk gestanden. Die heutige Kirche wurde 1958 errichtet (Harald Hille) und verwendet die Glocke aus der alten Kirche, die im Krieg von Gemeindemitgliedern vergraben worden war. Daneben befindet sich das finnische Gemeindezentrum, das 1965/66 in dunklem Backstein aus Turku errichtet wurde (Pentti Ahola und Dieter Langmaack). Neben einer Kapelle finden sich hier auch Wohnungen, ein Laden mit finnischen Produkten und – natürlich – eine Sauna! Auch die erste finnische Kirche, die einige Meter weiter die Straße hinauf zu finden war, war im Krieg zerstört worden.

Wenn wir die Ditmar-Koel-Straße nun weiter in Richtung Landungsbrücken gehen, passieren wir einige Gebäude, die im Zuge der ersten Sanierungsmaßnahmen Anfang des 20. Jahrhunderts errichtet wurden. Hier unten in der südlichen Neustadt befand sich jenes Gängeviertel, das zwischen 1901 und 1908 weichen musste. Auf engstem Raum zusammengepfercht, lebten in den Hinterhofbebauungen vor allem Arbeiterfamilien (Abb. 21). Nicht nur waren die Wohnungen meist von schlechter Qualität, sondern im elbnahen südlichen Bereich kam es auch immer wieder zu Überschwemmungen der Kellerwohnungen durch Sturmfluten. Anders als ein paar Jahre später in der Altstadt entstand in der südlichen Neustadt nach den Abrissen wieder ein Wohnviertel (Abb. 22). Dabei ergriff die Stadt einige weitreichende Maßnahmen: Zunächst kaufte sie die Grundstücke, ließ sodann die alten Häuser abreißen, bevor das Terrain aufgehöht, Leitungen verlegt und Straßen neu angelegt und gepflastert wurden. Danach, und dies war entscheidend für die spätere Mieterstruktur, wurden die Bauplätze wiederum veräußert und der privaten und genossenschaftlichen Bautätigkeit überlassen, wodurch sich das Mietniveau deutlich erhöhte. Geringverdiener wie Hafenarbeiter und Tagelöhner wurden auf diese Weise aus ihren angestammten Quartieren vertrieben, und neue, besser verdienende Mieter wie z.B. Facharbeiter und Angestellte zogen ein. Auch beherbergten die neu gebauten Wohnhäuser insgesamt deutlich weniger Menschen, als zuvor im Viertel lebten. Tausende blieben dem freien Markt überlassen, um neue Wohnungen zu finden, was für sie zumeist höhere Mietkosten und/oder weitere Wege zur Arbeit zur Konsequenz hatte.

Auf dem Weg durch die Ditmar-Koel-Straße begegnen uns viele südeuropäische Gastronomien, und viele Menschen hört man hier auf der Straße Spanisch oder Portugiesisch sprechen. Portugiesen kamen vor allem nach dem EU-Beitritt Portugals 1986 verstärkt nach Hamburg. Die ersten portugiesischen »Gastarbeiter« hatten sich allerdings bereits 1962 mit Arbeitsverträgen als Werftarbeiter nach Hamburg aufgemacht. Für diesen Teil der Neustadt hat sich in den letzten Jahren der Name »Portugiesenviertel« etabliert.

Schon im 19. und frühen 20. Jahrhundert war die südliche Neustadt Aufenthaltsort für viele Fremde – zumeist allerdings nur für einige Tage, denn hier befanden sich viele Herbergen für Menschen, die über Hamburg auswanderten. Ungefähr fünf Millionen Menschen verließen Europa zwischen 1838 und 1934 über Hamburg (mehr als achtzig Prozent davon gen USA), zumeist um Armut, Verfolgung und politischer Repression zu entkommen. Aus jener Zeit geblieben ist Hamburgs Beiname – »Das Tor zur Welt«.

23+24 SCHWEDISCHE KIRCHE UND EICHHOLZ ALS NEW YORK, 1965

Am Ende der Straße gelangen wir zur schwedischen Gustaf-Adolfs-Kirche, die 1906/07 erbaut wurde (Abb. 23, Thomas Yderstadt). In ihrer Form ist sie sehr ungewöhnlich, wirkt die Kirche doch wie auf ein »normales«, hanseatisch-backsteingotisches Gebäude aufgesetzt. In den unteren Etagen befinden sich Gemeinderäume und Unterkünfte, in der oberen Etage liegt der eigentliche Kirchenraum.

Bevor wir unseren Rundgang nun an der U-/S-Bahn-Station Landungsbrücken (und damit an der Straße Hafentor, die noch auf das südwestliche Ende der Wallanlagen verweist) beenden, gehen wir noch ein paar Schritte nach rechts bis zur Abzweigung der Straße »Eichholz«. Rechter Hand steht mit Hausnummer 43 ein Gebäude aus der Zeit vor den Sanierungen, nämlich eine jüdische Wohnstiftung von 1851, wie der verwitterten Reliefschrift an der Fassade zu entnehmen ist. Linker Hand führt ein Fußweg namens Kuhberg die Anhöhe hinauf. Hier finden sich nicht nur die Geschäftsräume von »Stattreisen Hamburg«, sondern die Gegend diente auch einmal – kaum vorstellbar – als filmisches New York (Abb. 24). In dem Agentenfilm »Mordnacht in Manhattan« nämlich bekämpfte Lemmy Caution 1965 zwischen Kuhberg und Eichholz das Verbrechen. Eine Tankstelle, gemalte Kulissen sowie englischsprachige Ladenschilder vermochten allerdings nur von fern den Eindruck der amerikanischen Metropole hervorzurufen.

BARS/KNEIPEN/ NACHTLEBEN

Irish Rover
Großneumarkt 8
www.irishrover.de
→ *irische Speisekneipe mit Folkmusik, Rugby und Gaelic Football live im TV*

Paulaner's
Großneumarkt 1
www.paulaners-hamburg.de
→ *Heit is zünftig – bayrisches Bier ins Glas und Deftiges auf den Teller*

CAFÉS/RESTAURANTS

Capriccio
Thielbek 12
www.capriccio-hh.de
→ *klassisch-italienisch*

Hej Papa
Poolstraße 32
www.hejpapa.de
→ *kleines Café-Restaurant mit Mittagstischküche*

Café Johanna
Venusberg 26
www.cafejohanna.de
→ *schnuckeliges Café mit Mittagstisch*

Katana Sushi
Großneumarkt 52
www.katanasushi.de
→ *Sushi-Restaurant, das auch Kochkurse anbietet*

La Chance
Wexstraße 33
www.lachance-hamburg.de
→ *Frühstück, Crepes und Quiches*

Loving Hut
Markusstraße 2
www.lovinghut.de/hamburg
→ *veganes asiatisches Restaurant*

Marblau
Poolstraße 21
www.marblau.de
→ *südeuropäisch-orientalisches Brasserie-Restaurant*

Milchglas
Alter Steinweg 11
www.milchglas-catering.de
→ *Coffeeshop mit Mittagstisch und Catering*

Piccolo Paradiso
Brüderstraße 27
www.piccolo-paradiso.de
→ *vegetarisches Weinrestaurant – keine Gentechnik und alles Bio*

Riads
Johannes-Brahms-Platz 7
www.riads.de
➜ *libanesische Küche*

Sushi 153
Großneumarkt 38
www.sushi153.de
➜ *kleines, günstiges Sushi-Restaurant*

Trattoria da Enzo
Wexstraße 34
www.trattoria-enzo.de
➜ *italienisches Restaurant mit zweitem Standort am Großneumarkt*

➜ *Portugiesen und Spanier gibt es in der Ditmar-Koel-Straße in Hülle und Fülle, die Qualität von Speisen und Service ist außerhalb der touristischen Saison oft besser als im Hochsommer.*

LÄDEN

Antiquariat Reinhold Pabel
Krayenkamp 10
www.antiquariat-pabel.de
➜ *Traditionsantiquariat direkt unterm Michel*

Charmeuse
Alter Steinweg 54
www.charmeuse.de
➜ *Mode für Mods, Skins und Punks*

Elbufer
Dimar-Koel-Straße 32
www.elbufer.de
➜ *maritime Geschenke vom Buddelschiff bis zum Leuchtturm*

Frau Vogel – Erinnerungen an Hamburg
Krayenkamp 13
www.frauvogel.de
➜ *wirklich witziger Souvenirshop am Michel*

Frohstoff
Wexstraße 38
www.frohstoff.de
➜ *Siebdruck- und Textilprodukte, außerdem Siebdruckkurse*

Galerie Maritim
Martin-Luther-Straße 21
www.galerie-maritim.de
➜ *wunderbares Fachgeschäft für Schiffsminiaturen*

HanseNautic
Herrengraben 31
www.hansenautic.de
➜ *Spezialist für Seekarten, Navigationshilfen und Schifffahrtsliteratur*

Servus Hamburg
Rambachstraße 13
www.servushamburg.de
➜ *schöne Bücher und Geschenke*

Chr. Weimeister Eisenkrämerei
Johannisbollwerk 19
www.weimeister.com
➜ *Beschläge, Tauwerk, Schiffslaternen*

Die Weingaleristen
Kohlhöfen 14
www.die-weingaleristen.de
➜ *Wein, Weinseminare und Ausstellungen*

Wheels Fahrradladen
Alter Steinweg 14
www.wheels-fahrrad.de
➜ *Geschäft für praktische Alltagsfahrräder*

HOTELS

Hotel Hafentor
Hafentor 3
www.hafentor.de
➜ *kleines, günstiges Hotel*

Lindner Hotel am Michel
Neanderstraße 20
www.lindner.de/de/LHH
➜ *Hotel der gehobenen Mittelklasse*

The Madison
Schaarsteinweg 4
www.madisonhotel.de
➜ *upper middle class hotel*

Motel One Hamburg am Michel
Ludwig-Erhard-Straße 26
www.motel-one.com/de/hotels/hamburg
➜ *Designhotel für schmale Geldbeutel*

Seemannsheim Hamburg
Krayenkamp 5
www.seemannsheim-hamburg.de
➜ *günstige, einfache Übernachtungsmöglichkeit im Seemannsheim*

Stella Maris
Reimarusstraße 12
www.hotel-stellamaris.de
➜ *einfaches und günstiges Hotel von Sailor's bis Captain's Class*

FREIZEIT/SPORT

Planten un Blomen
➜ *Wasserspiele, Eislaufbahn, Minigolf, Spielplätze im großen Park am westlichen Rand der Innenstadt*

KULTUR

Cap San Diego
Überseebrücke
www.capsandiego.de
➜ *Museumsschiff mit umfangreichem Kulturangebot*

Cotton Club
Alter Steinweg 10
www.cotton-club.de
➜ *Live-Jazz-Institution seit über fünfzig Jahren*

Krameramtsstuben
Krayenkamp 10
→ *ehemalige Witwenwohnungen der Einzelhändler-Zunft mit kleinem Museum*

Museum für Hamburgische Geschichte
Holstenwall 24
www.hamburgmuseum.de
→ *Präsentation der Hamburgischen Geschichte*

Niederdeutsche Bibliothek
Peterstraße 36
www.carltoepferstiftung.de/bibliothek.php
→ *Bücherei für niederdeutsches Schrifttum*

Stattreisen Hamburg e.V.
Kuhberg 2
www.stattreisen-hamburg.de
→ *Hamburgs Spezialisten für Stadtführungen aller Art*

St. Michaelis-Kirche
Englische Planke 1
www.st-michaelis.de
→ *Hamburgs größte Kirche und spätbarockes Wahrzeichen*

Telemann- und Brahms-Museum
Peterstraße 39
www.brahms-hamburg.de
www.telemann-hamburg.de
→ *zwei kleine Museen zu den beiden bekannten Hamburger Komponisten, die noch durch weitere Gedenkstätten zu anderen Komponisten ergänzt werden (www.komponistenquartier.de)*

SOZIALES/NON-PROFIT

Pik As
Neustädter Straße 31A
www.foerdernundwohnen.de
→ *älteste Übernachtungsunterkunft für obdachlose Männer in Deutschland*

umdenken
Kurze Straße 1
www.umdenken-boell.de
→ *politische Bildungsveranstaltungen des Hamburger Ablegers der Heinrich-Böll-Stiftung*

→ **Die skandinavischen Seemannskirchen** befinden sich in der Ditmar-Koel-Straße 2 (*Dänemark*, www.dankirke.de), 4 (*Norwegen*, www.sjomannskirken.no/hamburg), 6 (*Finnland*, www.pohjoissaksa.merimieskirkko.fi) und 36 (*Schweden*, www.svenskakyrkan.se/hamburg).

SPEICHERSTADT 5

Kehrwieder / Binnenhafen * Sandtorhafen * Kesselhaus * Brook * Kannengießerort * St. Annenufer * Holländischer Brook / Wasserschloss

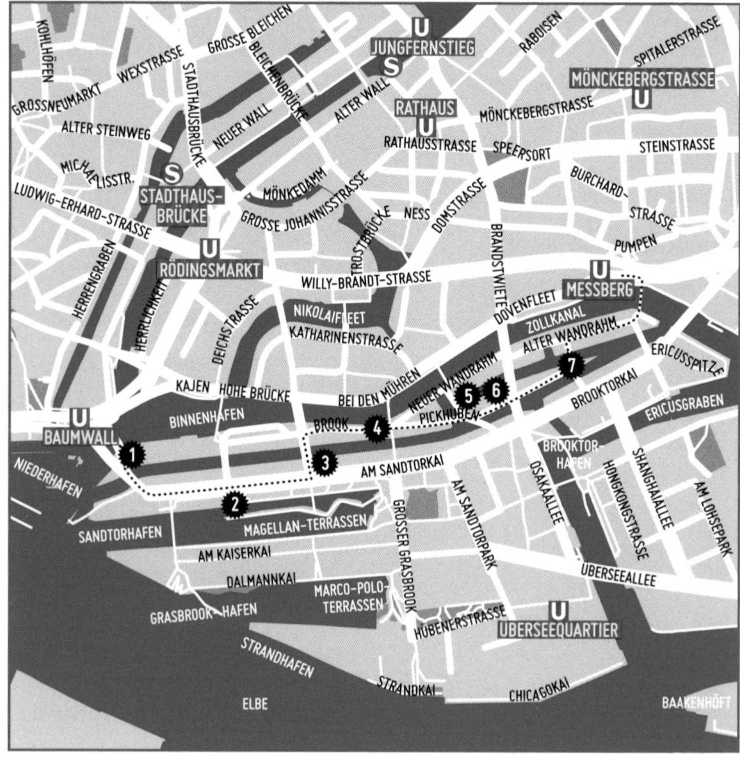

STARTPUNKT: U-Bahn-Station Baumwall
ENDPUNKT: U-Bahn-Station Meßberg
DAUER: etwa 1,5 Stunden

Die Speicherstadt als größtes Baudenkmal Hamburgs zu bezeichnen ist mit Sicherheit nicht übertrieben. Über anderthalb Kilometer und zum Teil in drei Reihen erstreckt sich das größte Lagerhausensemble der Welt zwischen Baumwall und Oberhafen. Gebaut wurde es in mehreren Bauabschnitten zwischen 1883 und dem Ende der 1920er Jahre auf dem Gelände, das das Südende der durch die Wallanlagen des 17. Jahrhunderts umschlossenen Stadt bildete. Bevor wir uns jedoch näher mit der Speicherstadt beschäftigen, müssen wir erst einmal dorthin gelangen, denn seit den Zerstörungen im Zweiten Weltkrieg reicht die Speicherstadt im Westen nicht mehr bis an den Baumwall heran. Selbstverständlich wird auf dieser Tour auch Thema sein, was sich nun in diesem ehemaligen Teil der Speicherstadt befindet. Und auch das Thema Hafencity werden wir nicht gänzlich umschiffen können, auch wenn es erst im sechsten Rundgang im Fokus steht. Schließlich grenzen die Speicherstadt und der noch im Bau befindliche jüngste Stadtteil Hamburgs unmittelbar aneinander. Den Streifzug durch die Hafencity kann, wer mag, am Ende dieser Tour auch direkt anschließen.

1 KEHRWIEDER / BINNENHAFEN

Von unserem Startpunkt an der U-Bahn-Station Baumwall machen wir uns zunächst auf den Weg in Richtung Niederbaumbrücke. Doch bevor wir starten, beschäftigen wir uns kurz mit der Hamburger U-Bahn. Die Viaduktstrecke am Hafen ist Teil des ersten U-Bahn-Rings, der 1912 eröffnet werden konnte. Damit erhielt die Stadt ein neues, ausbau- und leistungsfähiges öffentliches Verkehrsmittel, das nicht auf die schon damals – auch ohne signifikanten Autoverkehr – gelegentlich verstopften

Straßen in der Innenstadt angewiesen war. Erschien die U-Bahn aufgrund ihrer als gewaltig empfundenen Beschleunigung und der etwas gruseligen Tunnelstrecken zunächst fast ein bisschen verwegen, so gewöhnte man sich schnell an das neue Tempo und genoss die Vorteile der schnellen Erreichbarkeit von Innenstadt und Hafen, auch wenn die Hafenarbeiter ihr knappes Geld zumeist lieber nicht für die U-Bahn ausgaben, sondern zu Fuß in den Hafen marschierten.

Die schmucke Hafenpromenade am Baumwall, die bis 2014 nach Plänen der Stararchitektin Zaha Hadid angelegt wurde, erfüllt nicht nur hohe architekturästhetische Ansprüche, vielmehr stellt sie auch ganz praktisch die den Gezeiten ausgesetzte Schutzmauer gegen Sturmfluten dar. Wie ein sich schlängelndes Band liegt die Promenade entlang der Wasserkante. Treppen zur Wasser- und zur Landseite hin gegenüber den Einmündungen von Straßen erzeugen Durchlässigkeit zwischen den beiden Stadträumen »Stadt« und »Hafen« und verbinden diese so miteinander (Abb. 1).

Wir gehen nun über die Niederbaumbrücke aus dem flutgeschützten Gebiet heraus und stellen uns am besten gleich hinter der Brücke links ans Wasser. Von hier hat man einen schönen Blick über den Binnenhafen und die Bürogebäude am Kehrwieder.

Wie die Bezeichnungen »Baumwall« und »Binnenhafen« bereits andeuten, handelt es sich hier um einen Hafenbereich, der innerhalb der Stadtbefestigung aus dem 17. Jahrhundert lag und in dem Baumstämme über die Hafeneinfahrt gelegt werden konnten; ein simples Hindernis, das Schiffe nicht einfach überqueren können. Die Sperre aus Baumstämmen war 17 Meter lang und vier Meter breit und verhinderte so unerlaubtes Eindringen in den Hafen. Mindestens sechs Männer waren zum Schließen der Ein-

1 PROMENADENGESTALTUNG VON ZAHA HADID

2 BINNENHAFEN, 1930ER JAHRE

fahrt im 18. Jahrhundert nötig. Im Binnenhafen gingen die Seeschiffe vor Anker. Die Waren wurden sodann auf Schuten umgeladen und über die Fleete zu den Lagerräumen in den Kaufmannshäusern entlang der Wasserläufe transportiert. Als mit der in der Mitte des 19. Jahrhunderts aufkommenden Dampfschifffahrt die Schiffe immer größer wurden, zeichnete sich bald ab, dass Hamburg einen Hafenausbau benötigen würde (vgl. Station 2). Zu jener Zeit hatte der Binnenhafen schon lange nicht mehr alle Schiffe aufnehmen können, sondern zahlreiche von ihnen mussten unmittelbar davor, in Richtung Westen, an in die Elbe gerammten Baumstammbündeln, sogenannten Duckdalben, im Niederhafen festmachen (Abb. 2). Der Binnenhafen geht direkt über in den Zollkanal, der über hundert Jahre die Grenze zwischen dem Stadtgebiet und dem zollfreien Gebiet des Freihafens darstellte (vgl. Station 4). Die Speicherstadt, die wir im Osten bereits sehen können, war Teil dieses Freihafens und erstreckte sich ursprünglich bis ungefähr zu unserem Standort nach Westen. Ihr westlichster Teil wurde jedoch im Zweiten Weltkrieg zerstört. Nur wenig genutzt in der Nachkriegszeit, entstanden Ende der 1980er Jahre Pläne

3 KEHRWIEDER MIT SPEICHERN A UND J, 1894

für eine Neubebauung, und so wurden in den 1990er Jahren unter dem zusammenfassenden Namen »Hanseatic Trade Center« große Bürokomplexe beiderseits des Kehrwiederfleets und am Sandtorhafen errichtet. Ursprünglich geplante Wohnungen wurden hingegen fatalerweise nicht realisiert, und auch Geschäfte hatte man nicht geplant. So ist es wenig überraschend, dass hier insbesondere abends relative Öde herrscht. Baulich orientierte man sich zwar an den benachbarten Speichergebäuden und verschiedenen maritimen Baumotiven – das Ergebnis kann allerdings nicht durch besondere Originalität überzeugen.

Wir gehen nun an der Stirnseite des Blocks am Kehrwieder vorbei (von Gerkan, Marg + Partner), lassen die aus der Fernsehserie »Notruf Hafenkante« bekannte schlösschenartige Wache der Wasserschutzpolizei von 1902 rechts liegen und überqueren das erst im Zuge der Anlage der Speicherstadt angelegte Kehrwiederfleet. Dieses Fleet ist letztlich auch der Grund, weshalb aus einer Kehrwiederspitze zwei in die Elbe ragende Spitzen wurden (Abb. 3).

Weiter geht es nun an den Bürogebäuden vorbei zum Sandtorhafen. Rechts sehen wir die bugartige Bebauung der größeren Spitze (Kleffel Köhnholdt Gundermann) und daran anschließend den massiven Büroblock der Architekten Kohn Pedersen Fox aus New York. Links ragt hingegen der 2002 fertiggestellte Büroturm mit seinem riegelartigen Sockel in die Höhe (Abb. 4, Nägele, Hofmann, Tiedemann + Partner), gefolgt von dem umgebauten Speicherblock K (Dieter Heusch). Auf Höhe des den

Sandtorkai querenden erhöhten Stegs biegen wir rechts auf den Ponton im Sandtorhafen ab. Der Steg ist übrigens nicht nur ein schöner, höhergelegter Spazierweg, sondern erfüllt den wichtigen Zweck, bei einer Sturmflut einen trockenen Weg aus dem Flutgebiet in den geschützten Stadtbereich zu gewährleisten.

4 KEHRWIEDER-SPITZE MIT BÜROHÄUSERN

2 SANDTORHAFEN

Auch wenn es schwerfällt, wollen wir auf diesem Rundgang die neue Architektur der Hafencity und auch die »Elbphilharmonie« ignorieren und uns dem historischen Hafenbecken widmen, das auch für die Speicherstadt von Bedeutung ist.

Der 1866 in Betrieb genommene Sandtorhafen war das erste moderne Hafenbecken der Stadt. Seiner Anlage vorangegangen war die Entscheidung, den Hafen auch beim anstehenden Ausbau nicht zu einem Dockhafen nach Londoner Vorbild werden zu lassen, sondern als Tidehafen weiterzuentwickeln. Bei einem Dockhafen werden die Hafenbecken durch Schleusen vor Ebbe und Flut geschützt, bei einem Tidehafen sind sie hingegen zum Fluss hin offen und den Gezeiten ausgesetzt. In den folgenden Jahrzehnten entstanden nach diesem Muster zahlreiche Hafenbecken beiderseits der Elbe.

Modern am Sandtorhafen war, dass die Schiffe direkt am Kai anlegen und be- und entladen werden konnten. Dafür standen Dampfkräne und

5 SANDTORKAI, UM 1900

handbetriebene Kräne zur Verfügung. Entlang des Ufers befanden sich Schuppen, in denen die Waren vor ihrem Weitertransport zwischengelagert wurden. Dieser erfolgte entweder per Schiff oder Schute, über die Straße oder – ganz neu – über die bis an die Schuppen heranfahrende Eisenbahn. Insgesamt sorgte der Sandtorhafen für eine enorme Beschleunigung und Vereinfachung der Ladevorgänge (Abb. 5). Mit der aufkommenden Containerschifffahrt verlor diese Form der Transportlogistik jedoch an Bedeutung. Statt langer Kaimauern mit vielen Schiffsliegeplätzen und großen Schuppen brauchte man nun vor allem große Flächen zum Abstellen der bunten Boxen und nur noch einen Bruchteil an Anlegestellen. Lagen die Schiffe früher oft viele Tage im Hafen, so haben sich die Liegezeiten seit der Einführung der Container zum Teil auf wenige Stunden verkürzt. Wie der Sandtorhafen fielen zahlreiche Hafenbereiche, die für die Containerabfertigung schlecht geeignet waren, spätestens seit den

1980er Jahren brach und eröffneten neue Möglichkeiten der Stadtentwicklung, wie z.B. den Bau eines neuen Stadtteils, der »Hafencity«, deren ersten Bauabschnitt wir hier vor Augen haben (vgl. Rundgang 6).

Wo sich heute die »Elbphilharmonie« erhebt, hatte ab 1875 der »Kaiserspeicher« seinen Platz. Bis zum Bau der Speicherstadt war dies der größte Speicher im Hamburger Hafen. Im Krieg teilweise zerstört, wurden seine Reste, darunter der markante Turm, 1963 gesprengt, um einem neuen Speicher, dem Kaispeicher A (Werner Kallmorgen), Platz zu machen, dessen Fassade heute den Sockelbau der Elbphilharmonie ziert.

Die Wahl des Standorts für die Speicherstadt hing direkt mit dem bereits begonnenen und weiterhin geplanten Hafenausbau zusammen. Für die geplanten Speicher sah man es dabei als unnötig an, diese an seeschifftiefem Wasser zu errichten. Da davon auszugehen war, dass die Ladung eines Schiffes im Gegensatz zur vormaligen Zeit meist für mehrere Kaufleute und Handelsunternehmen bestimmt sein würde, sah man deshalb davon ab, die auf langfristige Lagerung ausgelegten Speicher direkt an die Kaianlagen zu bauen. Sinnvoller erschienen die Kaischuppen und, wenn gewünscht, der anschließende Weitertransport in die Speicher. An der nächsten Station werden wir uns mit den Gründen für den Bau der Speicherstadt und die Wahl des Standorts noch etwas eingehender beschäftigen. Zu diesem Zweck gehen wir zurück zur Straße und biegen in diese nach rechts ein. Gleich am gegenüberliegenden Block L ist die Zahl 1888, das Jahr der Eröffnung der Speicherstadt, in die Fassade des Speichers eingelassen (Abb. 6). Für den Weg zur nächsten Ampel noch ein kleiner Tipp: In manchem Teppichlager ist es durchaus möglich, einmal in einen der Speicher hineinzugehen und einen Blick auf die feine Ware – und ganz nebenbei auf das Innere eines Speichers – zu werfen; oder man besucht eines der Museen am Sandtorkai.

An der Ampel am Ende des Blocks angekommen, findet sich im Mauerwerk die Zahl 1957, die auf den Wiederaufbau nach den Zerstörungen im Zweiten Weltkrieg hinweist (Abb. 7). Hier und auf dem weiteren Weg sollten wir immer mal wieder auf die unterschiedliche Tönung des roten

6+7 EINLASSUNGEN IN DIE FASSADE ZUR ERÖFFNUNG DER SPEICHERSTADT (1888) UND ZUM WIEDERAUFBAU NACH DEM ZWEITEN WELTKRIEG (1957)

Backsteins achten. Oft lassen sich am Wechsel der Farben die Rekonstruktionen nach dem Krieg erkennen.

Wir überqueren nun die Straße und begeben uns auf die freie Fläche am Fleet hinter dem »Kesselhaus« mit seinen stählernen Schornsteinzitaten.

3 KESSELHAUS

Auf dem Weg hatten wir bereits Gelegenheit, uns einen kleinen Eindruck von der Speicherstadt zu verschaffen. Bevor wir uns jedoch im Detail mit den Häusern und den in ihnen gelagerten Waren beschäftigen, soll es nun erst einmal um die Frage gehen, warum die Speicherstadt eigentlich gebaut wurde und weshalb gerade hier.

Anlass für den Bau der Speicherstadt war letztlich die Integration Hamburgs (das zuvor ein selbständiger Staat gewesen war) in das Deutsche Reich nach 1871. Für einige Jahre blieb Hamburg auch danach noch ein eigenständiges Zollgebiet, was den Handel mit dem Ausland beförderte und den Bewohnern zollfrei eingeführte Waren bescherte. Hamburg war also eine zollfreie Zone innerhalb des Reichsgebiets. Als die Reichsregierung schließlich aber darauf drängte, dieses Privileg zu kippen, wurden 1881 die Bedingungen über den Anschluss Hamburgs an das Deutsche Zollgebiet

8 BROOK, 1878

geregelt. Wichtigstes Ergebnis war der Kompromiss, dass Hamburg nur ein kleines zollfreies Gebiet, den sogenannten Freihafen, behalten, der Rest der Stadt aber zolltechnisch in das Reich integriert werden sollte. Der endgültige Anschluss wurde für das Jahr 1888 beschlossen, sodass den Hamburgern noch gut sieben Jahre blieben, um neue Lagerkapazitäten im künftigen Freihafen zu schaffen, für den zudem vorgesehen wurde, dass in ihm keine hafenfremden Tätigkeiten stattfinden dürften, unter anderem auch kein Verkauf zollfreier Güter an die Bevölkerung. Nur die Lagerung, Veredelung und Weiterverarbeitung der eingeführten Waren blieb zollfrei. Aus dem Verhandlungsergebnis ergab sich nun die Notwendigkeit umfangreicher Baumaßnahmen, an deren Kosten sich das Reich mit knapp vierzig Millionen Reichsmark beteiligte. Den weitaus größeren Rest musste die Stadt aufbringen. Teil der sogenannten »Zollanschlussbauten« wurde die Speicherstadt. Da man andere Flächen im Hafen nicht nutzen wollte (vgl. unten), fiel die Wahl des Standorts schließlich auf eine Fläche direkt neben der Innenstadt, die unglücklicherweise bereits bebaut war. Auf der Kehrwieder- und Wandrahminsel befanden sich nämlich seit Jahrhunderten Wohngebiete (Abb. 8). Lebten im westlich gelegenen Kehrwieder vor allem Arbeiterfamilien, so befanden sich im Wandrahm im Osten auch bürgerliche Häuser und Speicher. Nachdem 1883 die Standortfrage geklärt war, begann man zügig damit, Grundeigentümer gegen Entschädigungszahlungen zu enteignen, die Bewohner zu vertreiben und die Häuser abzureißen. Letztlich mussten ungefähr 20 000 bis 25 000 Menschen ihre angestammten Quartiere verlassen. Schon im Februar 1884 zeigte sich der für den Bau der Speicherstadt zuständige Oberingenieur Franz Andreas Meyer sehr zufrieden mit dem Vorankommen der Arbeiten: »Der Umzug

9 KESSELHAUS

der Bewohner, welcher lange vorbereitet war und bei dem vom Staate alles billige Entgegenkommen gewährt ist, hat sich im ganzen sehr ruhig vollzogen. In der Wirrsal der alten Hinterhäuser findet man noch hier und da während des Abbruchs zur allgemeinen Verwunderung einzelne Insassen.«

Anders als von Meyer dargestellt und zum Leidwesen der »Insassen«, war hier jedoch nichts »lange vorbereitet«, und auch das »billige Entgegenkommen« hielt sich in engen Grenzen. Ähnlich wie bei den Sanierungen der Gängeviertel in der inneren Stadt einige Jahre später, blieben die Mieter nämlich dem freien Markt überlassen, was zumeist längere Arbeitswege und oftmals höhere Mietkosten zur Folge hatte. Warum die Speicherstadt nicht auf unbewohntem Terrain gebaut wurde? Auch wenn sich die Details dieser Standortdiskussion hier nicht alle aufrollen lassen, seien die wichtigsten Gründe genannt: Freie Flächen, die direkt am Elbstrom gelegen waren, wollte man dem Bau weiterer Kaianlagen vorbehalten und sah sie als zu wertvoll an, um sie für Speicherbauten zu verschwenden. Zudem wollte man die Speicher in fußläufiger Entfernung zur Börse und zu den Kontoren in der Innenstadt platziert wissen. Des Weiteren bot der Standort eine gute Möglichkeit zur Etablierung einer effizienten Grenze in Form des Zollkanals. Noch dazu lag den Stadtoberen auch die selbstbewusste und gut sichtbar inszenierte Zurschaustellung der Speicherbauten am Herzen. Insbesondere spielte aber auch eine wichtige Rolle, dass es technisch machbar erschien, die Speicher auf der Kehrwieder-Wandrahm-Insel in kurzer Zeit zu erbauen, die als lästiger Keil zwischen der Innenstadt und den neu entstehenden Hafenanlagen empfunden wurde. Und zuguterletzt handelte es sich auch noch um den kostengünstigsten Lösungsvorschlag.

Bevor wir uns bei unserem nächsten Stopp damit beschäftigen wollen, wie die Speicher aufgebaut sind und wie sie früher genutzt wurden, widmen wir uns noch für einen Augenblick dem Kesselhaus. Das Kesselhaus wurde 1886/87 als Energiezentrale für die Speicherbauten errichtet. Anfangs wurde für die Seilwinden, Kräne und Aufzüge ein hydraulisches System mit einem mehr als 14 Kilometer langen Rohrnetz eingesetzt. Um dessen Pumpen in der benachbarten Maschinenzentralstation zu betreiben, wurde im Kesselhaus Dampfkraft erzeugt. Erst später wurde der hydraulische Betrieb aufgrund seiner Störungsanfälligkeit in den einzelnen Speichern durch Elektromotoren ersetzt. Außerdem erzeugten Generatoren in der Maschinenzentralstation aus der vom Kesselhaus bereitgestellten Dampfenergie Strom für die damals hochmoderne elektrische Beleuchtung der Speicherstadt. Bis 1953 wurde das kleine Kohlekraftwerk im Kesselhaus betrieben, erst im Rahmen der Hafencity-Planungen wurde das Gebäude zu einem Infocenter für dieses Projekt umgestaltet. Hier finden Ausstellungen und Diskussionen statt, man bekommt Broschüren zum Stand der Entwicklung des Stadtteils und kann sich an einem großen Stadtmodell einen Überblick über die Planungen verschaffen (Abb. 9).

Wir gehen nun weiter über die Brücke »Am Sande« und biegen rechts in den Brook ab. Unseren nächsten Stopp machen wir am besten auf halber Strecke zwischen Brooksbrücke und Kibbelstegbrücke.

4 BROOK

Nachdem der Standort 1883 gewählt und die dort befindlichen Häuser abgerissen worden waren, wurde der erste Bauabschnitt der Speicherstadt bis 1888 in einem rasanten Kraftakt aus dem Boden gestampft (Abb. 10). Von der Kehrwiederspitze bis zum Kannengießerort waren die neuen Speichergebäude zur Eröffnung des Freihafens 1888 fertig. Prämien, Straf-

10 BAUARBEITEN SPEICHERSTADT, 1885

androhungen, Arbeit bei Nacht und schlechter Witterung erhöhten das Bautempo. Die einzelnen Bauteile der Stahlskelette wurden montagefertig aus dem Ruhrgebiet geliefert, wobei die Androhung hoher Konventionalstrafen termingerechte Lieferungen sicherstellte. Da sich die Stahlskelettbauweise allerdings im Brandfall nicht bewährt hatte, ging man für die tragenden Teile später wieder eine Zeit lang zur Holzbauweise über.

Ein wichtiges Element des Freihafens war es, eine vom Zoll kontrollierte Grenze zur restlichen Stadt zu ziehen. Nach Norden hin stellte der Wasserlauf, den wir hier am Brook sehen, die Zollgrenze dar. Hierfür wurde ein älteres Fleet verbreitert, was auch den Abriss zahlreicher Gebäude auf dem stadtseitigen Ufer erforderte. Durch den Zollkanal konnten Binnenschiffe den Freihafen umschiffen und vom bzw. zum Elbelauf oberhalb Hamburgs gelangen, ohne in die zollfreie Zone einfahren zu müssen. Das Ufer auf der Freihafenseite wurde vom Zoll kontrolliert. Zugang konnte man nur über die Brücken erlangen (Abb. 11). Nächtliche Beleuchtung und ein Patrouillengang entlang des ursprünglich noch mit Schuppen bebauten Ufers ließen die Speicherstadt fast wie eine Festung oder Burg erscheinen – eine Anmutung, die durch die aufwendig gestalteten Brücken und die Zollkontrollstationen noch unterstrichen wurde. Beim Betreten oder Verlassen der Speicherstadt mussten sich Fahrzeuge und Fußgänger vom Zoll kontrollieren lassen, um Schmuggel weitestmöglich zu verhindern.

Erst mit der Umgestaltung des Zollkanals und den Abrissen der Fleetrandbebauung am gegenüberliegenden Ufer (Abb. 12) wurde auch der Blick auf die Speicherstadt freigegeben, wodurch diese noch einmal mehr zur Architekturinszenierung wurde. Denn letztlich sollte die Speicherstadt das Hamburger Selbstbewusstsein vermitteln, dass man auch weiterhin willens sei, die eigene Position und die alten Rechte und Freiheiten gegenüber der Reichsführung zu verteidigen und zu erhalten.

Die Gestaltung der Speicherstadt ist deshalb recht ungewöhnlich und aufwendig, auch wenn sie als Nutzarchitektur angesehen wurde. Die Speicher waren eben nicht nur funktional und modern, sondern sollten nebenbei auch eine politisch-repräsentative Aufgabe erfüllen. Wie sich schon bei oberflächlicher Betrachtung sehen lässt, wurden die Gebäude zudem äußerlich nicht in gleicher Gestalt gebaut. Vielmehr sollte der Ein-

11+12 BROOKSBRÜCKE, 1888, UND DOVENFLEET, 1878

druck einer gewachsenen, abwechslungsreichen Stadt erweckt werden, der den schon seit historischen Zeiten geltenden Anspruch auf eine Sonderstellung Hamburgs innerhalb des Reichs unterstreichen würde. Die Speicher lassen denn auch tatsächlich den Eindruck eines wohlhabenden, aus Warenpalästen bestehenden gewachsenen Stadtquartiers entstehen. Goldene Lettern, Glasur- und Glassteine sowie funktionale Metallteile an den Luken lassen die Lagerhäuser in der Sonne glänzen und funkeln. Viele Details unterstreichen den Festungs- und Schlosscharakter, so z.B. massiges Mauerwerk, kleine Türme, Erker und Zinnen. Mancher Giebel erinnert aber auch an hanseatische Kaufmannshäuser. Die Speicherstadt wurde dadurch visuell in die Tradition der Hanse gestellt (vgl. Exkurs Hamburg und die Hanse, S. 185) und war neben ihrer reinen Funktion auch ein Wunschbild von Kontinuität und dauerhafter wirtschaftlicher Macht.

Maßgeblich geplant wurde die Speicherstadt von dem Oberingenieur der Baudeputation, Franz Andreas Meyer (1837–1901). Meyer war ein Vertreter der sogenannten »Hannoverschen Schule«. Diese knüpfte in ihren Bauwerken an die mittelalterliche norddeutsche Backsteingotik an und verband diese mit zeitgemäßen technischen Konstruktionsprinzipien.

Wir gehen nun weiter gen Osten und folgen der Speicherreihe am »Pickhuben«. Dabei passieren wir kurz hinter der Kibbelstegbrücke die Teefirma »Hälssen & Lyon«, den ältesten Mieter der Speicherstadt. Die Firma entwickelte bereits 1935 koffeinfreien Tee und 1959 wasserlöslichen Instant-Tee. Einige Meter weiter gelangen wir zur ehemaligen Kaffeebörse. In einem von außen unscheinbaren grauen Gebäude aus den 1950er Jahren (Werner Kallmorgen) wurden hier in der Nachkriegszeit für einige Jahre Waren- und Warentermingeschäfte mit Kaffee getätigt. Heute gehört das Gebäude zu einem 2014 neu eröffneten Hotel am gegenüberliegenden Ufer des rückwärtigen Fleets. Dieses Hotel nutzt aber vor allem ein ebenfalls von Kallmorgen entworfenes Haus, das nach dem Zweiten Weltkrieg (in dem die Speicherstadt zu ungefähr der Hälfte zerstört wurde) für Firmen des Kaffeehandels gebaut worden war. Bis heute ist Hamburg der wichtigste Importhafen für Kaffee und Tee in Europa. Auch Kakao und

Gewürze kommen nach wie vor in großen Mengen über den Hamburger Hafen nach Deutschland und Europa.

Wir gehen nun weiter und biegen dann am Kannengießerort nach links ein, um auf der Brücke unseren nächsten Standort über dem Fleet und mit schönem Blick auf die beiden Speicherreihen einzunehmen.

HAMBURG UND DIE HANSE

Bis heute ist die Hanse nicht nur Teil des offiziellen Stadtnamens Hamburgs, sondern auch im allgemeinen Bewusstsein ein stets präsentes Attribut der Stadt. Und obwohl die große Zeit der Hanse seit vielen Jahrhunderten vergangen ist, werden die Hamburger immer noch als Hanseaten bezeichnet. Firmennamen und Orte, zum Beispiel das Hanse-Viertel oder das Hanseatic Trade Center, beziehen sich auf die Hanse, und wenn von der großen Hansestadt im Norden Deutschlands die Rede ist, dann ist, abgesehen von den Bremern vielleicht, allen klar, dass hiermit nur Hamburg gemeint sein kann.

Die Hanse ist ein sehr spezielles Konstrukt des Zusammenschlusses zahlreicher Städte und deren Kaufmannschaft mit dem Ziel, den Handel zu befördern und sich gegenseitig bei den gefährlichen Handelsfahrten und in internationalen Fragen beizustehen. Sie wurde nie formal gegründet, besaß keine feste Verfassung oder eigene Institutionen und wurde auch nie für aufgelöst erklärt. Dennoch konnte sie sich im Spätmittelalter zu einer mächtigen Institution entwickeln, in der Hamburg eine maßgebliche Rolle spielte.

Mitte des 12. Jahrhunderts bildete sich eine Interessengemeinschaft heraus, die der wechselseitigen Unterstützung der norddeutschen Kaufleute im Fernhandel, insbesondere im Ostseeraum, diente und sich schließlich weiterentwickelte, indem die sich als politische Einheiten immer fester etablierenden bürgerlichen Städte ihren Kaufleuten Unterstützung und Schutz in der Frage von Handelsprivilegien boten. 1356 fand erstmals ein Hansetag statt, also ein Treffen der Vertreter verschiedener Handelsstädte. Ungefähr zu jener Zeit etablierte sich auch die Praxis, dass Städte um Aufnahme in die Hanse bitten konnten. Mehr als zweihundert nordeuropäische See- und Binnenstädte und deren Kaufmannschaft gehörten im 14. Jahrhundert der Hanse an. Die gegenseitige Unterstützung ging sogar so weit, dass man auch gemeinsam in kriegerische Auseinandersetzungen zog, beispielsweise gegen Dänemark, das die Rechte der Hanse einschränken wollte.

Seit dem 15. Jahrhundert vollzog sich allmählich ein Bedeutungsverlust der Hanse, der mit einem generellen Machtverlust zahlreicher Städte zugunsten der Landesfürsten sowie veränderten Handelswegen und neuen Konkurrenten zusammenhing. Noch dazu wurden den Hansestädten gewährte Handelsprivilegien nun oftmals wieder entzogen.

Hamburg bildete in seiner relativ gefestigten, vom Landesfürsten weitgehend unabhängigen Position eher eine Ausnahme. Nach der Entdeckung Amerikas verlagerten sich die Handelswege dann immer mehr nach Westen, was Hamburg mit seiner in dieser Hinsicht vorteilhaften geografischen Lage wirtschaftlich zupass kam. Wie eine Drehscheibe konnte man nun noch intensiver zwischen nach Westen und nach Osten gerichteten Handelsströmen agieren und der »Hauptstadt der Hanse«, Lübeck, den Rang ablaufen.

Spätestens mit dem Dreißigjährigen Krieg in der ersten Hälfte des 17. Jahrhunderts wurde die Hanse fast vollends bedeutungslos, auch wenn gerade Hamburg, Bremen und Lübeck sich gegen den Machtverlust wehrten. Gemeinsam wurden diese drei Städte zu den Interessenwahrern der Hanse bestellt. 1669 fand schließlich der letzte Hansetag mit nur noch neun teilnehmenden Städten statt, die auch keine Beschlüsse mehr fassten.

Ähnlich vage wie die Geburt, die Verfasstheit und auch das Ende der Hanse ist das, was eigentlich einen »Hanseaten« ausmacht. Ist er vornehm-zurückhaltend, wohlhabend und weltoffen, urban und korrekt? Oder eher dünkelhaft-arrogant, steif, unnahbar und kleingeistig?

Letztlich scheint nur den norddeutschen Bäckern klar zu sein, woraus ein »Hanseat« besteht: aus zwei runden übereinandergelegten Scheiben Mürbeteig, die durch Himbeermarmelade zusammengehalten werden und auf der Oberseite jeweils zur Hälfte mit weißem und rotem Zuckerguss, den Farben der Hanse, verziert sind.

5 KANNENGIESSERORT

An dieser Stelle lässt sich besonders schön die Funktionsweise der Speicher erkennen. Ähnlich den älteren Kaufmannshäusern an den Fleeten der Altstadt verfügen die Speichergebäude jeweils über eine land- und wasserseitige Front. Ein wichtiger Unterschied ist jedoch, dass die im Kaufmannshaus vorherrschende Einheit von Leben und Arbeiten im selben Haus mit den Speichern verloren ging. Die Waren konnten also von beiden Seiten in die Häuser hinein- und herausgelangen. Dabei mussten sie weiterhin aufwendig von den Seeschiffen in Schuten verladen werden, die dann zu den Lagerhäusern gestakt bzw. geschleppt werden mussten, um die Waren zuguterletzt per Seilwinde auf die Lagerböden zu bringen. Eine Etage entspricht immer einem Lagerboden (Abb. 13). Ein solcher Aufwand war nur sinnvoll, weil die Speicher im Gegensatz zu den Kaischuppen für die langfristige Einlagerung vorgesehen waren, und hierfür war die Bauweise der Speicherstadt optimal. Die Mauern sind sehr dick, und es fällt nur wenig Licht in die tiefen Etagen. Dadurch schwanken die Temperaturen auch ohne Heizung oder Kühlanlage im Laufe des Jahres meist nur zwischen fünf und fünfzehn Grad Celsius.

13 SPEICHER, SCHNITT

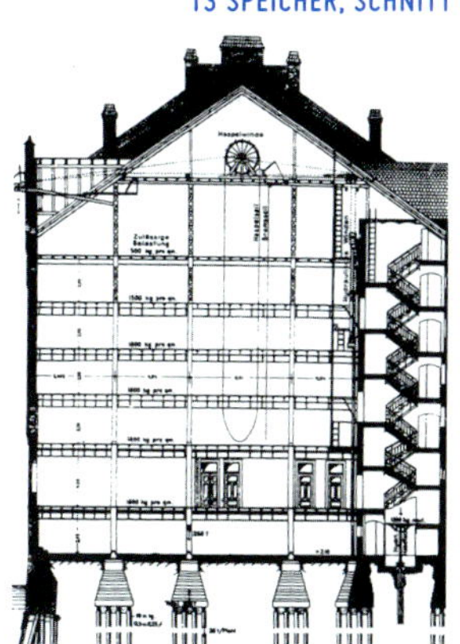

Auch die Luftfeuchtigkeit ist sehr konstant. Gerade die empfindlichen sogenannten »Kolonialwaren« wie z.B. Tee, Kaffee, Kakao oder Gewürze fanden hier also beste Lagerbedingungen. Seit der Container seinen Siegeszug in der Transportlogistik angetreten hat, werden allerdings von der Wasserseite keine Waren mehr angeliefert, wie überhaupt die Speicher immer seltener für die Warenlagerung genutzt werden (vgl. 7. Station).

Ähnlich wie das Hamburger Rathaus oder die Kaufmannshäuser an den Fleeten ruht auch die Speicherstadt auf vielen Tausenden Eichenpfählen, die ihr auf dem modderigen Untergrund guten Halt bieten. Beliebt sind die auf ihnen errichteten pittoresken Bauten vor allem auch als Filmkulisse, und so kommt kaum ein in Hamburg gedrehter Film, insbesondere Krimis, ohne Szenen in der Speicherstadt aus. Der links von uns liegende Block P diente z.B. den Kinderdetektiven der Fernsehserie »Die Pfefferkörner« als Hauptquartier, gleich für zwei deutsche Edgar-Wallace-Verfilmungen diente die Speicherstadt als fiktives London, und im Film »Karakter« wird sie zum Rotterdam der 1920er Jahre. Auch im »Beatles«-Film »Backbeat« ist sie zu sehen oder in der Komödie »Fifty Fifty«.

Weiter geht es nun von der Brücke zurück in die Straße »St. Annenufer«. Diese spazieren wir bis ans Ende, wo sie auf die nächste Querstraße trifft.

6 ST. ANNENUFER

An einigen Stellen in der Speicherstadt findet man noch Firmenbezeichnungen mit dem Zusatz »& Cons.«, der für »und Consorten« steht. Dabei handelt es sich um die Bezeichnung einer veralteten Gesellschaftsform für Unternehmen, die in der Speicherstadt recht häufig vorkam, insbesondere bei den sogenannten »Quartiersleuten«, einem Berufsstand, den es nur in Hamburg gab.

Die Quartiersleute waren selbständige Gewerbetreibende, die seit dem 17. Jahrhundert im Auftrag des Warenempfängers, also der Kaufleute, die fachgerechte Lagerung, Pflege und oft auch Veredelung – etwa durch

Sortieren, Reinigen, Waschen, Schälen oder Mischen der Güter – übernahmen. Gingen sie vormals in die Lagerräume der Kaufmannshäuser, um ihre Arbeit zu verrichten, so mieteten sie in der Speicherstadt Lagerraum auf eigene Rechnung. Zu ihren wichtigen Werkzeugen gehörten »Griepen«, mit denen man Säcke anpacken, und »Probenzieher«, mit deren Hilfe man einem Sack eine Warenprobe zur Qualitätskontrolle entnehmen konnte (Abb. 14). Der Name »Quartiersmann« geht vermutlich darauf zurück, dass für die Bewältigung der Arbeitsabläufe ursprünglich vier (lat. »quattuor«) Mann nötig waren. Der älteste Quartiersmann gab der Firma seinen Namen, die drei Jüngeren waren die »Consorten«, (abgeleitet aus dem Lateinischen: »die zusammen das Schicksal teilen«), hafteten also ebenfalls für das Unternehmen (Abb. 15). Den Beruf des Quartiersmanns gibt es heute in dieser Form nicht mehr, sondern er ist in anderen Ausbildungsberufen wie z.B. der »Fachkraft für Lagerlogistik« aufgegangen. Und auch die Waren werden heute vor allem in modernen Lagerhallen aufbewahrt.

15 VORSTAND DES VEREINS HAMBURGISCHER QUARTIERSLEUTE, ANFANG 20. JH.

An dieser Stelle haben wir auch einen schönen Blick auf das »Speicherstadtrathaus«, das Hauptgebäude der »Hamburger Hafen und Logistik AG« (HHLA), die neben großen Teilen des Hafens und der Containerterminals auch die Speicherstadt verwaltet, welche sich vollständig im Besitz der Stadt befindet (Abb. 16). Erbaut wurde es von 1902 bis 1904 nach Entwürfen von Johannes Grotjan, Bernhard Georg Hanssen und Wilhelm Erwin Meerwein, drei Architekten, die auch am Bau des »echten«

14 GRIEPEN & PROBENZIEHER

16+17 »SPEICHERSTADTRATHAUS« UND FLEETSCHLÖSSCHEN

Hamburger Rathauses wenige Jahre zuvor beteiligt waren. Das Verwaltungsgebäude hebt sich deutlich von den Speichern ab. Stilistisch zitiert es die Renaissance, die Fassadengestaltung mit Sandstein, Erkern und Türmchen sowie einer Uhr ähnelt jener zeitgenössischer Rathausbauten. Selbst ein Balkon fehlt nicht, von dem allerdings nie ein Bürgermeister seinem Volk zugewunken hat. Rechts am Fleet fällt zudem das kleine Backsteingebäude auf, das heute als »Fleetschlösschen« gastronomisch genutzt wird, viele Jahre aber als Zollgebäude, Feuerwache und Klohäuschen diente (Abb. 17).

Wir überqueren jetzt die Straße, gehen geradeaus weiter und haben damit eine immer bedeutender werdende Verkehrsachse überquert, führt die Straße doch nach links in wenigen Hundert Metern geradewegs zum Jungfernstieg, nach rechts hingegen ins werdende Zentrum der Hafencity. Am Ende des Holländischen Brooks gelangen wir zum »Wasserschloss«.

18 WASSERSCHLOSS

7 HOLLÄNDISCHER BROOK / WASSERSCHLOSS

In dem 1905 bis 1907 erbauten kleinen Gebäude, das heute einen Teeladen mit Gaststätte beherbergt, befanden sich früher die einzigen Wohnungen in der Speicherstadt (Abb. 18). Lediglich die Techniker, die für einen möglichst störungsfreien Betrieb der Seilwinden in der Speicherstadt sorgen sollten, durften hier leben, ihre Werkstatt befand sich im Erdgeschoss. Ansonsten galt für die Speicherstadt wie für das restliche Freihafengebiet, dass dort nicht gewohnt werden durfte. Zum einen sollte damit dem Schmuggel vorgebeugt werden, zum anderen befindet sich die Speicherstadt, wie auch weite Teile des Hafens, in sturmflutgefährdetem Gebiet.

Mit dem Rückgang der Lagertätigkeit in der Speicherstadt kamen in den 1980er Jahren erstmals Ideen auf, sie einer neuen Nutzung zuzufüh-

19 HOLLÄNDISCHE REIHE, 1884

ren. 2003 wurde das Areal schließlich aus dem Freihafen herausgelöst, sodass die Zollkontrollen entfielen. Zu diesem Zeitpunkt waren die Lagerflächen bereits nur noch zu weniger als fünfzig Prozent genutzt. Seit 2012 gilt die Speicherstadt auch rechtlich nicht mehr als Hafengebiet. Beide Maßnahmen sorgten dafür, dass neue Nutzungen in die Häuser gebracht werden konnten. Auf dem Weg sind uns einige davon wahrscheinlich schon aufgefallen. Entstanden sind sanierte Flächen für Büros, Museen und Ausstellungen, sogenannte »Showrooms« für Mode und Design oder Cafés und Restaurants. Und auch erste Wohnateliers sind mittlerweile in einem Speicher realisiert worden, der einen flutsicheren Fluchtweg bietet. Aufgrund des mangelnden Flutschutzes werden Wohnungen in der Speicherstadt aber auch in Zukunft eher selten entstehen. Einzig die verbliebenen Teppichlager versprühen gegenwärtig noch den urtümlichen Charme des ehemaligen Lagerhauskomplexes (Abb. 19).

20 SPEICHER AM BROOKTORKAI MIT »BURGTÜRMEN«

An dieser Stelle liegt auch der letzte vollendete Bauabschnitt der Speicherstadt vor uns, der von 1908 bis 1927, unterbrochen durch Ersten Weltkrieg und Inflation, realisiert wurde. Charakteristisch sind die dunkleren Backsteine und die Feuertreppen, die an ihren Spitzen an mittelalterliche Burgtürme erinnern (Abb. 20).

Unsere letzte Wegstrecke führt uns nun aus der Speicherstadt hinaus. Wir wenden uns nach links und biegen anschließend rechts in den Alten Wandrahm ab, dem wir bis ans Ende folgen. Dort biegen wir nach links ab und spazieren über den Wandrahmsteg hinüber in die Altstadt. Von der U-Bahn-Station Meßberg aus können wir nun den Heimweg antreten. Ganz in der Nähe befinden sich jedoch auch die Endpunkte der beiden Rundgänge durch die Altstadt und der Beginn der Tour durch die Hafencity. Wer also noch Lust hat, kann auch gleich eine dieser drei Touren anschließen.

CAFÉS/RESTAURANTS

C'ASIA Coffeeshop
Brook/ehemalige Zollstation
www.casiacoffeeshop.de/de/shops/hamburg-speicherstadt
➜ *asiatischer Kaffee und kleine Snacks*

Fleetschlösschen
Brooktorkai 17
www.fleetschloesschen.de
➜ *Café und Bar mit kleinen Speisen im hutzeligen historischen Gebäude*

Markthalle Speicherstadt
Am Sandtorkai 23/24
➜ *verschiedene Imbisse für die Mittagspause*

Speicherstadt Kaffeerösterei
Kehrwieder 5
www.speicherstadt-kaffee.de
➜ *selbstgeröstete Kaffees im historischen Speicherboden*

Stricker's Kehr Wieder Spitze
Am Sandtorkai 77
www.kehr-wieder-spitze.de
➜ *Restaurant mit wunderbarem Elbblick und Außenplätzen*

Vlet
Am Sandtorkai 23/24
www.vlet.de
➜ *gehobene norddeutsche Küche mit Pfiff, außerdem Kochkurse*

Wasserschloss
Dienerreihe 4
www.wasserschloss.de
➜ *riesige Teeauswahl (auch zum Mitnehmen) und Gastronomie in pittoresker Lage*

LÄDEN

Dance Affairs
Brooktorkai 11
www.danceaffairshamburg.com
➜ *alles rund ums Tanzen*

Ehinger Kraftrad
Brook 5
www.ehingerkraftrad.com
➜ *exklusive Umbauten alter Motorräder*

Orientteppiche
➜ *Im Block L (Am Sandtorkai) können Lager/Verkaufsräume zahlreicher Teppichhändler besucht werden*

➜ *Zahlreiche* **Modefirmen und Designer** *betreiben Showrooms in ehemaligen Speicherräumen insbesondere in Speicherblock R am St. Annenufer 2 und Block X am Brooktorkai.*

HOTELS

AMERON Hotel Speicherstadt
Am Sandtorkai 4
www.hotel-speicherstadt.de
➜ *Mittelklassehotel im Stil der 1950er und 1960er Jahre*

KULTUR

Deutsches Zollmuseum
Alter Wandrahm 16
www.zoll.de/DE/Der-Zoll/Zollmuseum/zollmuseum_node.html
➜ *Ausstellung zur Geschichte des (deutschen) Zolls*

Dialog im Stillen
Alter Wandrahm 4
www.dialog-im-stillen.de
➜ *Gehörlose führen in eine Welt ohne Geräusche*

Hamburger Jedermann
Auf dem Sande/Am Sandtorkai
www.hamburger-jedermann.de
➜ *sommerliches Open-Air-Theater am Fleet*

Miniatur Wunderland
Kehrwieder 2
www.miniatur-wunderland.de
➜ *gigantische Miniaturlandschaft mit Modelleisenbahnen*

HafenCity InfoCenter im Kesselhaus
Am Sandtorkai 30
www.hafencity.com/de/infocenter/das-hafencity-infocenter-im-kesselhaus.html
➜ *großes Modell und Informationen zum benachbarten Stadtteil*

Hamburg Dungeon
Kehrwieder 2
www.thedungeons.com/hamburg/de
➜ *historisch mehr oder weniger akkurate Gruselshow mit Schauspielern*

Speicherstadtmuseum
Am Sandtorkai 36
www.speicherstadtmuseum.de
➜ *Ausstellung zur Geschichte der Speicherstadt*

Spicy's Gewürzmuseum
Am Sandtorkai 34
www.spicys.de
➜ *Informationen rund um alles, was würzt*

SOZIALES/NON-PROFIT

Körber-Stiftung
Kehrwieder 12
www.koerber-stiftung.de
➜ *Wettbewerbe, Gesprächskreise, politische Veranstaltungen zur Förderung des gesellschaftlichen Engagements*

Hamburgisches Architekturarchiv
Brooktorkai 4
www.architekturarchiv-web.de
➜ *umfangreiches Archiv zur Architektur in allen ihren Formen – mit Hamburg-Schwerpunkt*

HAFENCITY 6

Deichtorhallen * Ericus / Brooktor * Shanghaiallee * Magdeburger Hafen * Überseequartier * Marco-Polo-Tower / Unilever-Haus * Marco-Polo-Terrassen * Sandtorpark * Magellan-Terrassen / Sandtorhafen * Vasco-da-Gama-Platz / Kaiserkai * Elbphilharmonie

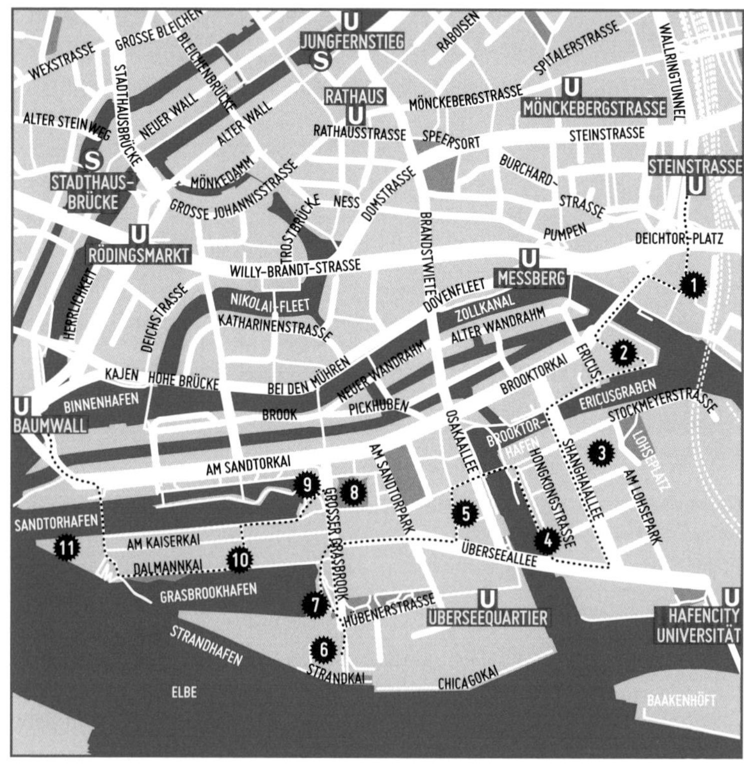

STARTPUNKT: U-Bahn-Station Steinstraße (Ausgang Deichtor)
ENDPUNKT: Elbphilharmonie (Nähe U-Bahn-Station Baumwall)
DAUER: etwa 1,5 Stunden

Die letzte Tour dieses Buches schließt sich direkt an den fünften Rundgang an und erkundet Hamburgs jüngsten Stadtteil, die mittlerweile zu mehr als der Hälfte gebaute Hafencity. Unsere Strecke führt vom südlichen Ausgang der U-Bahn-Station Steinstraße beim Deichtorplatz einmal kreuz und quer durch den bisher bebauten Teil der Hafencity in Richtung Westen und endet an der Elbphilharmonie. Man mag sich natürlich fragen, warum eine gewachsene Millionenstadt wie Hamburg überhaupt in der Lage ist, im Innenstadtbereich einen neuen Stadttteil entstehen zu lassen, in dem, wenn er – ungefähr im Jahr 2025 – fertiggestellt sein wird, schätzungsweise so viele Menschen leben sollen wie im benachbarten Stadtteil Neustadt. In dieser Hinsicht befindet sich Hamburg allerdings in guter Gesellschaft mit anderen Hafenstädten. Auch London, Rotterdam oder Sydney haben in den letzten Jahren neue innerstädtische Quartiere entwickelt. Gemeinsam ist all diesen Städten, dass ihre traditionellen Hafengebiete mit der Revolutionierung der Hafenwirtschaft durch den Container und die stetig wachsenden Schiffsgrößen allmählich an Bedeutung verloren und brachfielen. Doch bevor wir hier ins Detail gehen, machen wir uns erst einmal auf den Weg in die Hafencity.

Hierfür gehen wir zunächst von der U-Bahn-Station über die Kreuzung in Richtung Deichtorhallen.

1 DEICHTORHALLEN

Bei diesen alten Markthallen handelt es sich um die ehemaligen Großmarkthallen der Stadt, die von 1911 bis 1914 erbaut wurden. Zuvor hatte das Großmarktgeschehen am Hopfenmarkt (vgl. Rundgang 1) und dem nahegelegenen Meßberg stattgefunden. Die rasant steigende Einwohnerzahl im späten 19. und frühen 20. Jahrhundert machte jedoch neue, größere und leistungsfähigere Marktflächen nötig. Dafür wurde der Platz unterkellert, sodass hier Waren gelagert werden konnten, und auch die Kasematten im Bahndamm hinter den Hallen konnten für diesen Zweck genutzt werden (Abb. 1). Bei Errichtung der Hallen wurde, wie bei vielen anderen Hamburger Bauten jener Zeit, auf den Backstein als Baumaterial zurückgegriffen. Zum Marktensemble gehört außerdem eine etwas weiter nördlich am Klosterwall gelegene Halle, die heute als »Antik-Center« und Veranstaltungsort für Rockkonzerte sowie als Sitz des Kunstvereins und der Freien Akademie der Künste genutzt wird.

Nachdem 1962 unweit von hier neue Großmarkthallen errichtet wurden, standen die Markthallen zeitweilig leer, ehe sie 1988/89 in zwei Ausstellungshallen für zeitgenössische Kunst und Fotografie konvertiert wurden. Architektonisch sind die baulichen Anleihen bei Sakral-, aber auch bei Bahnhofsbauten auffallend – zuvor hatte sich an dieser Stelle der Bahnhof der Eisenbahnlinie nach Berlin befunden, der mit dem Bau des Hauptbahnhofs (vgl. Rundgang 2) überflüssig geworden war. Auch im Backsteinkontorhaus hinter der Eisenbahn wurde gehandelt: Im »Fruchthof« (Claus Meyer, 1910/11) fanden bis in die 1970er Jahre Obstauktionen statt, und noch heute sitzen hier einige Fruchthandelsfirmen.

1 MARKT VOR DEN DEICHTORHALLEN, UM 1915

Wir gehen über die Oberbaumbrücke und gelangen so in die Hafencity. Das gläserne Gebäude auf der rechten Seite, das wir vor der Brücke passieren, ist nicht Bestandteil der Hafencity, bildet aber unverkennbar den

2 DEICHTORCENTER UND SPIEGEL-GEBÄUDE

Übergang von der Innenstadt in den neuen Stadtteil. Es handelt sich dabei um das »Deichtorcenter« (Bothe Richter Teherani, 2000–02). Auf einer dreieckigen Grundfläche haben die Architekten hier mehrere Z-förmige Gebäuderiegel übereinander aufgetürmt, die durch ihre Anordnung Hohlräume für großzügige Eingangsbereiche und Wintergärten lassen.

Nach Überqueren der Brücke haben wir die Hafencity nun erreicht.

2 ERICUS / BROOKTOR

Auf der rechten Straßenseite begegnet uns die futuristische Wasserstofftankstelle, die unter anderem für die Betankung der Hamburger Brennstoffzellenbusse eingesetzt wird, links befindet sich das gläserne Doppelgebäude am Ericus (Henning Larsen, 2008–11), das sich gut zum Deichtorcenter fügt und den Auftakt der Hafencity darstellt (Abb. 2+3). Die beiden Häuser sind, wie viele andere hier, nach hohen ökologischen Standards errichtet worden. So wird Energie in ihnen beispielsweise auch mittels geothermischer Sonden gewonnen. Im vorderen Haus hat

 der »Spiegel«-Verlag sein neues Quartier bezogen. Das dahinter anschließende »Ericus-Contor« mit gleicher Fassadengestaltung wird von verschiedenen Firmen genutzt. Gelungen sind die öffentlichen Freiräume zwischen den Häusern und entlang der Hafenkante. Wir gehen nun zwischen ihnen hindurch zum Ericusgraben und wenden uns dann nach rechts auf die Brooktorpromenade mit ihrer Gastronomie und den südseitigen Sitzgelegenheiten. Der Name »Ericus« geht noch auf eine der nach den Vornamen der damaligen Ratsherren benannten Bastionen als Bestandteil der Wallanlagen aus dem 17. Jahrhundert zurück, die sich an diesem Ort befand (Abb. 4).

In dem mäandernden Backstein-Glas-Komplex (von Gerkan Marg und Partner, Störmer Architekten, Antonio Citterio and Partners), zu dem wir gelangen, wenn wir der Promenade ein Stück weiter in Richtung Westen folgen, hat die global agierende »DNV GL Group« ihren Sitz, zu der unter anderem der »Germanische Lloyd« gehört, ein Unternehmen, das neben dem Betrieb einer Art »Schiffs-TÜV« auch in der Öl- und Gasförderung sowie in der Wind- und Solarenergie-Sparte aktiv ist (Abb. 5). Material und Bauhöhe orientieren sich, abgesehen von den drei etwas höheren Bauten, an der dahinterliegenden Speicherstadt, die wie auch die vergleichsweise flache Bebauung der Hamburger Innenstadt den Maßstab für die meisten Projekte in der Hafencity setzt. Nur punktuell sind Akzente durch

3+4 WASSERSTOFFTANKSTELLE UND ERICUS, 1906

5+6 GERMANISCHER LLOYD, SPIEGEL-GEBÄUDE UND ÖKUMENISCHES FORUM

höhere Gebäude vorgesehen. Links am Wasser sehen wir ein älteres Zollgebäude von 1907, das erhalten bleiben wird.

Wir gehen nun weiter die Promenade entlang bis zur Shanghaibrücke, die wir in Richtung der älteren, in die Hafencity integrierten Speichergebäude überqueren.

3 SHANGHAIALLEE

An der Shanghaiallee befinden wir uns im östlichen – erst zum Teil realisierten – Zentrumsbereich des Stadtteils. Neben dem neuen Hauptzollgebäude ist bereits ein Wohn- und Geschäftshaus sowie mit dem Ökumenischen Forum auch ein kleiner Sakralbau entstanden (Abb. 6). Eine eigene Kirche wird die Hafencity allerdings nicht erhalten, denn die nahegelegene St. Katharinen-Kirche (vgl. Rundgang 1), die seit den Sanierungen und Kriegszerstörungen in der Innenstadt kaum über eine nennenswerte lokale Gemeinde verfügte, hat genügend Kapazitäten, um die vornehmlich protestantische Bevölkerung zu versorgen. Im Ökumenischen Forum (Wandel, Hoefer, Lorch + Hirsch, 2012–14) haben sich – einmalig in Deutschland – 19 christliche Kirchen zur Realisierung einer Begegnungsstätte, eines Cafés und einer Kapelle zusammengeschlossen. Die an mehreren Stellen organisch vor- und zurückschwingende Fassade

deutet unter anderem an, wo sich im Gebäude die Kapelle befindet oder schafft Platz für eine Glocke zur Straßenseite. Zudem finden sich in dem Haus Wohnungen eines christlichen Konvents. Im weiteren Verlauf der Straße wird noch ein »Musikerhaus« mit Wohnungen und schallisolierten Musizierzimmern sowie ein vornehmlich von Menschen mit Behinderung betriebenes Hotel entstehen.

Auf der gegenüberliegenden Straßenseite sind neben dem erhaltenen Fabrikgebäude, das für ein Automuseum und Büros genutzt wird und früher von der »Harburger Gummi-Kamm-Compagnie« genutzt wurde, Wohn- und Geschäftsgebäude geplant. Dahinter wird sich die zentrale Grünfläche der Hafencity anschließen, der Lohsepark, von dem bereits ein kleines Stück angelegt worden ist. Neben seiner Funktion als »grüne Lunge« wird er auch eine Gedenkstätte sein, denn auf seiner Fläche befand sich früher der Hannoversche Bahnhof, von dem aus in der Nazizeit Deportationen in die Konzentrationslager stattfanden. Zudem stellt der Lohsepark den Auftakt für die östlichen Quartiere der Hafencity dar, die erst in den nächsten Jahren schrittweise verwirklicht werden. Rund um ein historisches Hafenbecken, den Baakenhafen, werden vornehmlich Wohn- und Freizeitnutzungen entstehen. Dazu gehören dann auch eine Grundschule, Kitas und ein Gymnasium sowie Sportstätten. Wohnten 2013 nur gut 1800 Menschen in der Hafencity, so sollen es nach Abschluss der letzten Bauphase rund 12 000 Menschen sein. Im Oberhafenquartier jenseits des Bahndamms werden kreative und kulturelle Nutzungen vorherrschen. Nur am östlichsten Ende der Hafencity bei den Elbbrücken werden aller Voraussicht nach auch höhere Bürogebäude entstehen, die dann wie ein Eingangstor in die Stadt und den Stadtteil fungieren. Bis dorthin wird auch die U-Bahn-Linie 4 verlängert werden, um an die bestehende S-Bahn-Strecke bei den Elbbrücken angebunden werden zu können, die hier eine neue Haltestelle erhält.

Auch im Osten werden die Wege am Wasser allesamt öffentlich sein. Insgesamt entstehen in der Hafencity mehr als zehn Kilometer öffentliche Fußwege am Wasser (Abb. 7). Wenn die Hafencity sich dereinst bis an die

7 ÖFFENTLICHE PROMENADE AM MAGDEBURGER HAFEN

Elbbrücken ausgedehnt haben wird, wird das nicht ohne Konsequenzen für die dort gelegenen und heute nur unzureichend ins Stadtleben integrierten Nachbarstadtteile Rothenburgsort und Veddel bleiben. Am Ende der Shanghaiallee liegt gegenüber die HafenCity Universität (code unique Architekten, 2010–13), die sich als interdisziplinäre »Universität für Baukunst und Metropolenentwicklung« versteht.

Wir biegen nun rechts in die Überseeallee ab und dann über den Parkplatz vor der nächsten Brücke erneut nach rechts, wo wir an den »Elbarkaden« am Magdeburger Hafen entlangflanieren.

4 MAGDEBURGER HAFEN

Der Magdeburger Hafen, der in die Norderelbe mündet, bildet die Verlängerung einer zentralen Achse innerhalb des Stadtgefüges. Von hier sind es nach Norden nur wenige Hundert Meter, bis man durch die Speicherstadt und vorbei am Domplatz geradeaus zum Jungfernstieg gelangt. Es entbehrt sicher nicht einer gewissen Logik, dass das Herz der Hafencity deshalb auch rund um den Magdeburger Hafen entsteht. Inwiefern die Hafencity ein eigener Stadtteil oder ob sie doch eher ein Appendix der Innenstadt sein wird, wird sich allerdings noch entscheiden müssen. Viel hängt davon ab, ob die zukünftigen Bewohner des Stadtteils hier selbst den Kern ihres Viertels ausmachen werden oder ob sie das Terrain eher den Touristen und Schaulustigen überlassen werden.

Das ostseitige Ufer wird dominiert vom Komplex der Elbarkaden (Abb. 8, Bob Gysin + Partner, 2012–14), einem langgestreckten Gebäuderiegel mit öffentlichen Promenaden und Arkaden sowie dahinterliegenden vor- und zurückspringenden Wohn- und Geschäftsgebäuden samt Dachgärten. Wie der Name bereits andeutet, ist dieser Bau ein elbnahes Gegenstück zu den Alsterarkaden, der es an Eleganz aber mit dem Vorbild kaum aufnehmen kann. Auch die dahinterliegende Bebauung verströmt äußerlich eine gewisse backsteinerne Langeweile. Spannend ist aber auch hier, dass es sich um hervorragende Beispiele nachhaltigen Bauens handelt, nicht zuletzt weil »Greenpeace« seine neue Zentrale dort eingerichtet hat. Windräder, Photovoltaik, Geothermie, Einsatz umweltfreundlicher Baustoffe und effiziente Isolierung sorgen für eine überdurchschnittlich gute Energie- und Umweltbilanz.

Am Ende der Arkaden stoßen wir auf den Kaispeicher B (Hanssen & Meerwein, 1878/79), ein Lagergebäude aus der Zeit vor dem Bau der Speicherstadt, das umgestaltet wurde und seit 2008 Raum für die maritime Sammlung des ehemaligen Vorstandsvorsitzenden des Springer Verlags, Peter Tamm, bietet. Hier versammelt sich eine aberwitzige Mischung an Exponaten mit Bezügen zur Schifffahrt. Kritisiert wurde bei der Eröffnung des Museums vor allem, dass die Stadt rund dreißig Millionen Euro für den Umbau zur Verfügung stellte, aber kaum Einfluss auf die inhaltliche Gestaltung der Ausstellung (die einen Schwerpunkt auf die militärische Seefahrt – auch jene der Nazizeit – legt) nehmen konnte.

8+9 ELBARKADEN UND ÜBERSEEBOULEVARD

Wir gehen nun nach links über die Busanbrücke. Das westseitige Ufer des Magdeburger Hafens ist geprägt durch eine einladende Freiraumgestaltung (Beth Gali BB + GG Arquitectes), die uns schon einmal einen kleinen Vorgeschmack auf weitere architektonisch gestaltete öffentliche Frei- und Grünflächen gibt, auf die wir im Laufe unserer Tour stoßen werden. Geradeaus gelangen wir über die Ampel und ein kurzes Verbindungsstück zum Überseeboulevard, der Haupteinkaufszone der Hafencity.

5 ÜBERSEEQUARTIER

Der Überseeboulevard mit seinen leichten Schwüngen zieht sich bisher nur durch den nördlichen Teil des Überseequartiers (Abb. 9). Hier finden sich im Erdgeschoss Einkaufsmöglichkeiten, vor allem auch solche für den täglichen Bedarf. Umgeben ist die Fußgängerzone von einer dichten Bebauung mit viel Wohnanteil, die auf den letzten freien Flächen im nördlichen Bereich durch einen Turm mit Eigentumswohnungen sowie zwei Gebäude mit Wohnungen, ein Hotel und auch ein Kino ergänzt wird. Vor allem von Letzterem verspricht man sich mehr Besucher im Überseequartier. In das erhaltene ehemalige Gebäude der Hafenverwaltung soll Gastronomie einziehen, und auch ein Wochenmarkt soll daneben etabliert werden.

Nachdem wir uns ein wenig umgeschaut haben, gehen wir den Überseeboulevard nach links weiter bis zur nächsten Straße. Dabei passieren wir das architektonisch auffallendste und vielleicht mutigste Gebäude des Quartiers, das mit schrägen, felsartig anmutenden Fassaden versehene, »Sumatra« genannte Wohn- und Geschäftshaus (Abb. 10, Erick van Egeraat Architekten), dessen Farbgebung so wirkt, als würde Farbe an dem Bauwerk herablaufen.

An der Straße öffnet sich der Blick auf den südlichen Bereich des Überseequartiers, dessen Bebauung zwar weitgehend geplant ist, nach erheblichen Verzögerungen aber ihrer Umsetzung harrt. Hier hat es sich vermutlich als kontraproduktiv erwiesen, vom vorherrschenden Konzept der kleinteiligen Grundstücksvergabe und -entwicklung abzuweichen, wie es in den anderen Quartieren praktiziert wird. Stattdessen hatte die städtische Entwicklungsgesellschaft ein großes, zentrales Areal durch ein Investorenkonsortium entwickeln lassen. Finanzielle Probleme dieses Konsortiums haben sich als erhebliche Entwicklungsbremse erwiesen. In einigen Jahren wird der Überseeboulevard sich hier, umgeben von relativ massigen, backsteinroten Büro- und Einzelhandelsgebäuden, weiter bis an die Norderelbe schlängeln. Erst zum Wasser hin wird die äußere Farbgestaltung – wie auch an anderer Stelle – zugunsten hellerer Töne aufgegeben. Ob dann auch das von dem niederländischen Stararchitekten Rem Kohlhaas entworfene »Science Center« realisiert wird, ist mehr als ungewiss. Avisiert war ein wie aus aufgeschichteten Containern gebildeter Ring, der eine wie auch immer geartete Wissenschaftserlebniswelt beherbergen soll. Investorenmangel könnte aber dazu führen, dass eines der wenigen spektakulären Gebäude der Hafencity nicht realisiert wird. Zwei transparente Bürotürme werden den Abschluss zum Wasser bilden. Dass an dieser attraktiven Stelle keine Wohnungen entstehen werden, hat leider auch praktische Gründe. Denn durch das benachbarte Kreuzfahrtterminal, das noch durch einen großen repräsentativen Neubau nach Plänen des italienischen Architekten Massimiliano Fuksas ersetzt werden soll, ist der südliche Bereich der Hafencity starken Belastungen ausgesetzt, die von ex-

10+11 SUMATRAKONTOR UND KÜHNE LOGISTICS UNIVERSITY

trem schädlichen Schiffsabgasen verursacht werden. Noch einsam, ragen auf der freien Fläche die Eingänge zur U-Bahn-Station »Überseequartier« aus dem Boden. Seit Ende 2012 ist die Hafencity vom Jungfernstieg aus mit der U4 in wenigen Minuten erreichbar.

Wir spazieren nun nach rechts die Straße »Am Dalmannkai« weiter und gehen an deren Ende nach links über den Großen Grasbrook in Richtung Strandkai. Nah am Wasser stehen hier zwei markante Gebäude: der »Marco-Polo-Tower« (2007–10) und das »Unilever«-Haus (2007–09), beide entworfen vom Architekturbüro Behnisch. Auf dem Weg passieren wir mit dem heutigen Sitz der »Kühne Logistics University«, der ursprünglich für ein Software-Unternehmen gebaut wurde, das erste in der Hafencity fertiggestellte Gebäude (Abb. 11, Spengler Wiescholek, 2001–03). Es wurde gebaut, noch bevor das Gelände der Speicherstadt und der damals noch zukünftigen Hafencity 2003 aus dem Freihafenbereich herausgeschnitten wurde. Rechtlich bewegte man sich damit in einer Grauzone, denn im Freihafen waren nur hafennahe Nutzungen erlaubt (vgl. Rundgang 5).

Begonnen hatten die Planungen für einen neuen Stadtteil auf für den Hafen nicht mehr benötigten Flächen im Jahr 1997. Zu jenem Zeitpunkt hatte die Stadt bereits dafür gesorgt, dass die meisten Grundstücke und Gebäude im Staatsbesitz sind. Im Jahr 2000 wurde dann ein sogenannter »Masterplan« verabschiedet, der den Rahmen für eine Neubebauung

– unter anderem Straßenführungen, Bauhöhen und Baumassengruppierungen sowie Nutzungsvorgaben – absteckte. An diesem – für die östliche Hafencity 2010 überarbeiteten – Masterplan orientiert sich die Entwicklung des Stadtteils von West nach Ost und Nord nach Süd.

 MARCO-POLO-TOWER / UNILEVER-HAUS

Marco-Polo-Tower und Unilever-Haus bilden zwei markante Akzente am Elbufer (Abb. 13). Auffallend ist an dem Bürogebäude des Unilever-Konzerns, das 2009 bei den World Architecture Festival Awards in Barcelona als bestes Bürogebäude der Welt ausgezeichnet wurde, vor allem die vorgehängte Membran, die Schutz vor Wind sowie den Emissionen der Kreuzfahrtschiffe bieten soll und zugleich das Innenklima reguliert. Der Erdgeschossbereich ist großenteils öffentlich zugängig, sodass wir Gelegenheit haben, das Atrium mit seinen Brücken und Treppen zu durchqueren (Abb. 12). Auf der anderen Seite erwartet uns eine zur Elbe hin abfallende Treppenanlage, die einen wunderbaren Blick über den Hafen bietet und einen Vorgeschmack auf die weitere Urbanisierung des Hafenraums gibt. Langfristig muss die Erschließung neuer Stadtteile nämlich nicht hier am Nordufer der Elbe enden, sondern soll zu einem »Sprung über die Elbe« ansetzen. Ist die Hafencity einmal fertig und hat die Stadt dann noch zusätzlichen Bedarf an einer innerstädtischen Erweiterung, so könnten die heute unter anderem

12 ATRIUM DES UNILEVER-HAUSES

13+14 MARCO-POLO-TOWER, UNILEVER-HAUS UND MARCO-POLO-TERRASSEN

zur Verladung von Gebrauchtautos und dem Anlanden von Südfrüchten genutzten Hafenanlagen auf dem gegenüberliegenden Ufer einmal Standort einer zweiten »Hafencity« werden, die dann auch die daneben und dahinter liegenden Stadtteile Veddel und Wilhelmsburg noch näher an das urbane Geschehen anbinden könnte.

Gleich nebenan schraubt sich der (ebenfalls mehrfach preisgekrönte) Marco-Polo-Tower in rhythmischen Schwüngen gen Himmel. Er bietet die bisher teuersten Wohnungen der Hafencity und – zumindest in den oberen Etagen – auch nach der Fertigstellung weiterer Gebäude am Strandkai einen spektakulären und uneingeschränkten Blick über den Hafen. Auf der Kaizunge in Richtung Westen werden in den nächsten Jahren drei weitere Gebäude mit gemischter Nutzung entstehen, darunter eine Reihe von durch Genossenschaften und Baugemeinschaften finanzierten Wohnungen.

Wir gehen nun zurück in nördlicher Richtung. Bevor wir zu den Marco-Polo-Terrassen kommen, sei rechts noch auf den Grasbrookpark, den ersten größeren Spielplatz der Hafencity, hingewiesen, der 2013 eröffnete.

7 MARCO-POLO-TERRASSEN

Auf dem bisherigen Weg dürfte uns bereits aufgefallen sein, dass auf die Gestaltung der Freiräume in der Hafencity beonderer Wert gelegt wird.

Diese sollen attraktive Orte mit, wie die Architekten sagen, »hoher Aufenthaltsqualität« sein, Orte, an denen man gern seine Mittagspause verbringt oder als Tourist ein Eis schleckt. Die Marco-Polo-Terrassen sind ein gelungenes Beispiel hierfür (Abb. 14). Auch wenn ihre reißbretthafte, abgezirkelte Struktur und das in homöopathischen Dosen eingesprengselte Grün Naturpuristen wohl kaum überzeugen werden, so bieten die Terrassen am Grasbrookhafen doch einige Qualitäten und werden an sonnigen Tagen dementsprechend intensiv genutzt. Das Hafenbecken wird noch zu einer Sportboot-Marina, also einem Yachthafen, umgestaltet werden, der auch innerstädtische Parkplätze für die Freizeitkapitäne bieten wird.

Das rechte Ufer des Grasbrookhafens ist bereits vollständig bebaut (Abb. 15). Hier finden sich vor allem Gastronomien im Uferbereich sowie abgetrennt davon auf erhöhter, sturmflutsicherer Ebene Wohngebäude (vgl. Station 9). Die ursprünglichen Planungen sahen vor, dass in der Hafencity ungefähr Wohnraum für 12 000 Menschen entstehen soll und schätzungsweise 20 000 Menschen in den Büros und Geschäften ihre Arbeitsplätze finden. Im weiteren Verlauf der Planungen hat sich dieses Verhältnis allerdings eindeutig zuungunsten der Wohnnutzung verschoben. Mittlerweile geht man davon aus, dass langfristig gut 45 000 Menschen täglich zur Arbeit in die Hafencity kommen werden. Die große Fläche des Gebiets und die vergleichsweise geringe Nutzung als Wohnstandort, insbesondere in den der Innenstadt am nächsten gelegenen Quartieren, könnten also dazu führen, dass das Ziel eines lebendigen, quirligen neuen Stadtteils nicht vollends realisiert werden kann.

15 PROMENADEN-DETAIL AM GRASBROOKHAFEN

Wir gehen den Großen Grasbrook einige Meter weiter nach Norden und gelangen schnell an die Magellan-Terrassen und den Sandtorpark, dem wir uns zuerst widmen wollen.

16+17 SANDTORPARK MIT »SKAI« UND »COFFEE PLAZA«

8 SANDTORPARK

Der Sandtorpark lädt mit seinen geschwungenen Grünflächen, zahlreichen Sitzgelegenheiten und einigen Spielmöglichkeiten zum Verweilen ein. Dabei funktioniert er eher wie ein begrünter, öffentlicher Platz denn als Park. Wie die meisten anderen Freiräume in der westlichen Hafencity wurde auch der Sandtorpark vom spanischen Büro EMBT gestaltet.

An dieser Stelle sei nur auf drei Gebäude der umgebenden Bebauung verwiesen. In Richtung Speicherstadt fällt das rötlich-braun schillernde Bürohaus »SKAI« ins Auge (Abb. 16, Böge Lindner K2 Architekten, 2008–09), dessen strenge Fassade durch Einschnitte und die zurückgesetzten Untergeschosse aufgelockert wird und farblich eine Verbindung zur benachbarten Speicherstadt herstellt. Mittig wird der Platz vom »Coffee Plaza« (Abb. 17, Richard Meier & Partners, 2008–10) überragt. Wohltuend hebt sich dieses Gebäude mit seiner ovalen Form von der Dominanz kubischer Flächigkeit ab, bleibt aber ansonsten in seiner Fassadenstruktur auch einer etwas ausdruckslosen Regelmäßigkeit verhaftet. Ein bisschen Unangepasstheit vermittelt hingegen das farbenfrohe Haus rechts neben der »Coffee Plaza«. Bunt und laut geht es vermutlich auch im Inneren des Öfteren zu, denn es handelt sich hier um die erste Grundschule des Stadtteils (Abb. 18, Spengler Wiescholek, 2006–09). Da Grund und Boden in

der Hafencity wertvoll sind, mussten raumsparende Lösungen gefunden werden. Die Turnhalle ist in das Haus integriert, eine winzige Sportanlage findet sich in dem überkragenden Gebäudeteil rechts, und der quietschbunte Pausenhof wurde auf dem Dach platziert.

Wir verlassen nun den Sandtorpark nach Westen. Material und Bodengestaltung leiten uns dabei direkt zu den Magellan-Terrassen, einem sehr urbanen, mediterran-hellen Freiraum, der zum Sandtorhafen hinabführt (Abb. 20).

9 MAGELLAN-TERRASSEN / SANDTORHAFEN

Der Sandtorhafen aus den 1860er Jahren war das erste moderne Hafenbecken Hamburgs (vgl. Rundgang 5). Man kann an dieser Stelle sehr schön sehen, dass in der Hafencity versucht wird, die Neugestaltung an die Geschichte der Orte anzubinden. Kaianlagen bleiben hier weitgehend erhalten und werden sogar zum Teil um ortsfremde maritime Details wie Hafenkräne (die es hier in dieser Form gar nicht gab) ergänzt (Abb. 19). Mit der Entscheidung, die Kaianlagen als attraktive Promenaden am Wasser zu erhalten, wurden auch zwei grundlegende Vorgaben gemacht. Zum einen kann kein Grundeigentümer Zäune ziehen und auf diese Weise sein persönliches Stück Wasserkante reklamieren, eine Vorgabe, die beim

18+19 KATHARINENSCHULE IN DER HAFENCITY UND HISTORISCHER KRAN AM SANDTORHAFEN

20 MAGELLAN-TERRASSEN

Bau des »Hanseatic Trade Center« im westlichsten Bereich am nördlichen Ufer des Sandtorhafens in den 1990er Jahren beispielsweise nicht gemacht wurde. Dort halten private Wege die Öffentlichkeit vom Wasser fern.

Der Erhalt der Kaianlagen hat zum anderen allerdings auch zur Folge, dass für einen effektiven Flutschutz der Gebäude andere Lösungen gefunden werden müssen als hohe wasserseitige Mauern oder Deiche. Eine Antwort auf dieses Problem ist das alte Prinzip der Warft, bei dem die Häuser auf einem flutsicheren, erhöhten Niveau errichtet werden und man in Kauf nimmt, dass tieferliegende Gebiete von Sturmfluten überspült werden. Die Häuser am Sandtorhafen stehen dementprechend auf Sockeln, in denen sich wiederum durch Schotten verschließbare Tiefgaragen befinden. Im Notfall sind die Häuser auf diese Weise, selbst wenn sie von den Fluten umgeben sein sollten, stets erreichbar. Stehen die Gebäude hingegen auf flutgefährdetem Terrain, so muss auf andere Art für den Flutschutz gesorgt werden. Beim Restaurant in der Nordostecke des Sandtorhafens können die Räume deshalb mit in den Boden versenkbaren Stahlwänden geschützt werden.

Am rechten nördlichen Ufer des Sandtorhafens ist das Grundprinzip der Vergabe von Bauflächen gut erkennbar. Die Stadt verkauft die Grundstücke möglichst kleinteilig und nicht unbedingt immer an den Bieter mit dem höchsten Gebot. Auch das Nutzungskonzept des Investors spielt eine Rolle, sodass die Stadt einen gewissen Einfluss auf das Entstehende ausüben kann. Bei gleichzeitiger Vorgabe einiger grundsätzlicher Regeln für die zu errichtenden Gebäude ergibt sich hieraus die schöne Konsequenz, dass unterschiedliche Bauherren und Architekten zum Zuge kommen. Trotz einer erkennbaren strukturellen Ähnlichkeit und selbst wenn manches Bauwerk nicht jeden ästhetisch zu überzeugen vermag, ist eine abwechslungsreiche Wohn- und Bürobebauung entstanden, die sich wohltuend von den massiven Investorenblöcken an der Kehrwiederspitze abhebt.

Wir gehen nun ein Stück weit links am Hafenbecken entlang, das für einen Museumsschiffhafen genutzt wird, und dann beim ovalen Wohnturm die Treppen hinauf. An dieser Stelle lässt sich der Übergang vom flutgefährdeten zum sicheren Stadtgebiet auf Straßenniveau sehr gut nachvollziehen. Geradeaus gelangen wir jenseits der Straße zum kleinen Vasco-da-Gama-Platz.

10 VASCO-DA-GAMA-PLATZ / KAISERKAI

Der Vasco-da-Gama-Platz bietet nicht nur einen Farbtupfer, sondern stellt auch eine Querverbindung zwischen Sandtor- und Grasbrookhafen dar. An beiden Hafenbecken sind zahlreiche Wohnungen entstanden, die sich entlang der Straße »Am Kaiserkai« zu einem dichten, urbanen Quartier fügen. Dabei handelt es sich in diesem innenstadtnahen und schon beim Bau recht gut an die Infrastruktur der Stadt angebundenen Bereich vornehmlich um hochpreisigen Wohnraum – die Kaufpreise für Wohneigentum bewegen sich hier im Bereich von für Hamburger Verhältnisse nicht ungewöhnlichen 3000 Euro pro Quadratmeter bis zu schwindelerregenden Höhen von über 10 000 Euro, je nach Lage und Ausstattung. Auch die Mietpreise sind zum großen Teil im höherpreisigen Segment von durchschnittlich etwa fünfzehn bis zwanzig Euro Kaltmiete pro Quadratmeter angesiedelt. Lediglich in den wenigen von Baugenossenschaften errichteten Häusern war die Realisierung von Mieten knapp unter zehn Euro pro Quadratmeter möglich.

Es bleibt zu hoffen, dass im östlichen Bereich der Hafencity jenseits des Magdeburger Hafens, der ja einst das Hauptwohngebiet des Stadtteils sein wird, tatsächlich auch mehr günstiger Wohnraum entsteht. Zu diesem Zweck sollen bei der Grundstücksvergabe verstärkt auch Baugemeinschaften berücksichtigt werden, seit 2011 wird zudem ein Drittel des entstehenden Wohnraums öffentlich gefördert.

Wie schwierig es ist, Lebendigkeit in einem neuen Stadtteil zu etablieren, verdeutlichen zwei kleine Beispiele. Denn offenbar war es bereits nötig, die Nutzung des winzigen Basketballfelds zeitlich einzuschränken, damit das Leben nicht zu oft oder gar zu laut durch die Fenster der umliegenden Häuser dringen kann (Abb. 21). Und auch Skatern wird das Leben schwergemacht, wie auf unserem Weg nach Süden die kleinen Metallknubbel an der Rampen- und Treppenanlage hinunter zum Kaiserkai erkennen lassen, die die Inbesitznahme des öffentlichen Raumes durch Skater verhindern sollen (Abb. 22). Immerhin wurde mittlerweile eine kleine offizielle Skateanlage in der Nähe des Kreuzfahrtterminals eröffnet. Als ein Ort der Subkultur hat sich die Hafencity bisher trotzdem nicht

21+22 BASKETBALLPLATZ UND SPASSBREMSEN AUF DEM VASCO-DA-GAMA-PLATZ

hervorgetan. Eher steht sie für Cocktail denn Rock'n'Roll und Flaschenbier. Vielleicht müssen sich ein paar schicke Ecken und Kanten aber auch erst ein wenig abnutzen, ehe sich die nicht von der Stadt sanktionierte Kultur und die entsprechenden Kneipen hier etablieren können.

Am Wasser angekommen, folgen wir der Promenade, die an sonnigen Tagen, insbesondere am Wochenende, intensiv von den Besuchern genutzt wird, nach rechts. Geschützt vor den Blicken der Spaziergänger, verfügen die Häuser über kleine private Innenhöfe.

11 ELBPHILHARMONIE

Am Ende der Promenade und am Schluss unserer Tour steht das architektonische Highlight der Hafencity und ihr bisher größtes finanzielles Desaster, die »Elbphilharmonie«. Im April 2007 wurde mit dem monumentalen Bau, der den markantesten Platz der Hafencity einnimmt, begonnen. Nicht weniger als ein neues Wahrzeichen der Stadt soll sie werden, eine Ikone wie der Eiffelturm oder die Oper in Sydney. War es ursprünglich der Gedanke, den wogenartigen, gläsernen Baukörper auf den an diesem Platz stehenden Kaispeicher A aus den 1960er Jahren aufzusetzen, so musste dieser Plan bald aufgegeben werden. Nur die Fassaden des Speichers blieben letztlich erhalten. Der Entwurf der Elbphilharmonie stammt von den Architekten Herzog & de Meuron und umfasst weit mehr als ein neues Konzertgebäude (Abb. 23). Neben einem zentralen Konzertraum für rund 2100 Besucher wird das Gebäude noch zwei kleinere Konzertsäle, Verwaltungsräume und Parkdecks, im östlichen Bereich ein Hotel sowie 45 Luxuswohnungen zur westlichen Front hin beherbergen. Auf Höhe des ehemaligen Speicherdachs wird sich ein großer öffentlich zugänglicher Bereich mit Blick über den Hafen und die Stadt befinden. Auffallend sind vor allem die teilweise gebogenen Fensterelemente. Die eingedruckten Punkte aus Chrom sollen das Sonnenlicht reflektieren und dadurch eine zu starke Aufheizung der Räume verhindern. Zahlreiche Streitigkeiten haben den Bau begleitet, der eigentlich bereits 2010 fertig-

23 ELBPHILHARMONIE

gestellt sein sollte. Die Eröffnung soll nun im Frühjahr 2017 stattfinden. Parallel zu den Verzögerungen hat sich auch der Anteil der Stadt an den Baukosten erheblich erhöht. Ging man anfangs von – sicherlich schon damals zu optimistisch geschätzten – 77 Millonen Euro aus, so hat sich diese Summe mittlerweile auf unglaubliche 789 Millonen Euro mehr als verzehnfacht. Die Gesamtkosten des Baus werden auf etwa 865 Millionen Euro geschätzt. Vor allem an dieser immensen Kostensteigerung für ein Projekt, dessen Nutzen für die Allgemeinheit nicht jedem spontan einleuchtet, entzündete sich die Kritik. Viel steht und fällt sicher damit, ob die Elbphilharmonie als Konzertort überzeugen wird und international neue Maßstäbe setzen kann, wie die verantwortlichen Fachleute es versprechen. Und auch ob der Bau eine andauernde touristische Anziehungskraft entfalten kann, von der die Stadt als Ganze langfristig profitiert, wird über seine Akzeptanz bei den Hamburgern entscheiden. Als Versäumnis mag es sich dabei erweisen, der Elbphilharmonie nicht auch eine U-Bahn-Station gegönnt zu haben, denn gerade an Schlechtwettertagen könnte die Entfernung zur nächsten U-Bahn-Haltestelle für ordentliches Verkehrschaos auf den umliegenden Straßen sorgen.

Über die Mahatma-Gandhi-Brücke verlassen wir die Hafencity in Richtung Norden zur U-Bahn-Station Baumwall. Von hier aus können wir auch gleich zum fünften Rundgang durch die Speicherstadt starten. Alternativ bietet sich die Fahrt mit der U4 vom Überseequartier zum Jungfernstieg an, von wo es nicht weit bis zum Start der ersten Altstadt-Tour ist.

BARS/KNEIPEN/NACHTLEBEN

Chilli Club
Am Sandtorkai 54
www.chilliclub.de/bar_restaurant_hamburg.html
➜ *asiatische Brasserie, Bar und Club am Sandtorhafen*

CAFÉS/RESTAURANTS

Bistro Paris
Osakaallee 2-4
www.bistro-paris.de
➜ *Bistro mit bretonischen Galettes – nur tagsüber*

Carls an der Elbphilharmonie
Am Kaiserkai 69
www.carls-brasserie.de
➜ *günstiges Bistro und feinere Brasserie; City-Ableger des »Jacobs« an der Elbchaussee*

Catch of the Day
Koreastraße 1
www.catchofthedayhamburg.de
➜ *Café und Restaurant im Maritimen Museum*

Coast by East
Großer Grasbrook 14
www.coast-hamburg.de/de/coast-hamburg.html
➜ *Restaurant mit viel Sushi sowie Cocktail- und Weinbar*

Hamburg im Süden
Koreastraße 2
www.his-bar.de
➜ *Tapas unter den »Elbarkaden«*

Kaiser Perle
Am Kaiserkai 47
www.kaiserperle.eu
➜ *Getränke und kleine Speisen am »Grasbrookhafen-Boulevard«*

Kaiser's
Am Kaiserkai 23
www.kaisers-hamburg.de
➜ *Bistro für Frühstück, Mittagstisch oder den Tagesausklang am Wasser*

Klein und Kaiserlich, K.u.K. Kaffeehaus
Am Kaiserkai 26
www.k-u-k-kaffeehaus.de
➜ *kleines, sehr geschmackvolles österreichisches Kaffeehaus*

La Baracca
Am Sandtorkai 44
www.labaracca.eu/restaurants
➜ *modernes italienisches Restaurant*

Langnese Café
Strandkai 1
→ *unspektakuläres Eis-Café an spektakulärer Stelle*

Meßmer Momentum
Am Kaiserkai 10
www.messmer.de/messmer-momentum
→ *Tee-Stube, Tee-Laden, Tee-Schulungen und kleines Tee-Museum*

Rudolph's
Poggenmühle 5
www.rudolphs-hamburg.de
→ *Pizza, Pasta und andere Speisen – auf Wunsch auch glutenfrei*

Sala Thai
Am Kaiserkai 1
→ *Gastroketten-Filiale für thailändische Speisen*

Strauchs Falco
Koreastraße 2
www.falco-hamburg.de
→ *schickes Restaurant mit mediterraner Küche*

Tai Tan
Am Kaiserkai 56
www.taitan-restaurant.de
→ *authentische thailändische Küche*

Wandrahm Restaurant
Am Kaiserkai 13
www.wandrahm.de
→ *unten Bistro & Bar, oben edles Restaurant*

Weltcafé Elbfaire
Shanghaiallee 12
www.elbfaire.de
→ *Café im Ökumenischen Forum mit ökologisch produziertem und fair gehandeltem Angebot*

Zum Schiffchen
Großer Grasbrook 9
www.restaurant-zum-schiffchen.de/cgi-bin/show.pl/de/standorte/hamburg-hafencity.html
→ *moderne Gastwirtschaft mit norddeutscher Küche*

LÄDEN

etage eins
Überseeboulevard 2
etageeins.blogspot.de
→ *coole Mode aus deutschen Landen*

Feinkost Hafencity
Am Kaiserkai 27
www.feinkost-hafencity.de
→ *Feinkost-Geschäft mit Mittagstisch*

GuteJacke
Überseeboulevard 3
www.gutejacke.de
➜ *für Outdoor-Zwecke ausgelegte Jacken*

KonRADFiets
Osakaallee 2-4
www.konradfiets.de
➜ *Laden für das schicke Elektrorad*

Marc & Daniel
Überseeboulevard 2
www.marcunddaniel.de
➜ *von zwei Brüdern geführtes Freizeitmode-Geschäft*

mare kiosk
Überseeallee 5
www.25hours-hotels.com
➜ *Bücher, Zines, handverlesenes Kleindesign im 25hours Hotel Hafencity*

The Optimistic Project
Überseeboulevard 2
➜ *erster und einziger Concept Store in der Hafencity*

PWV-Presseshop
Ericusspitze 1
➜ *Presseshop im neuen Spiegel-Gebäude mit riesiger Zeitschriftenauswahl*

Sportperle
Überseeboulevard 1
www.sportperle.de
➜ *Fachgeschäft für Laufen, Baden, Skaten, Skifahren und Golf*

Steiff Store
Osakaallee 6-8
➜ *Teddybären für die Hafencity*

Thomas Gardener
Am Kaiserkai 30
www.thomasgardener.de
➜ *Gartenplanungsberatung im Showroom – nur mit Termin*

Witty Knitters
Am Kaiserkai 46
www.wittyknitters.com
➜ *knallige Mode – seit 2011 von der Hafencity in die Republik*

HOTELS

25hours Hotel HafenCity
Überseeallee 5
www.25hours-hotels.com/de/hafencity/home/home.html
➜ *stylishes Mittelklassehotel mit Referenzen an die Seefahrt und »Heimat Küche«*

FREIZEIT/SPORT

Bouleplatz
➜ *Direkt oberhalb der Marco-Polo-Terrassen befindet sich ein Bouleplatz.*

Störtebeker SV
Stockmeyerstraße 41
www.stoertebekersv.de/start
➜ *der erste Sportverein in der Hafencity*

KULTUR

designxport
Hongkongstraße 8
www.designxport.de
➜ *Designplattform für Hamburger Designer und alle, die es werden möchten*

Elbphilharmonie
Am Kaiserkai
www.elbphilharmonie.de
➜ *klassische Konzerte an spektakulärem Ort, voraussichtlich ab 2017*

Internationales Maritimes Museum Hamburg
Koreastraße 1
www.internationales-maritimes-museum.de
➜ *irrwitzige Sammlung von Artefakten mit Bezug zur Seefahrt*

Naturgewalten
Hongkongstraße 2-4
www.die-flut-hamburg.de
➜ *Erlebnisausstellung zur großen Sturmflut 1962*

Prototyp
Shanghaiallee 7
www.prototyp-hamburg.de
➜ *Museum für automobile Prototypen*

Sandtorhafen
www.sandtorhafen.de
➜ *Museumsschiffe am schwankenden Ponton im ältesten Hafenbecken der Stadt*

SOZIALES/NON-PROFIT

Greenpeace
Hongkongstraße 10
www.greenpeace.de
➜ *Deutschlandzentrale der internationalen Umweltorganisation samt Ausstellung in modernem, ökologischem Gebäude*

HafenCity Universität
Überseeallee 16
www.hcu-hamburg.de
➜ *Hochschule für alle Aspekte der Baukunst und Großstadtentwicklung*

Ökumenisches Forum
Shanghaiallee 12
www.oekumenisches-forum-hafencity.de
➜ *Kapelle und christliche Anlaufstelle*

• Rita Bake: Verschiedene Welten II. 109 historische und aktuelle Stationen in Hamburgs Neustadt, Hamburg 2010.
• Das Rathaus der Freien und Hansestadt Hamburg: Hg. v. Joist Grolle, Hamburg 1997.
• Geerd Dahms: Das Hamburger Gängeviertel. Unterwelt im Herzen der Großstadt, Hamburg 2010.
• Geerd Dahms / Dieter Rednak: Die Gängeviertel im Schatten des Michels. Die Hamburger Neustadt, Hamburg 2013.
• Wilhelm Dreesen / Kurt Grobecker: Die Freie und Hansestadt Hamburg und ihre Umgebung nach 125 Photographien von Wilh. Dreesen, Hamburg 1981.
• Hamburg: 20 Stadtteilspaziergänge, Hamburg 2012.
• Hamburg: 20 thematische Spaziergänge, Hamburg 2009.
• Hamburg im »Dritten Reich«: Hg. v. der Forschungsstelle für Zeitgeschichte in Hamburg, 2., durchges. Aufl., Göttingen 2008.
• Hamburg in historischen Karten 1528 bis 1920: Hg. v. Landesbetrieb für Geoinformation und Vermessung, Erfurt 2009.
• Hamburg Lexikon: Hg. v. Franklin Kopitzsch und Daniel Tilgner, Hamburg 2010.
• Hamburg von Altona bis Zollenspieker, Hamburg 2002.
• Hermann Hipp et al: »Fleetinsel« in Hamburg: Hg. v. Charlotte Schoell-Glass, Hamburg 1994.
• Hermann Hipp: Freie und Hansestadt Hamburg. Geschichte, Kultur und Stadtbaukunst an Elbe und Alster, Köln 1990.
• Gert Kähler: Von der Speicherstadt bis zur Elbphilharmonie. Hundert Jahre Stadtgeschichte Hamburg, Hamburg 2009.
• Eckart Kleßmann: Geschichte der Stadt Hamburg, Hamburg 1981.
• Martin Krieger: Geschichte Hamburgs, 2., durchges. Auflage, München 2012.
• Horst Krug: Hamburgs Fleete. Lebensadern einer Stadt im Wandel, Hamburg 1993.
• Ralf Lange: Architektur in Hamburg. Der große Architekturführer, Hamburg 2008.
• Jan Lubitz: Die Mönckebergstraße. Hamburgs Weg zur Großstadt, Hamburg 2009.
• Dirk Meyhöfer: Hafencity Hamburg Waterfront. Architekturführer, Hamburg 2014.
• Dirk Schubert / Hans Harms: Wohnen am Hafen, Hamburg 1993.
• Ernst Christian Schütt: Chronik Hamburg, 2., aktual. Aufl., Gütersloh / München 1997.
• Szene Hamburg Geschichte: Hamburg. Vom Dorf an der Alster zur Elbmetropole, Hamburg 2013.
• Jörn Tietgen / Günter Franz: Hamburg gestern und heute. Gudensberg-Gleichen 2012.
• Erik Verg / Martin Verg: Das Abenteuer, das Hamburg heißt. Der weite Weg zur Weltstadt, 4. Aufl., Hamburg 2007.

Einleitung www.hamburg.de: S. 5 **Altstadt-Süd** aus: Calendarium Hamburgense 2012: Abb. 9; aus: Hamburg Lexikon, 2005: Abb. 22; aus: Fritz Lachmund / Rolf Möller, Hamburg seinerzeit zur Kaiserzeit, 1976: Abb. 19; aus: Staatliche Pressestelle (Hg.), Unser Rathaus, Neuaufl. 1990: Abb. 1, 5, 8; www.hamburg-bildarchiv.de: Abb. 7, 13, 14, 17, 18, 20, 24, 27, 30, 31; www.hamburg-domplatz.de: Abb. 28; Martyn Leder: Abb. 3, 6; www.mahnmal-st-nikolai.de: Abb. 12; Patriotische Gesellschaft von 1765: Abb. 10; Staatsarchiv Hamburg: Abb. 2, 4, 15, 26, 29; Jörn Tietgen: Abb. 11, 16, 21, 23, 25 **Altstadt-Nord** aus: Calendarium Hamburgense 2008: Abb. 1, 17; aus: Fritz Lachmund / Rolf Möller, Hamburg seinerzeit zur Kaiserzeit, 1976: Abb. 8; Andres und Co Verlag (Postkarte): Abb. 6; www.hamburg-bildarchiv.de: Abb. 2, 11, 16, 23, 25; Quelle unklar: Abb. 3; Staatsarchiv Hamburg: Abb. 4, 10; Jörn Tietgen: Abb. 5, 7, 9, 12–15, 18–22, 24, 26 **Neustadt-Nord** aus: Calendarium Hamburgense 2004: Abb. 3; aus: Chronik Hamburg, 1999: Abb. 19; aus: Fritz Lachmund, Alt-Hamburg durch die Camera, 1972: Abb. 26; aus: Postgeschichtliche Blätter Hamburg, o.J.: Abb. 22; www.bayern-online.com: Abb. 5; Buchcover (Hubert Fichte, Die Palette, 1968): Abb. 13; www.hamburg-bildarchiv.de: Abb. 4, 6, 15, 16; www.lesezeichenmuseum.de: Abb. 23; Postkarte ohne Angaben: Abb. 20; Jörn Tietgen: Abb. 1, 2, 7–12, 14, 17, 18, 21, 24, 25 **Neustadt-Süd** aus: Fritz Lachmund / Rolf Möller, Hamburg seinerzeit zur Kaiserzeit, 1976: Abb. 14; aus: Dirk Schubert / Hans Harms: Wohnen am Hafen, 1993: Abb. 21, 22; www.buecherhallen.de: Abb. 8; Foto und Verlag Hans Hartz (Postkarte): Abb. 15; www.hamburg-bildarchiv.de: Abb. 10, 11, 13, 16, 17; Quelle unklar: Abb. 7, 9; IGdJ-Bildarchiv: Abb. 5; Jörn Tietgen: Abb. 1–4, 6, 12, 18–20, 23, 24 **Speicherstadt** aus: Wilhelm Dreesen, Die Freie und Hansestadt Hamburg und ihre Umgebung, 1981: Abb. 3; aus: Hamburg und seine Bauten: Abb. 13; www.hamburg-bildarchiv.de: Abb. 5, 8, 12; Junius Verlag: Abb. 4; Quelle unklar: Abb. 19; Staatsarchiv Hamburg: Abb. 2, 10 11; Jörn Tietgen: Abb. 1, 6, 7, 9, 14, 16–18, 20; Verein Hamburgischer Quartiersleute: Abb. 15 **Hafencity** www.hamburg-bildarchiv.de: Abb. 1; Junius Verlag: Abb. 5–7, 9–11, 16, 17, 20, 23; Staatsarchiv Hamburg: Abb. 4; Jörn Tietgen: Abb. 2, 3, 8, 12–15, 18, 19, 21, 22 **Exkurs** Hamburg und die Kolonien: Jörn Tietgen: S. 48 **Leute** aus: Adressbuch des deutschen Buchhandels 1869: Abb. S. 126 (J. J. W. Campe); aus: Adolph Kohut, Berühmte israelitische Männer und Frauen in der Kulturgeschichte der Menschheit, 1900: S.129 (Gustav Mahler); aus: Eberhard Mayer-Wegelin, Frühe Photographie in Frankfurt am Main 1839–1870, 1982: S.132 (Arthur Schopenhauer); www.brahms-hamburg.de: S. 125 (Johannes Brahms); Deutsches Historisches Museum, Berlin, Inv.-Nr.: F 54 / 1060: S. 130 (Carl von Ossietzky); www.hamburgwasser.de: S.128 (William Lindley); Hamburger Morgenpost: S.128 (Heidi Kabel); wikimedia.org: S. 125, 127, 129, 133 (Heinrich Barth, Salomon Heine, H.R. Hertz, Alfred Lichtwark, G.P. Telemann)

In Einzelfällen konnten die Inhaber der Bildrechte nicht ermittelt werden. Die Rechteinhaber bitten wir, sich an den Verlag zu wenden. Ihre Rechte werden hiermit ausdrücklich anerkannt.

DR. JÖRN TIETGEN (* 1969) wuchs in Altona-Nord auf und fuhr bereits als Kind gern in die »Stadt«, wo ihn die großen Spielzeuggeschäfte und später vor allem die Schallplattenläden besonders anlockten. Nach dem Abitur absolvierte er eine Banklehre bei der M. M. Warburg-Bank, ehe der Zivildienst und ein Studium der Politischen Wissenschaft und Geschichte in Hamburg und Edinburgh folgten. Seit 1994 arbeitet er als Stadtführer für Stattreisen Hamburg e.V. und hat zahlreiche historische Rundgänge – unter anderem durch die Speicherstadt – konzipiert sowie Publikationen zur Geschichte Hamburgs verfasst. Zurzeit lebt er mit seiner Familie in London.